L'INVENTION DE L'ÉCONOMIE

Bibliothèque Albin Michel
Economie

DU MÊME AUTEUR

Survivre au développement, Mille et une nuits, 2004.

Justice sans limites, Fayard, 2004.

La déraison de la raison économique, Albin Michel, 2001.

La planète uniforme, Climats, Castelnau-le-Lez, 2000.

L'autre Afrique. Entre don et marché, Albin Michel, Paris, 1998.

Les dangers du marché planétaire, Presses de Sciences-po, Paris, 1998.

La Mégamachine. Raison technoscientifique, raison économique et mythe du progrès, La Découverte, 1995 ; rééd. 2004.

L'économie dévoilée. Du budget familial aux contraintes planétaires (dir.), Autrement, n° 159, 1995.

La planète des naufragés. Essai sur l'après-développement, La Découverte, 1991.

L'occidentalisation du monde. Essai sur la signification, la portée et les limites de l'uniformisation planétaire, La Découverte, 1989 ; rééd. 2005.

Faut-il refuser le développement ?, PUF, Coll. « Economie en liberté », 1986.

Le procès de la science sociale, Anthropos, 1984.

Critique de l'impérialisme, Anthropos, « Coll. M8 », 1979.

Epistémologie et économie. Essai sur une anthropologie sociale freudo-marxiste, Anthropos, 1973.

Serge Latouche

L'INVENTION DE L'ÉCONOMIE

Albin Michel

AVANT-PROPOS

L'invention de l'économie

> « Le désert croît... Malheur à celui qui protège le désert[1] ! »
>
> Nietzsche.

« Un auteur, disait Paul Valéry, écrit toujours le même livre. » Cette remarque est sans doute particulièrement pertinente en ce qui concerne les écrivains artistes. Elle touche juste aussi pour certains cinéastes. Qu'on pense à Fellini ou à Woody Allen ! Toute leur œuvre consiste à nous détailler inalassablement leurs phantasmes et obsessions d'enfance et d'adolescence. Pour le chercheur en sciences sociales, il est peut-être plus juste de dire que chaque livre représente un chapitre d'une œuvre unique qui ne verra le plus souvent jamais le jour. Max Weber ou Karl Marx illustrent parfaitement cette situation. C'est aussi de cette façon qu'au terme de ma carrière universitaire, je juge mes publications. Toute mon activité intellectuelle, depuis ma thèse de doctorat d'État de 1966, *La Paupérisation à l'échelle mondiale*, pourrait s'inscrire sous le titre global de « L'invention de l'économie ». Le texte introductif de cet ouvrage, « La construction de l'imaginaire économique », annonce en quelque sorte ce vaste programme de recherche qui nécessiterait plusieurs vies pour son accomplissement.

Le sujet devrait être abordé sous trois angles interdépendants et complémentaires : 1) L'invention théorique de l'économie, 2) l'invention historique, et 3) l'invention sémantique.

Le premier axe, l'invention théorique, partirait des problèmes posés par la définition de l'économie comme pratique et comme science, et s'interrogerait sur les présupposés de son existence double : Comment, dans quelles circonstances et à quelles conditions peut exister dans la réalité sociale un objet tel que l'économie ? Comment, dans quelles circonstances et à quelles conditions peut exister dans les sciences sociales une science économique ? La conclusion de cette première exploration est que l'*autonomisation* de l'objet, condition de la spécificité du savoir, est liée à certaines circonstances historiques et à un *ensemble de représentations*.

Le deuxième axe, l'invention historique, s'efforcerait de cerner les étapes de la mise en place des découpages théoriques et pratiques structurant ces représentations. Comment se façonnent, dans les sensibilités, les mythes et les justifications de la pratique concernant les idées et usages du travail, de la production, de la consommation, de l'épargne, de la monnaie et de toutes les institutions ou activités *économiques* ?

Le troisième axe, l'invention sémantique, s'attacherait à étudier ces représentations elles-mêmes et à montrer que l'économie est largement construite dans la sphère des représentations. Qu'elle constitue donc un système, ou ensemble *autoréférentiel*, sans ouverture immédiate sur la « réalité extérieure ». Cette invention sémantique constituant la condition et l'aboutissement du processus forme la pièce maîtresse de l'ensemble.

Mon premier livre publié, *Épistémologie et économie. Essai sur une anthropologie sociale freudo-marxiste* (Anthropos, 1973), peut déjà être considéré comme une esquisse-fleuve (600 pages) et maladroite de ce grand projet, exprimé dans le vocabulaire marxiste et psychanalytique mis au goût du jour par l'école de Francfort à l'époque soixante-huitarde. Il s'agissait rien moins que de reprendre la *déconstruction* de l'économique commencée par Marx et laissée en chemin, non pas tant en raison de l'inachèvement de l'opus majeur *Le Capital* (en particulier, l'absence du fameux chapitre annoncé et jamais écrit sur le marché mondial, vide que Rosa Luxemburg a entrepris de combler) que de la méconnaissance du caractère symbolique des pratiques économiques.

La plupart de mes publications ultérieures ont certes été tournées surtout vers les problèmes Nord-Sud et la dynamique socio-économique mondiale. Elles peuvent être réinterprétées, cependant, comme des éléments plus ou moins périphériques du même ensemble. L'invention du développement et la déconstruction de l'imaginaire du progrès sont un aspect essentiel de la question[2]. La même démarche épistémologique y est à l'œuvre, mais appliquée au champs du tiers-monde. L'approche *culturale* et anthropologique du processus d'occidentalisation et de mondialisation n'aurait pas été possible sans une réflexion préalable et parallèle sur l'économique comme signification imaginaire sociale structurant la modernité. J'entends par là, à la suite de Max Weber et de Cornelius Castoriadis, l'ensemble des valeurs et des présupposés historiques et culturels sur lesquels repose l'Occident moderne.

En outre, sur l'ensemble de ma vie professionnelle, mes enseignements principaux ont porté plus sur l'épistémologie de l'économie et l'histoire de la pensée économique que sur l'économie du développement. Au total, cette recherche sur l'invention de l'économique m'a donc accompagné tout au long de mon itinéraire intellectuel.

Au XIXe siècle, la synthèse systématique de tout cela, telle que le plan cité ci-dessus l'annonce, aurait donné lieu à la production d'une suite impressionnante de volumes condamnés à recueillir la poussière dans les rayons des bibliothèques savantes. L'époque n'est plus à ces vastes compilations indigestes. Ce travail magistral ne sera jamais réalisé et c'est tant mieux ! C'est aussi la raison pour laquelle j'ai fini par me laisser convaincre, il y a quelques années, par la persévérance cordiale d'un jeune émule italien, Pietro Montanari, de lui laisser éditer et coordonner, sous le titre *L'Invention de l'économie*, un recueil, conçu à partir de publications de circonstance qui sont autant de contributions ponctuelles et partielles au grand dessein[3]. Mon ambition, avant d'en offrir une version au lecteur francophone, était de me rapprocher un peu plus du projet initial. J'ai donc attendu d'avoir le loisir d'y retravailler pour tenter de donner plus d'unité à l'ensemble. Les plus anciennes contributions, comme « L'anti-économique d'Aristote » (chapitre 2), « L'ordre naturel comme fondement imaginaire de la science sociale » (chapitre 4) et « Le luxe guillotiné » (chapitre 9), remontent aux années 80. J'ai voulu aussi enrichir le parcours de jalons supplémentaires, sans dépasser, cependant, un volume raisonnable. Malgré tout, le projet demeure fort incomplet et la synthèse reste inachevée ; mais est-il vraiment nécessaire de pousser plus avant, dès lors que l'achèvement était de toute façon inaccessible ? Le lecteur, après tout, est parfaitement capable de suppléer par lui-même aux manques et de les combler virtuellement ; cela lui est d'autant plus facile que bien des éléments qui pourraient entrer dans la construction finale virtuelle ont déjà été publiés et se trouvent épars dans des livres antérieurs. En outre, au fil du temps des contributions nouvelles ont été apportées par d'autres auteurs qui remplissent certains vides mieux que je n'aurais pu le faire moi-même[4]. Bien des esquisses et ébauches de tableaux nous parlent plus que les œuvres achevées dans lesquelles les lignes de force se perdent dans le détail ou sous la surcharge des couleurs. Au surplus, nous avons pour nous l'un des auteurs étudiés et non des moindres : « Il y a de l'habileté, dit le duc de La Rochefoucauld, à n'épuiser pas les sujets, et à laisser toujours aux autres quelque chose à penser et à dire. » J'espère que le lecteur suivra ce conseil en lisant ce travail.

INTRODUCTION

Que signifie « inventer l'économie » ?

> « Les économistes n'ont pas peur de ce paradoxe. Ils reconnaissent avec fierté que leur discipline, en tant que science, est une invention. Ils aiment retracer ses racines dans l'Antiquité, en citant à l'appui Aristote et ses difficultés concernant la valeur. Mais ils considèrent ces anciennes intuitions comme des pierres d'attente annonçant l'avènement des saints patrons de la science : ceux qui ont découvert l'économie au XVIIIe siècle. L'économie elle-même, prétendent les économistes, existe depuis la nuit des temps. Les pères fondateurs de la discipline furent en mesure de la découvrir quand elle est arrivée à sa pleine expression : la société économique, dans son évolution naturelle vers l'avènement de l'économie globale [1]. »
>
> Gustavo Esteva.

Les principaux problèmes de l'étude de l'histoire de la pensée économique me paraissent être les trois suivants :

1) Quels rapports entretient l'histoire de la pensée économique avec l'histoire en général et avec l'histoire économique en particulier, c'est-à-dire avec l'ensemble des faits « économiques » et sociaux ?

2) Quels rapports entretient la pensée économique avec la pensée en général, c'est-à-dire avec la pensée philosophique, politique, religieuse, etc. ?

3) Quels sont les rapports entre les théories, les analyses et les doctrines économiques avec le vécu des auteurs ?

Ce questionnement est arbitraire de par sa formulation même et porte déjà la marque de toute une tradition idéologique. Quelle place, en effet, donner aux pratiques journalières des affaires, aux perceptions vulgaires des phénomènes de production et d'échanges, donc aux mentalités, aux représentations, aux idées reçues plus ou moins incorporées dans la vie quotidienne, dans l'élaboration des théories économiques ? S'agit-il là d'une autre façon de poser les mêmes questions (et, par exemple, celle d'un historien de formation) ou d'un autre protocole de questionnement ?

Traditionnellement, en fonction des réponses apportées à ces interrogations, on s'oriente vers une histoire des doctrines économiques, une histoire des théories, une histoire de l'analyse ou même une histoire de la science économique, voire une histoire intellectuelle de l'économie politique[2]...

Reste le problème lancinant de la frontière de l'économique. Là, on oscille entre les approches dogmatiques fondées sur les deux ou trois définitions canoniques de la discipline (classique, néoclassique et éventuellement marxiste ou polanyienne) et les approches *floues* du type « est économique ce que font les économistes ou ce que le sens commun désigne comme tel ». Ce dernier point de vue est bien représenté par Minguat, Salmon et Wolfesperger dans leur « thémis » de méthodologie économique[3].

À mes yeux, l'histoire de la pensée économique est aussi, et peut-être surtout, l'histoire de la construction de l'économique comme pratique et comme pensée, autrement dit la construction de l'économie et de l'économie politique. Il s'agit de l'émergence et de la consolidation d'un *imaginaire économique.* Dans cette approche, l'histoire de la pensée économique rencontre trois disciplines clés : l'anthropologie économique, la sociologie économique et la philosophie économique.

Je me propose d'explorer brièvement ce que signifie l'invention de l'économie et de voir plus longuement un aspect souvent oublié, l'invention sémantique de l'économie, alors que l'invention théorique et l'invention historique qui complètent cette construction de l'imaginaire se retrouvent assez largement, d'une certaine façon, dans les approches plus conventionnelles.

I. L'AMBIVALENCE DE L'EXPRESSION : L'INVENTION DE L'ÉCONOMIE

Ce qu'on entend par invention de l'économie ou de l'économique pose un double problème, un problème formel en quelque sorte et un problème substantiel : que signifie à strictement parler une telle expression « invention de l'économie » ? Que recouvre un tel énoncé comme programme de recherche ?

Les deux mots, invention et économie, sont en fait ambivalents. Parler d'*invention* de l'économie, c'est déjà soutenir une thèse *provocatrice* : c'est poser d'emblée que l'économie fait *problème*, qu'elle n'est pas *là* comme ça, naturellement, que ce soit comme domaine ou comme logique de comportement, autrement dit qu'il n'y a pas de *substance* ou d'*essence* de l'économie. Inventer vient du latin *in-venire*, trouver, mais *in-venire* est construit comme *ad-venire* qui a donné *a-venture*.

Soutenir que l'économie a été inventée, c'est montrer qu'elle est une *trouvaille* de l'esprit humain, une construction de l'imagination ou la *découverte* d'un schéma de représentation ; c'est aussi *retracer* l'a-venture (ou « l'inventure » si on me permet ce néologisme) qui l'a fait historiquement ad-venir. *Il y a une histoire économique, d'abord parce que l'économie est une histoire.*

C'est cette « déconstruction » au sens heideggerien du terme (ou ce que, de façon proche, Michel Foucault appelle « l'archéologie du savoir ») que je voudrais esquisser ; car en *montrant* comment est construite l'économie et quand elle a été construite, on démontrera *ipso facto* qu'elle est construite ou inventée.

Sur quoi porte *l'invention* précisément ? Quel est *l'objet* dont il s'agit ? La tradition désigne sous le nom d'économie, ou sous celui de son doublet savant, l'économique, deux choses que l'usage hérité distingue soigneusement et oppose, dans une certaine mesure : l'économie comme pratique et l'économie comme théorie, ou encore la vie économique comme réalité et l'économie politique comme savoir de cette « réalité ».

Cette ambiguïté sémantique n'a pas été assez relevée. Seul ou presque François Fourquet fait exception ; il note : « Depuis ce jour [celui où J.-B. Say définit la science économique comme science de l'économie], le mot *économie* comporte, du moins en français, une insupportable ambiguïté : nous ne savons pas si nous parlons de la science ou de son objet. » Et il ajoute : « Et pour cause : cet objet n'existe pas ! Ce qui existe, c'est un discours économique qui fabrique ses propres objets et qui finit par croire à l'existence extérieure de ces êtres fantastiques qu'il a lui-même engendrés[4]. » Cette ambiguïté, cependant, n'est pas propre au français, on la retrouve dans les principales langues occidentales. « Économie » désigne une réalité sociale et la réflexion sur cette réalité sociale. L'économie, c'est la vie économique, la pratique des affaires ou les soucis des consommateurs ; c'est aussi l'économie politique, discipline distinguée, encore dénommée de façon plus prétentieuse « science économique ». La même ambiguïté pèse sur le terme plus savant, calqué sur le grec, l'« économique », substantification de l'adjectif construit sur le modèle du politique. L'économique désigne tout à la fois un domaine concret et une sphère théorique. Le premier est familier à tous, la seconde demeure largement fermée, réservée à une secte de spécialistes, ceux que, dès le XVIIIe siècle, on appelle les « économistes ». Quesnay est sans doute le premier à utiliser en 1767 l'expression « science économique » dans son opuscule intitulé *Sur le langage de la science économique*. Et pourtant, les deux sont inextricablement liés. Certains économistes, vaniteux de leur science, ont tenté de conjurer cette malédiction polysémique, afin que la basse cuisine ne soit pas confondue avec le noble art culinaire... À ce jour, ces tentatives sont demeurées sans succès. Il y a, je pense, une nécessité à cette situation paradoxale (qui se retrouve aussi pour la politique). L'interdépendance, l'interpénétration des deux niveaux, en principe disjoints, est profonde et inévitable. Une telle situation est proprement impensable dans les sciences « dures ». La réalité naturelle ne se confond jamais avec l'étude intellectuelle de celle-ci, quel que soit le degré de manipulation de la matière et d'« invention » de la nature par le savant. En économie, l'interdépendance du sujet et de l'objet est totale. L'économiste invente l'économie, comme l'économie invente l'économiste.

Avant Platon et Aristote, nulle trace de réflexion économique. Il y a à cela une bonne raison que l'on avance rarement : peu de traces aussi, auparavant, d'économie. Scandale pour l'esprit. Est-ce à dire que depuis l'apparition des premières sociétés humaines, il n'y ait pas des *pratiques matérielles* ? Sans aucun doute, ces pratiques existent. On peut même en chaussant certaines lunettes voir de telles pratiques dans les sociétés animales. Toutefois, tant que la survie matérielle de l'espèce ou la reproduction des groupes sociaux n'est pas autonomisée, pensée comme une sphère à part, il n'y a pas de vie économique, il n'y a que la vie tout court. L'économie suppose une autonomie relative d'un domaine – et l'existence, à côté, d'un « en dehors » de l'économie –, ce qui implique certaines représentations, des mots pour le dire, des institutions pour le faire. La monnaie, le commerce *(trade)* et le marché sont les trois grandes « trouvailles » qui impulsent prodigieusement l'économie et la réflexion économique.

Or la monnaie à proprement parler apparaît peu avant le ve siècle avant J.-C., et jusque-là, les relations commerciales sont très réduites et les « places de marché » inexistantes[5]. Le développement du capitalisme (faisant fusionner commerce et marchés) à la Renaissance donnera à la fois une grande impulsion à la vie économique en extension et en intensité, et à la réflexion économique. Auteurs *bourgeois*, issus de milieux de marchands anoblis, les mercantilistes (XVIe-XVIIe) veulent gérer l'État et la nation comme une grande maison de commerce (déjà l'entreprise France, l'entreprise Italie, etc.) et transposer au niveau « macro » les méthodes « micro » ; ils s'efforcent d'étendre à la société les recettes et procédés des marchands qui ont fait leur preuve : comptabilité et bilan. Ils font de l'« arithmétique politique » (William Petty, 1671). Ils préconisent des soldes positifs et de solides trésors pour le Prince et pour l'État.

Faisant un pas supplémentaire, les physiocrates (1750-1775), voient la sphère matérielle de la société où se crée et se consomme la *richesse* comme un organisme et un corps vivant avec la double circulation veineuse et artérielle du sang.

Notons que le développement de la vie économique et de la réflexion économique se produit presque exclusivement en Occident. Des traces, des embryons, des anticipations parfois géniales se rencontrent ici ou là, en Chine, en Inde[6] et dans le monde arabe, mais « l'échec » du capitalisme dans ces pays et, finalement, de « l'économie » limite les réflexions. Le grand penseur berbère, Ibn Khaldoun, au XIVe siècle, est sans doute celui qui va le plus loin dans la voie d'une réflexion *socio-économique*, mais il en reste à une vision cyclique de la grandeur et de la décadence des sociétés en liaison avec leur prospérité et leur ruine commerciale[7].

Le point de vue selon lequel « l'économie » serait une invention ne permet pas d'accepter la coutume a-critique de la séparation entre la « pratique et la théorie ». Il apparaît impossible de dissocier d'entrée de jeu et de façon absolue le niveau d'un champ qui serait descriptif-fonctionnel – l'économique – de celui d'un champ qui serait réflexif-théorique – l'économie politique. La réflexion économique, selon notre approche, ne se développe pas à un moment historique sur une pratique transhistorique (autrement dit *naturelle*), elle surgit dans le prolongement de l'émergence d'une pratique qui prend et constitue un sens économique progressivement à travers une théorie qu'elle contribue à supporter et susciter. Chacun des niveaux a besoin de l'autre pour s'y fonder. Théorie et pratique économiques sont un peu comme saint Christophe et le monde, dans la légende : si saint Christophe, via l'Enfant Jésus, porte le monde sur son dos, il a tout de même besoin d'une assise pour poser ses pieds... La réalité économique, comme toute réalité sociale, n'est pas une donnée (*data*). Ce n'est ni un processus « naturel » (un « fait » ou un ensemble de « faits ») selon le point de vue « physiciste » des auteurs classiques, ni l'effet d'une constante psychologique transhistorique (un comportement ou un ensemble de comportements « rationnels ») selon le point de vue des auteurs néoclassiques. Il s'agit d'une « construction » historique qui, comme telle, véhicule du sens[8]. Les opérations économiques de production, consommation, épargne, investissement, achats, ventes, etc., ne sont ni naturelles, ni universelles, ni éternelles, ni rationnelles (en elles-mêmes), même si ces pratiques peuvent s'étayer sur des contingences naturelles banales du type : une espèce qui ne se nourrirait pas disparaîtrait. Même en formulant ces constatations triviales dans le jargon pompeux de l'économiste : « Une espèce qui ne produit pas les moyens de satisfaire à ses besoins n'assure pas sa reproduction », on ne peut fonder l'économique en nature. Les espèces animales subissent, en effet, les mêmes contraintes naturelles.

Les économistes, en général, ne s'avisent pas de prétendre que les animaux et les plantes ont une vie économique et que leur comportement d'adaptation est la recherche d'un optimum pouvant être décrit en termes de calcul économique. Nous leur prêtons une écologie, pas une économie[9]. Toutefois, même les fanatiques néoclassiques tiennent à conserver l'illusion du caractère social de leur discipline et veulent être pris au sérieux par leurs collègues.

Aussi, de telles idées n'ont pas fait de percée significative dans la profession [10].

La construction d'une « sphère » économique est un processus historique et culturel. Comme tel, il s'agit d'une production de représentations. Les opérations que nous considérons comme économiques, d'évidence, ne peuvent apparaître qu'avec l'existence et donc la production antérieure d'un discours et de concepts qui nous les donnent à voir comme économiques. Cette évidence n'en repose pas moins, comme nous le verrons, sur un ensemble de « préjugés » très occidentalo-centrés. Ces opérations sont donc interprétables ; elles ont un sens pour les agents. La pratique économique, comme toute pratique sociale-historique, est une pratique signifiante. Cette « première » représentation qui se joue, liée à la vie sociale, va se trouver redoublée par une deuxième représentation qui met en scène la première : *le discours sur la pratique économique.* Ce deuxième niveau n'est pas seulement un effet de dédoublement métadiscursif propre à tout langage, il constitue une *réflexion* sur le premier niveau. Il se fonde en créant une distance *artificielle* avec le premier. Il va présenter la pratique économique comme « objectale » (portant sur des objets ou des choses) : production, circulation, consommation des marchandises, ou quasi objectale : mécanisme d'allocation impersonnel ou construction axiomatique. Dans tous les cas, dans l'appréhension du domaine de la vie sociale sur lequel porte la démarche réflexive, il est fait abstraction des hommes, de leurs représentations, de leurs sentiments, de leurs projets, etc [11]. Comme le montrera Marx dans son analyse du fétichisme de la marchandise, les rapports entre les hommes sont cachés et occultés par les rapports entre les choses.

En réalité, l'affaire est complexe. La vie économique n'apparaît historiquement qu'avec une réflexion sur l'économique. Toutefois, une véritable réflexion sur la vie économique, comme pratique spécifique, ne peut se développer avec quelque ampleur que lorsque cette vie économique elle-même a pris essor sous une apparence autonome, c'est-à-dire avec le développement du marché autorégulateur et l'apparition de la « vraie » monnaie. Entendons par là une monnaie qui fonctionne comme *équivalent général* et pas seulement comme signe de prestige.

Il reste qu'il n'y a pas de rupture radicale, de coupure *ontologique* entre économicité et économie politique. L'interaction des deux niveaux se fait dans les deux sens. Comme dans la bande de

Moebius, il y a deux surfaces distinctes et deux bords opposés, mais qui n'en font finalement qu'un seul. Si l'économie politique n'apparaît vraiment qu'avec les physiocrates et le tableau économique du docteur Quesnay qui donne une première représentation consistante de la vie économique comme système autonome, elle travaille la société depuis au moins Platon et Aristote, c'est-à-dire depuis qu'avec le développement du commerce maritime, l'apparition des rapports marchands et de la monnaie, certaines relations sociales s'émancipent de la religion, de la morale et de la politique pour s'autonomiser et s'*économiser*. L'intermédiation monétaire dans le cycle marchand devient le point de départ d'une perversion des fins et des moyens dénoncée par Aristote dans l'*Éthique à Nicomaque* et offre la possibilité de vivre en dehors des *mesures* de la cité ; « faire de l'argent avec de l'argent » peut devenir un objectif et une façon de vivre.

On peut discuter de la date d'autonomisation de l'économique : à 1756-58 (les physiocrates[12]), certains opposent 1776, date de la publication de l'*Essai sur l'origine et les causes de la richesse des nations* d'Adam Smith, parce que l'économique s'émancipe vraiment (quoique de façon complexe) de la morale en la réalisant. D'autres proposent de remonter quelques décennies plus tôt jusqu'aux auteurs mercantilistes qui, avec l'arithmétique politique (William Petty lance l'expression en 1671), revendiquent la gestion de la cité selon les méthodes comptables des marchands, tandis que certains seraient enclins à attendre 1815 et les *Principes* de Ricardo pour saluer l'apparition d'une économie scientifique de la production (Michel Foucault), voire, pour d'autres, 1871 et la « révolution marginaliste » avec l'émergence d'une véritable « science mathématique de la richesse sociale ». Cela nous donne donc une marge de deux siècles : 1671-1871.

Quelle que soit l'incertitude indécidable sur la date exacte, celle-ci reste bien liée à l'époque de l'épanouissement du capitalisme dans les États européens, celle où les marchés nationaux dominent la vie économique.

Même si l'on peut montrer que la *chose économique* travaille déjà le texte d'Aristote, il est impossible de dégager dès cette époque un véritable champ sémantique, ou univers de sens, économique. Pour se constituer, celui-ci a inéluctablement besoin de l'imaginaire, de l'instance des représentations mentales, créé par l'économie politique. La séparation artificielle entre « pratique » et « théorie » rejoint la distance historique entre Aristote et Adam Smith. Si une certaine autonomisation des pratiques « chrématistiques » (accumulation de richesses) se dessine dès l'époque d'Aristote, ces activités sont marginales (il y a des marchands, mais tous ne sont pas marchands...) et jugées contraires au « bien commun », elles sont donc inavouables et finalement impensables[13]. Il n'y aura ni mots pour les dire, ni moyens pour les développer. En émancipant l'économie de la morale, par la démonstration que, suivant la formule de Jean-Pierre Dupuy, « il est un domaine des affaires humaines, isolable des autres, où la morale et les modes de socialisation traditionnels sont inutiles, voire nuisibles », que, « dans ce domaine, en poursuivant leurs intérêts égoïstes, les hommes travaillent sans le vouloir au bien commun »[14], Adam Smith achève de débloquer le décollage d'une *pensée* réflexive sur cette « pratique » enfin reconnue.

L'étude de la mise en place du champ sémantique de l'économique complète cette invention théorique, elle permet de proposer une certaine mise en ordre de l'imaginaire de l'économie politique.

L'étude de la genèse historique, de son côté, renforce et illustre les conclusions de l'invention théorique ; il ne s'agit pas d'une glose ou d'un commentaire érudit sur le corpus économique, mais d'une analyse de sa double *facticité* ou artificialité : en tant que pratique et en tant que théorie.

II. L'ÉTENDUE DU SUJET

Trouvaille d'une double discursivité et aventure d'une histoire ambiguë... On le voit déjà, le sujet est en lui-même immense. Aux questions soulevées par l'ampleur propre du sujet, signalées dans l'avant-propos, viennent s'ajouter les vastes problèmes posés par ses implications, en particulier sur les plans épistémologique et anthropologique.

La thèse de l'*invention* pose à nouveau d'emblée la question de la nature de la réalité sociale. On a déjà soutenu implicitement que la réalité sociale s'instituait dans l'imaginaire suivant la conception proposée par le philosophe Castoriadis. Cela constitue un rejet du naturalisme. Se trouvent posées, de ce fait, les questions de la connaissance d'une telle réalité et de la nature de la science sociale[15]. Autrement dit, s'agissant de gestes mettant en jeu des *valeurs*, il convient d'élucider comment elle se construit dans la tête d'abord.

Se trouvent enfin posés à nouveau les fameux débats nature-culture, place des fonctions et des symboles, de l'infrastructure et de la superstructure, etc.

De ce vaste programme de recherche, j'ai choisi d'évoquer explicitement dans un premier chapitre la seule construction sémantique de l'imaginaire économiste. Ce choix m'est dicté d'abord parce que, sur l'invention sémantique, il n'y a rien eu de fait, ou presque, tandis que sur les deux autres axes, si on ne dispose pas d'étude frontale, on peut tout de même s'appuyer sur de nombreux éléments d'analyse de la part des économistes eux-mêmes (l'autoréflexion), mais aussi de la part des historiens, des philosophes ou des anthropologues[16].

Ensuite et accessoirement, la thèse de l'invention de l'économie amène à faire de l'économie une « signification imaginaire sociale » ou un ensemble de « significations ». Il s'ensuit donc normalement que c'est sur le terrain de la *représentation* que se joue le drame. Les autres chapitres, cependant, proposent des jalons illustrant les étapes non plus exclusivement de l'invention sémantique mais, de façon inextricablement mêlée, tout autant de l'invention historique et théorique.

Ainsi, le chapitre deux, « L'anti-économique d'Aristote », permet de saisir la naissance du sens économique liée à un commencement d'économicisation du monde. Paradoxalement, il montre comment l'économique s'annonce dans un texte qui vise à le dénoncer. Le chapitre trois, « L'invention du travail dans l'imaginaire social », retrace l'odyssée d'une signification centrale pour la vie et la pensée économique et permet de voir comment naît, s'épanouit, survit et agonise un concept désignant une réalité en crise. Le chapitre quatre, « L'ordre naturel comme fondement imaginaire de la science sociale », a pour objet la genèse, l'apothéose et la crise du mythe sous-jacent à la prétention de l'économique à la scientificité. La décomposition actuelle du mythe permet d'entrevoir une sortie de l'impérialisme économique. Le chapitre cinq, « Histoire et économie : d'un mariage raté à un divorce impossible, les malentendus d'une cohabitation conflictuelle », explore cette situation paradoxale de la science économique comme savoir historique d'une réalité historique qui tend à occulter son historicité ; cette gageure est à la longue intenable tant du côté de la discipline que de son objet. L'histoire de l'économie ne peut être, en conséquence, que la chronique d'une mort annoncée. Le chapitre six, « Augustinisme et utilitarisme », étudie moins la mise en place de concepts économiques en tant que tels que certaines des croyances essentielles constituant les assises de la construction, à savoir : l'harmonie naturelle des intérêts et l'*homo œconomicus*. Certes, comme toujours, on peut trouver des antécédents lointains à ces nouveaux venus, mais les moralistes de l'âge classique constituent un témoignage et une étape décisive dans ce parcours. Toutefois, le stratagème qui a permis ce positionnement ne tient plus face à l'omnimarchandisation du monde qu'il a contribué à engendrer. Les chapitres sept et huit, « De la politisation de l'économie à l'économicisation du politique : l'institution imaginaire du marché de Boisguilbert aux physiocrates » et « Mandeville et le tournant de la philosophie morale occidentale », nous replongent dans la construction historique et théorique de l'économie pour assister à la mise en place des institutions indispensables au fonctionnement d'une économie émancipée, grâce à tout un travail de redéfinition de la richesse et à l'affirmation toujours plus poussée de l'harmonie naturelle des intérêts sous la forme, certes paradoxale, d'un laisser-faire despotique chez les physiocrates et sous celle d'un anarchisme « libertarien » avant la lettre chez Bernard de Mandeville. Le chapitre neuf, « Le luxe guillotiné, ou comment un concept disparaît du discours économique dans la tourmente révolutionnaire », nous ramène à la vie des mots et des choses. Anticipant sur la conclusion, on y assiste à la disparition d'un concept clé accompagnant une grande transformation sociale. L'apothéose de la société bourgeoise est liée, en effet, au crépuscule du monde aristocratique qui avait pourtant engendré l'analyse des richesses. Les significations meurent aussi... Le dixième et dernier chapitre, « L'autodestruction de l'humanisme libéral : le paradoxe de la "synthèse" smithienne », clôt ce voyage dans le temps au moment même où le champ sémantique constitutif de l'économique se boucle. Un peu comme chez Aristote, l'*économicisation* du monde s'annonce dans le texte de notre auteur, malgré lui. L'histoire de la pensée économique ne s'arrête pas là, bien au contraire, puisque beaucoup considèrent ce moment comme un début. Et pourtant, si la théorie va se développer considérablement, la construction imaginaire est pour l'essentiel achevée. Il ne se passera pratiquement plus rien à ce niveau jusqu'à ce que les temps de la décomposition soient venus. La conclusion, « Le crépuscule de l'économie », évoque la fin du drame ; au terme d'une longue trajectoire théorique et historique, les nœuds sémantiques se défont. Le rideau tombe sur un épisode de l'histoire de la planète et une époque de l'histoire humaine. Celle-ci n'est peut-être ni la plus importante ni la plus intéressante, mais c'est la seule qui nous concerne vraiment car nous sommes les acteurs et les spectateurs de ce dernier acte. Ce qui viendra après, si nous laissons à nos enfants un monde et une humanité en état de poursuivre leur histoire, est à écrire par ceux-là mêmes qui nous succéderont.

CHAPITRE I

La construction de l'imaginaire de l'économie

L'invention sémantique

À part quelques fugaces évocations (Maurice Godelier, Marshall Salhins, Philippe Van Parijs), l'invention sémantique de l'économie est un thème qui n'a été analysé, à ma connaissance, par personne.

Il existe, toutefois, quelques travaux qui participent de l'étude du « sens » économique et de sa constitution, ou qui offrent des modèles d'analyse de champ sémantique. Citons, pour le premier cas, la belle étude de Benveniste : *Le Vocabulaire des institutions indo-européennes*[1].

Les conclusions de Benveniste sont stimulantes et remarquables. Elles méritent d'être rappelées : « Lorsque l'on croit que les notions économiques sont nées des besoins d'ordre matériel qu'il s'agissait de satisfaire, et que les termes qui rendent ces notions ne peuvent avoir qu'un sens matériel, on se trompe gravement. Tout ce qui se rapporte à des *notions économiques* est lié à des *représentations* beaucoup plus vastes qui mettent en jeu l'ensemble des relations humaines ou des relations avec les divinités. »

Pour le second cas, il faut mentionner la thèse de Georges Matoré, *Le Vocabulaire et la société sous Louis-Philippe*[2] ; celle-ci constitue un bon exemple méthodologique.

Cependant, si précieux que soient ces travaux, le premier n'est qu'une étude « philologique », c'est-à-dire une étude de l'histoire des « mots » à partir des textes ; elle ne concerne que très partiellement l'économie et, de plus, pour une époque très reculée. Le second, plus ambitieux dans son projet, plus décevant dans ses résultats, n'apporte guère que des éléments de méthodologie, d'ailleurs mieux systématisés dans l'ouvrage du même auteur, *La Méthode en lexicologie*[3].

L'étude de la composition et de la constitution d'un champ sémantique de l'économie, c'est-à-dire du réseau de *significations qui dessine une sphère complète du domaine en question*, semble supposer une définition préalable de ce que l'on cherche. Suivant le « sophisme » socratique, on ne peut chercher ce que l'on ne connaît pas ; c'est d'ailleurs la raison pour laquelle le problème de l'invention théorique de l'économie a été évoqué logiquement avant celui de l'invention sémantique. Mais, conclut Socrate, si l'on connaît la chose, il n'est plus besoin de la chercher... Alors, l'ordre de la recherche ne s'impose pas de façon absolue. L'objet économique peut être approché par tâtonnement et bricolage dans les dictionnaires et les discours, en *feignant* de ne pas savoir au départ de quoi il s'agit... Le champ sémantique de l'économie se construit en précisant ainsi l'objet même de notre critique.

I. LES DICTIONNAIRES D'ÉCONOMIE : SIGNIFIANTS ET SIGNIFIÉS[4]

Le repérage des signifiants « économiques » peut se faire assez aisément à l'aide des dictionnaires spécialisés qui s'intitulent eux-mêmes dictionnaires économiques ou dictionnaires d'économie politique. On notera que l'ambiguïté du *prédicat*, c'est-à-dire du qualificatif (vise-t'on le niveau de la pratique ou celui de la théorie ?), est volontiers entretenue dans ce corpus. Nous nous limiterons pour l'essentiel au domaine francophone[5].

Les premiers dictionnaires spécialisés apparaissent au milieu du XIXe siècle en France, si l'on met à part l'*Encyclopédie méthodique. Économie politique et diplomatique* de Demeunier de 1784-88 que Jean-Claude Perrot qualifie de « premier dictionnaire d'économie politique[6] ». Certes, en 1709, l'abbé Noël Chomel publiait un *Dictionnaire œconomique*, mais le titre plus complet de l'ouvrage dissipe les espoirs qu'on pourrait avoir de tenir là un « premier » dictionnaire d'économie. Qu'on en juge : *Dictionnaire œconomique contenant divers moyens d'augmenter et conserver son bien et même sa santé, avec plusieurs remèdes assurez et éprouvez, quantité de moyens pour élever, nourrir, guérir et faire profiter toutes sortes d'animaux domestiques, différents filets pour la pêche et la chasse..., une infinité de secrets découverts dans le jardinage, la botanique..., le moyen de tirer tout l'avantage des fabriques de savon..., les moyens dont se servent les marchands pour faire de gros établissements, ceux par lesquels les Anglois et les Hollandois se sont enrichis..., tout ce que doivent faire les artisans..., marchands..., pour s'enrichir*[7]. Ici, l'ambiguïté sémantique du terme « économie » apparaît caricaturale[8]. Pour nous en tenir aux *véritables* dictionnaires d'économie, citons :

1826, le *Dictionnaire analytique de l'économie* de Ganilh ;

1846/7, le *Répertoire général de l'économie politique ancienne et moderne* ;

1853, le *Dictionnaire d'économie* de Coquelin et Guillaumin ;

1892, le *Dictionnaire d'économie* de Léon Say et Joseph Chailley.

Entre cette première génération de dictionnaires et la floraison des dictionnaires des années 70, il n'y a en français que le seul *Dictionnaire des sciences économiques* de Jean Romeuf, de 1956.

Parmi ceux qui ont été analysés pour la période postérieure, signalons :

1962, le *Dictionnaire économique et social* de Thomas Suavet (Éditions ouvrières) ;

1968, le *Dictionnaire de science économique* d'Alain Cotta (Mame) ;

1970, la *Terminologie économique et monétaire* de Denis Clair Lambert (Éditions ouvrières).

1973, les *Sciences de l'économie* d'André Vanoli (Hachette) ;

1975, le *Dictionnaire économique et financier* de Bernard et Colli (Le Seuil).

Notre étude s'étant arrêtée à 1976, nous n'avons pas consulté les parutions les plus récentes à l'exception du *Lexique des sciences sociales* de Madeleine Grawitz (Dalloz, 1981, 5e éd. 1991), du *Dictionnaire des sciences économiques* d'Alain Beitone, Christine Dollo, Jean-Pierre Guidoni, Alain Legardez (Armand Colin, 1991) et du *Dictionnaire d'économie et des sciences sociales* dirigé par C. D. Échaudemaison (Nathan, 1989-1993).

En amont, l'étude pourrait être prolongée par celle des autres dictionnaires où figurent certaines notions économiques, les dictionnaires de « commerce » du XVIIIe siècle, la grande *Encyclopédie*, puis les dictionnaires généraux et les thesaurus, ce qui nous ferait remonter au début du XVIIe siècle[9]. En deçà, on pourrait étudier les textes qui s'annoncent comme « économiques » depuis l'utilisation du terme « Économie politique » par Antoine de Montchrétien en 1615 (ou 1611 avec Louis de Mayerne-Turquet) et ceux où l'économique s'annonce (textes mercantilistes, textes antiques, jusqu'aux récits des ethnologues). Dans sa remarquable *Histoire intellectuelle de l'économie politique*, J.-C. Perrot signale que « du XVIe à la Révolution de 1789, près de quatre mille livres en langue française ont été publiés sur les matières auxquelles la société d'Ancien Régime attribuait une dimension économique [10] ».

Toutefois, ces recherches poseraient de façon plus cruciale le problème de la définition de l'économie comme préalable. Elles contribueraient moins à la saisie et à la compréhension de l'économie comme champ sémantique qu'à l'analyse de l'autonomisation de l'économique d'une part, et à celle de son invention historique d'autre part. Il en est ainsi de l'étude déjà citée de Jean-Claude Perrot. « L'histoire concrète de l'abstraction économique », pour reprendre son expression, se fonde sur une démarche inverse de la nôtre. « Les usages, écrit-il, précèdent temporellement de beaucoup leur théorie. La pensée réflexive, dans l'histoire des sciences sociales aussi, ne prend son vol qu'au crépuscule de pratiques touffues [11] ». Cela est incontestable du point de vue de l'historien. Toutefois, pour le sémanticien, il reste à comprendre et à découvrir d'où ces usages tirent leur *économicité*. Les usages fondamentaux sont éternels et universels, mais leur *qualification* comme économiques repose sur une construction imaginaire datée. La présente analyse ne contredit pas vraiment celle du savant historien. Les deux se complètent d'une certaine façon. Pour notre objet, le corpus cité est donc largement suffisant.

Ce qui frappe quand on étudie les dictionnaires d'économie, c'est d'abord que les notions, qu'on peut appeler théoriques, susceptibles de constituer un *domaine de représentation spécifique*, sont en très petit nombre [12]. Les notions « théoriques » représentent moins de 10 % de cet ensemble. Cela va de 18 (Léon Say) à 28 dans les plus récents. Bien que nous n'ayons pu prolonger cette étude sur les dictionnaires des principales langues européennes, un examen rapide du domaine anglais montre que les notions théoriques y sont nettement plus nombreuses, mais tout de même limitées à une quarantaine. « L'anglais, note Paulette Taïeb, dispose souvent de deux termes là où le français n'en a qu'un. » Par exemple, le mot français « fonds » désigne à la fois ce que l'anglais traduit par *stock* et par *fund*[13]. Les dictionnaires confirment, à leur façon, que l'économie est d'abord une science anglo-saxonne...

Les mots définis dans ces dictionnaires vont de 300 dans le Léon Say à 1 000 dans le Bernard et Colli (sans compter, éventuellement, les rubriques consacrées aux auteurs). Ces 28 mots fondamentaux se retrouvent dans pratiquement tous les dictionnaires, ils constituent le noyau stable autour duquel vient s'agglutiner une foule de termes dont la présence est « arbitraire » ou correspond à des contextes « circonstanciels ».

Citons à titre d'exemple de ces notions « périphériques », dans le Coquelin et Guillaumin (1853) : « Banque » ; « Beaux-Arts » ; « Bienfaisance privée » ; « Billet à ordre » ; « Billon » ; « Blocus continental ».

Dans le Léon Say (1891) : « Acquit à caution » ; « Chemin de fer » ; « Faillite » ; « Liberté des échanges » ; « Mont-de-piété » ; « Syndicats professionnels » ;

Dans le Romeuf (1956) : « Dardanisme » (destruction des stocks) ; « Déchéance quadriennale » ; « Décimateur » ; « Déclaration d'importation » ; « Délais » ; « Délégations de crédit » ; « Délégués du personnel »...

Une étude détaillée de ces mots serait passionnante et instructive, voire savoureuse ; ainsi, dans le *Dictionnaire œconomique* de Chomel figure une rubrique « Eucharistie » avec cette remarque : « Source de tous les biens, même temporels, pour ceux qui en usent bien. » Il est vrai que Noël Chomel était abbé... Retenons que tous ces termes dessinent le champ de la « vie des affaires » et le décor de la science de l'économie vivante. Ils constituent ce que J.-C. Perrot appelle, de façon d'ailleurs problématique, le « milieu nourricier ».

Ce champ est, en effet, imprécis dans ses contours, car toute la vie sociale est susceptible d'y entrer pourvu que ce soit sous un « angle économique » ; il est donc arbitraire et varie considérablement sur la même période, d'un auteur à l'autre. On pourrait le vérifier plus en détail encore dans les dictionnaires contemporains. Les usages sont infiniment riches et divers, mais où commence et où s'arrête leur *économicité* ? Ce champ contextuel est historique, car la pratique économique évolue. Il constitue par le paysage qu'il dessine l'*extra-discursif* de la sphère théorique, son référent, c'est-à-dire ce à quoi dans la pratique concrète renvoie le signe linguistique ; mais, comme nous le verrons, ce référent nécessaire au niveau imaginaire est tout à fait implicite et inutile au niveau sémantique car le champ sémantique fondamental de l'économie est parfaitement autoréférentiel. C'est lui au contraire qui nourrit le *bavardage* économique si prolixe des usages, des pratiques et des discussions journalières.

On peut dire, sans verser dans l'illusion positiviste, que les 28 mots finalement retenus comme significatifs du noyau « économique » se dégagent d'eux-mêmes, d'une certaine façon, pour des raisons qui seront analysées par la suite. Ils forment ces « cercles autoréférentiels de la compréhension[14] » dont parle J.-C. Perrot. Ce sont les suivants :

1. Accumulation
2. Agent
3. Besoin
4. Bien
5. Capital
6. Consommation
7. Crise
8. Croissance
9. Demande
10. Division du travail
11. Échange
12. Épargne
13. Équilibre
14. Intérêt
15. Investissement
16. Marchandise
17. Prix
18. Production
19. Produit
20. Profit
21. Rareté
22. Rente
23. Revenu
24. Richesse
25. Salaire
26. Travail
27. Utilité
28. Valeur

Cette liste appelle huit remarques :

1) Ces 28 mots sont présents dans l'ensemble des dictionnaires étudiés mais ils ne le sont pas tous dans tous. Ils ne sont même présents simultanément dans aucun ; 18 d'entre eux seulement sont attestés dans le Léon Say. Par la suite, il y a un léger élargissement progressif du cercle qui traduit le renforcement de l'emprise de l'économie sur la vie humaine ou de l'*économicisation* du monde. Il se manifeste encore de nos jours par l'élévation au rang de concepts des antonymes. Les plus récents dictionnaires consacrent d'importantes rubriques à des termes comme « abondance » (opposé à rareté), désutilité (contraire d'utilité), déséquilibre (contre équilibre)[15]. L'examen de ces dictionnaires amènerait peut-être à inclure dans la liste de nouveaux concepts comme décollage (take-off). Toutefois, cela ne l'allongerait pas beaucoup. La création conceptuelle est toujours active mais limitée.

2) Le noyau restreint constitué par les concepts figurant dans tous les dictionnaires se limite à 11 mots : Besoin, Capital, Consommation, Crise, Épargne, Intérêt, Prix, Production, Rente, Salaire, Travail.

3) On pourrait songer à d'autres concepts fondamentaux comme les concepts issus du marxisme : Accumulation, Capital constant, Capital variable, Dévalorisation, Force de travail, Plus-value ou surplus-value, Suraccumulation, Surproduit, Surprofit, Surtravail, qui sont absents, en tout cas non attestés (sauf dans le Bernard et Colli pour certains d'entre eux). Cette absence est significative des choix et des préjugés idéologiques des économistes français de la période ; cette absence ne porte pas atteinte néanmoins à l'existence du noyau (les concepts marxistes ne faisant que redécouper un champ existant par ailleurs avec d'autres signifiants). C'est dire aussi que ce noyau dur ne correspond pas nécessairement à celui que l'auteur de ces lignes aurait spontanément dégagé de sa propre culture.

4) Ces mots sont considérés comme des concepts économiques en raison de leur niveau d'abstraction. Ils n'ont pas ou plus de contrepartie concrète immédiatement saisissable ou, à la limite, il est fait abstraction de cette contrepartie. Ainsi, le salaire ne renvoie pas au paiement de l'activité concrète des ouvriers mais au prix d'un facteur de production. Ces concepts, même d'apparence concrète, sont des *universaux*, et souvent des attributs de qualité transformés en substance (utilité à partir d'utile, par exemple). La

constitution de l'ensemble conceptuel n'est pas instantanée et l'on peut voir se produire une évolution d'un dictionnaire à l'autre tout à fait significative sur ce plan. Ainsi, on passe du concret à l'abstrait ou à un degré d'abstraction croissante.

« Besoins des hommes » (Coquelin, 1847) devient « Besoins » (Say, 1891) puis, successivement, « Besoin(s) » (Romeuf) et enfin « Besoin » (Bernard et Colli, 1975). La faim et la soif ont disparu avec les hommes, il ne reste plus qu'un chaînon fonctionnel[16].

5) Si des notions deviennent des concepts avec le temps, il peut arriver à l'inverse que des concepts (ou quasi-concepts) perdent leur statut à la longue et soient remplacés par d'autres pour redevenir de simples notions ou tomber en désuétude. Il en fut ainsi avec les « Avances » des physiocrates qui furent remplacées par « Investissement ». Cela fut sans doute aussi le destin de « Négoce », « Abondance » (qui nous revient mais comme antonyme de rareté), « Luxe » qui firent fonction de concept dans une certaine « analyse des richesses »[17]. De ce fait, autour du noyau dur existe un premier cercle flou, ce qu'on pourrait appeler les quasi-concepts[18].

6) On s'étonnera sans doute de l'absence dans la liste de termes essentiels à la vie économique et désignant des institutions ou des actions particulières. Cela concerne trois ensemble de mots. À tort ou a raison, n'ont pas été retenus les mots désignant les institutions durables, sinon permanentes, qui constituent le cadre (ou les « conventions ») au sein duquel fonctionnent les économies réelles. Citons : « Banque », « Entreprise », « État », « Impôt », « Marché[19] », « Propriété ». Pour nous, ces mots ne sont manifestement pas des concepts théoriques de l'économie ; leur définition est essentiellement juridique. Si les économies concrètes ne peuvent se passer de ces institutions, la théorie s'accommode assez bien de leur absence. L'équilibre général de Walras, par exemple, se construit sans eux. Cette situation manifeste que l'économie n'est pas indépendante du reste de la société civile et politique, elle n'est qu'autonome.

Le second ensemble comprend ces mots triviaux du vocabulaire courant qui prennent un relief particulier dans l'explicitation du calcul économique. En eux-mêmes ils ne dénotent absolument rien d'économique. Il faut que ce qualificatif leur soit ajouté au moins implicitement pour qu'ils entrent dans le champ. Il en est ainsi pour « Demande » et « Offre », qui permettaient pourtant au fameux perroquet dressé par Irving Fisher d'avoir réponse à toutes les questions des étudiants en économie.

Le troisième, la monnaie, pose un tout autre problème. On s'étonnera à juste titre de ne pas voir figurer le mot « Monnaie » dans la liste. À la vérité ce mot est bien présent dans la plupart des dictionnaires. Il fait l'objet de rubriques descriptives et de longs développements institutionnels. Il échappe presque complètement au cercle autoréférentiel des concepts définitionnels. On a là une sorte de point aveugle dans le dispositif économique. La monnaie est l'économie par excellence et pourtant elle est hors économique, comme le manifeste bien la vision classique et néoclassique de la monnaie comme voile. Elle constitue une sorte de cordon ombilical entre le monde réel et le monde enchanté de l'*homo œconomicus*. Institution essentielle à l'économie concrète, la monnaie est fondamentalement « hors économie » théorique. En dépit de toutes les tentatives de la réduire à une pure fonction, la monnaie touche à l'essence du social (le désir mimétique, le prix du sang, la dette de vie et de mort...). Elle est à l'interface de l'économique et du social. Elle permet à l'économie de fonctionner, et par là d'être apparemment fonctionnelle, donc autonome, mais elle ne naît pas de l'économie. Au contraire, elle la fait naître. Elle est sans doute à l'origine de son enfantement.

7) Les dictionnaires français sont de mauvais témoins de la « révolution marginaliste » ; le Léon Say est en fait antérieur malgré sa date, et le Romeuf est postérieur à Keynes !

On pourrait reclasser les 28 concepts en un champ classique et un champ néoclassique, le noyau stable restant de toute façon plus important. Un enrichissement keynésien serait perceptible avec les dictionnaires récents. Toutefois, pour la période retenue, celui-ci n'est pas suffisamment significatif pour qu'il ait semblé nécessaire d'en tenir compte[20].

8) Le caractère autoréférentiel du champ économique à partir du « choix » de 28 termes apparaît comme un truisme puisque par construction ont été retenus les concepts, définis comme « termes sans référent extra-discursif ». Encore faut-il constater que :

1. cette série constitue bien une sphère et que le domaine de sens emprisonné est bien clos sur lui-même ;

2. ce domaine ainsi emprisonné est bien le noyau fondateur, en ce sens que la relation sémantique ne va pas du corpus vers le noyau, mais à l'inverse du noyau vers le corpus.

L'existence même de dictionnaires spécialisés et leur évolution manifestent assez bien la première thèse ; le système conceptuel se renforce et s'épure. Un terme clé comme « Richesse » qui évoque encore du « réel » tend à disparaître au profit de « vrais » concepts. Les « progrès » de l'économie vont pour l'essentiel dans le sens d'un renforcement toujours plus poussé de l'autoréférence (passage de Walras à Debreu ou de Ricardo/Marx à Sraffa puis à Cartelier-Benetti[21]).

L'arbitraire et l'inconsistance du corpus qui entoure le noyau, son indétermination radicale comme économique sans le prisme du noyau dur, semblent prouver la seconde thèse. Toutefois, l'examen de la structure sémantique de l'économie renforce ces deux conclusions.

II. LA STRUCTURE DU CHAMP SÉMANTIQUE : L'IDÉOLOGIE AUTORÉFÉRENTIELLE

Le système de renvois des *concepts clés* (les corrélats), attesté par l'étude des dictionnaires, dessine bien un univers de représentation autonome et spécifique ; mais pour rendre compte de sa richesse, de sa portée et de sa mise en place, il ne suffit pas d'une analyse philologique. L'histoire de chacun de ces concepts clés pris isolément, de ses origines étymologiques, de ses rapports avec d'autres mots qu'il remplace, de ses changements de sens, de ses présences et de ses absences, de ses contextes, etc., est riche sans doute[22], mais outre qu'elle aurait quelque chose de fastidieux pour le lecteur, elle ne suffit pas à elle seule à apporter un éclairage suffisant. Ce à quoi renvoie le champ sémantique de l'économie, c'est à toute une idéologie (système ou « architecture » d'idées) dont les éléments peuvent et doivent être repérés et analysés par ailleurs, grâce à l'étude des « grands textes fondateurs ».

L'univers mental implicite, souche nourricière de la vision économique, qui rend pertinent le fonctionnement de l'économie comme pratique s'organise autour de trois niveaux interdépendants : un niveau anthropologique, un niveau sociétal, un niveau physico-technique. Ce dernier niveau se présente comme le premier et la base de l'ensemble dans l'idéologie économique, mais il nous apparaît comme un effet d'optique des deux autres. Il est artificiellement créé par eux.

1. *Le niveau anthropologique* : la conception de l'homme sous-tendue par l'économie : l'*homo œconomicus*. Cette conception est marquée par trois dimensions :

a) *Le naturalisme* : croyance suivant laquelle l'homme a une nature et que cette nature est « naturelle ». Il a donc, par nature, des besoins déterminés. Ce naturalisme est aussi un fonctionnalisme.

b) *L'hédonisme* : croyance suivant laquelle le comportement humain obéit à la recherche du plaisir et à la fuite de la douleur. L'homme serait capable de faire le calcul de ses plaisirs et de ses peines. Cette vision a été développée et poussée dans ses ultimes conséquences au XVIIIe siècle, en particulier avec l'utilitarisme moderne de Jeremy Bentham.

c) *L'atomisme social* ou *l'individualisme* : croyance suivant laquelle l'homme naît comme individu ou atome du corps social. La société est donc seconde par rapport à ses éléments. Elle est constituée d'une association d'atomes individuels.

2. *Le niveau sociétal ou sociopolitique* : la conception de la société ou la sociologie implicite de l'économie. Cette conception peut, elle aussi, être caractérisée par trois dimensions :

a) *Le contractualisme* : c'est la croyance que l'État-société comme organisme social et politique résulte d'un contrat passé entre les individus. Cette conception s'est imposée en Europe à l'âge classique avec Hobbes, Locke et Rousseau.

b) *Le productivisme* : c'est la croyance que l'association des hommes est intéressée. Sa finalité n'est pas seulement la sécurité et la paix, mais aussi le plus grand bonheur possible. Il s'agit d'une association à but lucratif. La division, l'organisation du travail et la coopération instituent et constituent une « société civile » pour remplir cet objet.

c) *Le privatisme* : c'est la croyance que l'homme est propriétaire de lui-même et de la nature, qu'il a la mission d'en être maître et dominateur, selon la fameuse formule de Descartes. Cela se traduit, entre autres, par la reconnaissance juridique de la propriété privée ou appropriation privative comme fondement de l'état de droit et source de toutes richesses (John Locke) et par une destruction sans précédent de la biosphère que les économistes ignorent superbement.

3. *Le niveau physico-technique* : la conception de la nature reconstruite à partir des deux autres niveaux. On peut caractériser celle-ci par trois traits :

a) *La rareté* : la nature est avare, les objets de la satisfaction des besoins ne sont pas donnés, et les moyens pour les obtenir ne sont pas abondants. Il faut donc produire[23]. La chasse et la cueillette suffisent d'autant moins que la clôture des propriétés empêche la plupart des hommes de les exercer librement.

b) *Le technicisme* : l'homme doit user de sa force physique et de son ingéniosité pour tirer parti des moyens (la terre, les matières premières, les forces naturelles). Le calcul technique et le calcul économique sont fondés par la nécessité de combiner les exigences de la situation de l'homme dans la nature.

c) *Le travaillisme* : la croyance que la transformation laborieuse de la nature est une obligation. L'appropriation de la nature pour la transformer et l'adapter à nos besoins, c'est le travail. Le travail est ainsi la source mythique de la privatisation de la nature.

Cette vision de l'homme, de la société et de la nature donne sens à l'ensemble des catégories économiques. Il s'agit, encore une fois, d'une sphère de significations parfaitement autoréférentielle.

Ainsi, la production est le fruit du travail appliqué à la nature pour satisfaire les besoins. La division du travail est la combinaison de l'ingéniosité appliquée à la production. L'échange est la conséquence nécessaire de la division du travail, pour permettre à chaque individu de satisfaire ses besoins. Le troc constitue la suite normale de l'échange et le point de départ de la genèse de la monnaie. La monnaie découle de l'échange, par spécialisation fonctionnelle d'une marchandise. Le salaire représente l'échange de la force de travail contre des moyens de subsistance, pour ceux qui n'ont pas de propriété des moyens de production, soit le prix du travail, sous sa forme monétaire.

On pourrait prolonger encore la liste aux 20 ou 30 concepts significatifs de la théorie économique. Retenons que ce ne sont ni la « réalité » naturelle ni la réalité matérielle qui imposent et déterminent ce cadre, ni un choix conventionnel, même si cette construction de sens est le fruit d'usages, de représentations et de conventions inscrits dans une histoire séculaire.

Les deux « paradigmes » (ou modèles) de la science économique – le modèle classique et le modèle néoclassique – s'enracinent dans ce terreau commun.

1. Pour les classiques, l'économie politique est la recherche des lois de la reproduction de la base matérielle de la société par la production, la répartition, la distribution et la consommation des « richesses » (entendues comme tout ce qui satisfait les besoins de la consommation et de la production...). La « naturalité » de ces lois résulte du fonctionnement logique et mécanique du modèle dans le cadre de ses présupposés. L'existence même de ces lois démontre l'harmonie naturelle des intérêts et, par conséquent, le bien-fondé du cadre qui repose sur elle.

2. Pour les néoclassiques, la science économique est la recherche des lois du calcul optimal interindividuel dont le résultat est un état d'équilibre « naturel ». Le champ de l'économie n'a plus de contenu spécifique, toute relation objet de calcul fait partie de droit du champ économique. Il s'agit d'une axiomatique de la vie sociale et de l'action rationnelle. Toutefois, l'interprétation des paramètres présuppose l'espace des pratiques concrètes, celles-là mêmes qui ont été balisées par les classiques et qui, constituant l'économie comme ensemble de « faits », en dessinent le territoire.

Ainsi, l'économie apparaît comme la création d'un domaine de sens. L'aboutissement du processus est la constitution d'un ensemble limité de concepts nécessaires et suffisants pour rendre compte d'une réalité qu'elle impose de voir comme économique.

Ce résultat remarquable n'a été possible que grâce à un travail historique, long, patient, complexe et prodigieux : la mise en place des présupposés idéologiques d'aperception du monde sous la forme du triangle naturalisme-hédonisme-individualisme.

Notons que l'une des bases de ce triangle n'est autre que ce découpage fondamental de la métaphysique occidentale qui scinde l'être entre matière et esprit. La croyance en l'existence d'un monde matériel et en son autonomie trouve, en effet, son accomplissement dans l'économie, conçue alternativement et complémentairement comme écologie humaine ou/et comme axiomatique de l'intérêt[24].

III. PERMANENCE ET HISTORICITÉ DE L'ÉCONOMIQUE

Il n'est pas possible de conclure ce chapitre sans revenir sur la question de la transhistoricité. Une fois montrée la construction sémantique, théorique et historique de l'économie, comment se fait-il que l'idée d'une invention totale, historiquement très limitée, de l'économie ne satisfasse pas pleinement l'esprit ?

Certes, on peut attribuer ce malaise à la prégnance du naturalisme et à l'air du temps, par-dessus lequel nul ne peut sauter. Cela est juste mais peut n'être pas absolument convaincant.

L'étude des sociétés non occidentales « évoluées » (Chine, Inde, Islam), des sociétés archaïques (Égypte, empires inca et aztèque), ou des sociétés « primitives » (Afrique noire, Pacifique Sud, Colombie-Britannique et autres Amérindiens) présente, en effet, à l'économiste des « institutions » ou des phénomènes comme le *potlatch* ou la *kula*, etc., qu'il lui est difficile de considérer comme totalement étrangers à son domaine (même balisé de façon restrictive). Faut-il comme Bronislaw Malinowski s'abandonner à un fonctionnalisme plat, ou, comme Karl Polanyi, en revenir à un naturalisme ultime en inventant une économique substantive ?

Je voudrais pour finir montrer pourquoi, tout en partageant pleinement ce qu'on pourrait appeler la « nostalgie » de l'économie ou le fantasme de son universalité, je récuse radicalement tout fonctionnalisme, tout naturalisme et tout fétichisme d'une transhistoricité de l'économique.

Il y a deux raisons pour revendiquer pleinement l'invention de l'économique tout en acceptant des tempéraments, mais sans les fonder sur un naturalisme, un fonctionnalisme ou un utilitarisme.

La première, c'est que les institutions « quasi », « proto » ou « paléo » économiques des sociétés évoquées ci-dessus concernent très peu et très rarement le travail, la production et la couverture des besoins « naturels », et donc le domaine traditionnel de l'économique. Il en est ainsi, par exemple, de la plus fascinante d'entre elles : celle des « opérations quasi bancaires » au Vanuatu avec l'accumulation illimitée fondée sur les porcs, étudiées par Jean Guyart[25].

S'il y a quelque chose qui se rapproche d'une expérience universelle de « l'économie », ce noyau originel ne semble pas se fonder sur l'expérience non moins universelle de la survie biologique. Il est donc vain et artificiel de tenter de rabattre ces usages qui ont à voir avec l'économie (mais pas l'économie substantive), sur un naturalisme-fonctionnalisme-utilitarisme.

La deuxième raison, c'est le fait qu'il existe, en effet, des « expériences » sans doute universelles qui trouvent des expressions et surtout des solutions culturelles différentes. Or, s'il n'y a jamais une manière unique d'exprimer les problèmes et de les résoudre, les solutions sont souvent limitées. Il y a deux manières de peler une pomme avec un couteau : soit tourner le couteau autour de la pomme comme le font les Occidentaux, soit tourner la pomme autour du couteau comme le font certaines sociétés d'Indonésie, je crois, et avec un égal succès. Seul notre ethnocentrisme nous persuade que la première solution est la seule et la bonne. Mais on peut croquer la pomme sans l'éplucher, surtout si elle n'a pas été traitée par des pesticides ; on peut, en outre, manger des bananes...

Cela étant, il est normal que les sociétés sans contact aient trouvé des solutions voisines à certains problèmes identiques et, dans certains cas très limités, la même solution. Il me semble qu'il y a deux expériences culturelles universelles qui appellent des solutions en nombre limité et qui touchent des catégories centrales de ce que nous considérons comme lié aux racines de la vie économique, ce sont la « dette » des générations et « l'échange » des femmes[26] ; on s'aperçoit d'ailleurs dans l'analyse philologique des concepts économiques occidentaux que ces expériences sont en jeu, dans notre culture, dès les origines de la vie économique. C'est à leur propos qu'on voit se déployer dans les sociétés non occidentales les institutions « proto-économiques ». À partir de là, prolifèrent les métaphores dans les deux sens entre les *liens* sociaux et les *biens*. Le sang, la vie (et la mort), leurs tenant-lieu symboliques naturels (coquillages, plumes, métaux natifs...) ou artificiels circulent, s'échangent suivant la logique du don[27]. « À partir du moment, écrit Maurice Godelier, où les femmes sont échangées contre des richesses, "une véritable économie politique de la parenté" devient possible. Les richesses procurent des femmes, les femmes procurent des richesses. Les femmes elles-mêmes deviennent une richesse[28]. » Toutefois, entre cette « économie politique de la parenté » et l'économique véritable, il y a de la marge. En effet, comme le remarque Philippe Rospabé, il ne s'agit pas encore d'échange. Lorsque l'intensification de la production et de la circulation des biens en vient à effacer la trace de leur signification originelle, lorsque les liens s'affaiblissent ou, comme le suggère encore Rospabé, lorsque les femmes deviennent un moyen d'acquérir la richesse et non le but de celle-ci, alors l'économique apparaît.

L'invention de l'économique ne s'en trouve donc pas remise en question mais enrichie et relativisée, dans une certaine pluralité de sens des deux termes : invention et économie. Ainsi, s'il y a quelque chose d'universel au fondement de l'économie, celle-ci n'est pas vraiment universelle.

CHAPITRE II

L'anti-économique d'Aristote

> « Pour moi, je le déclare hardiment, et du fond du cœur, si j'écrivais quelque chose qui dût être investi d'une autorité suprême, j'aimerais mieux contenir tous les sens raisonnables qu'on pourrait donner à mes paroles, que de les limiter à un sens précis exclusif de toute autre pensée[1]. »
>
> Saint Augustin.

Le chapitre VIII du cinquième livre de l'*Éthique à Nicomaque* auquel un scholiaste a donné le titre de « La justice et la réciprocité. Rôle économique de la monnaie » constitue, à coup sûr, l'un des textes les plus célèbres et les plus commentés par les lecteurs d'Aristote qui se sont intéressés à la « chose économique[2] ». En dépit de sa brièveté (10 pages dans l'édition Vrin), il s'agit certainement du texte « économique » le plus important de ceux qui nous restent de l'Antiquité. Même les chapitres VIII à XI du livre I de la *Politique*, où Aristote pose la distinction de l'œconomique et de la chrématistique, sont moins fondamentaux, en ce sens que les idées se retrouvent ailleurs à peu de chose près. À plus forte raison, les autres textes « économiques » anciens, qu'il s'agisse des « économiques » attribués au même Aristote, de ceux de Xénophon ou des traités d'économie rurale des auteurs latins (Varron, Caton, Columelle, Palladius), sont tout à fait secondaires. Tous ces ouvrages abordent surtout la question de ce que nous appelons l'économie « domestique », soit la gestion du domaine et du patrimoine, au mieux les finances publiques et la politique économique[3]. Le texte seul de l'*Éthique à Nicomaque* représente une première réflexion consistante sur la valeur et les prix, autrement dit le cœur même de l'économie.

Parmi les commentaires célèbres ou remarquables de ce texte, il faut mentionner celui de Marx dans le livre I du *Capital*, ceux de Schumpeter, de Karl Polanyi, et enfin de Cornélius Castoriadis[4]. Bien que le monde d'Aristote se situe à des années-lumière du nôtre, qu'il n'ait connu ni la société de marché ni le système thermo-industriel, ce texte conserve une actualité et provoque encore des discussions passionnées chez les étudiants économistes quand il leur arrive d'en prendre connaissance[5]. C'est qu'il ne s'agit pas d'un texte d'économie, mais d'un texte de réflexion *sur* l'économie. Il est donc légitime de lire encore Aristote tout en s'interrogeant sur le statut de cette lecture. Il est utile aussi de suivre le débat des interprétations pour préciser la nôtre.

I. POURQUOI ET COMMENT LIRE ARISTOTE ?

Pourquoi, en ce début du IIIe millénaire, s'intéresser encore, pour un économiste, à une réflexion remontant au IVe siècle avant J.-C. ? Il y a deux raisons traditionnelles : la première est de pure érudition historique, la seconde tient à l'histoire de la pensée économique[6]. L'intérêt d'érudition consiste à voir comment nos ancêtres réfléchissaient sur la réalité « économique » et sociale de leur temps. Ce texte est le premier témoignage d'une telle réflexion, et le seul ayant quelque portée théorique au moins jusqu'aux mercantilistes du XVIe siècle[7]. Pour l'histoire de la pensée économique, l'intérêt tient au fait qu'on y trouve les jalons d'un raisonnement sur les rapports d'échanges entre les marchandises, sur la commensurabilité de valeurs hétérogènes à travers le travail et/ou l'utilité, thèmes qui seront appelés à recevoir d'amples développements chez les économistes classiques et néoclassiques, sans parler des scolastiques. On peut suivre les cheminements et prolongements de cette analyse chez Adam Smith, David Ricardo, Karl Marx ou Léon Walras.

Toutefois, pour valables et estimables qu'elles soient en elles-mêmes, ces deux raisons ne sont guères susceptibles de motiver un économiste moderne qui s'intéresse peu à l'histoire de sa « science » et que le moralisme d'Aristote ferait plutôt sourire. On a d'ailleurs supprimé les cours d'histoire de la pensée économique dans la plupart des universités « sérieuses » aux États-Unis et on les a réduits à la portion congrue en France. En l'espèce, ces réflexions balbutiantes, maladroites et confuses ne nous seraient d'aucune aide pour comprendre l'économie du XXIe siècle et pour résoudre les grands problèmes de l'heure. Ainsi parlera l'homme d'action tandis que le théoricien pur et dur fera remarquer que le physicien s'intéresse peu aux idées erronées des Ptolémée ou Archimède. L'érudition et l'histoire de la pensée seraient par trop déconnectées du contenu actuel de la science (qu'elle soit néoclassique ou même teintée de marxisme) pour entrer dans son objet. Ces intérêts restent donc périphériques.

En revanche, il en va autrement si on ne considère plus l'économique comme une science dotée d'un objet transhistorique (par exemple, la lutte des hommes contre la rareté *naturelle*) se définissant soit par un domaine objectif d'activité (production, distribution, circulation, consommation de *richesses*), soit par un aspect subjectif du comportement humain (allocation optimale des ressources rares à usage alternatif). Si on conçoit l'économique comme une réflexion historique sur une pratique elle-même historique, son histoire fait partie de plein droit de son objet. Ce n'est plus la pertinence ou la maladresse éventuelle de la réflexion aristotélicienne qui motive notre relecture, mais le désir de découvrir comment Aristote manifeste ou trahit la mise en place des « significations imaginaires sociales » qui font de l'économique une dimension fondamentale du monde moderne. Comprendre notre rapport présent à l'économique, décrypter la signification de ce sphinx dévorant, passe tout autant par la méditation d'Aristote que par la lecture du dernier prix Nobel ou la rumination de Marx.

Si cette raison est la bonne, entendons si cette recherche, plus inconsciente que consciente sans doute, est celle qui explique l'intérêt indéniable que manifestent les étudiants à la découverte de cette pensée et que nous avons signalé, reste posée la question de savoir comment lire le texte en question.

Que fait l'économiste contemporain qui lit Aristote ? S'efforce-t-il de comprendre ce qu'Aristote a *vraiment* voulu dire et tente-t-il de juger la solution d'Aristote par rapport aux problèmes des Grecs du IVe siècle, ou bien se sert-il du Stagyrite pour illustrer et étayer sa propre pensée face aux problèmes du monde actuel ? Cette dernière lecture est certainement celle qu'ont faite la plupart des économistes jusqu'à présent. Smith, Ricardo, Schumpeter, et même Marx, ont lu Aristote avec leurs préoccupations, économicisant à plaisir des concepts et une pensée qui sont peut-être hors de l'économie. Les préoccupations érudites ou d'histoire de la pensée, précédemment évoquées, parce qu'elles émanaient le plus souvent d'économistes historiens plus que d'historiens économistes ou d'anthropologues, aboutissaient à un résultat voisin. L'apport d'Aristote est jugé à l'aune de l'état actuel de la science. Ses limites sont expliquées par l'époque reculée de sa réflexion.

Un tel regard « rétrospectif » et une telle histoire « rétrodictive » ne sont pas ceux que nous nous proposons. Nous ne pouvons songer pour autant à nous engager dans la problématique fort intéressante consistant à situer la vision d'Aristote en relation avec les problèmes de son époque. Des historiens marxistes, comme Moses Finley, ont tenté cette mise en rapport du texte et du mouvement historique[8]. Une telle approche nous est fermée pour la simple raison qu'elle suppose une connaissance du monde grec et de la langue grecque qui est celle de l'historien professionnel. Elle repose, en outre, sur une équivoque épistémologique. Elle suppose que le mouvement historique puisse être connu en dehors et indépendamment du texte. Si cela semble aller de soi pour un adepte du matérialisme historique, il n'en va pas de même pour nous. Le contexte historique ne se dévoile qu'à travers l'ensemble des textes et des témoignages[9].

Essayer de comprendre Aristote comme pouvait le faire le citoyen d'Athènes et chercher ce qu'il a vraiment voulu dire reste un horizon indépassable de toute recherche sur le texte. Toutefois, une telle exégèse littéraire et philologique dépasse aussi notre ambition. Notre connaissance limitée du grec ancien ne nous permet pas d'épiloguer longuement sur le *vrai* sens des concepts clés que toutes les traductions disponibles « économicisent » abusivement. Que veut désigner Aristote et qu'entendaient les Athéniens avec les mots *khreia* (besoin objectif/demande), *ergon* (œuvre/travail), *axia* (mérite/valeur), *nomos* (loi/convention), *koinoma* (communauté d'intérêt), etc. ? Ce dernier terme, *koinoma*, par exemple, désignerait tout simplement la communauté. Castoriadis ferait un léger faux sens en le traduisant par société (qui évoque la *Gesellschaft* de Tönnies). Certes, la communauté d'Aristote n'est pas non plus la *communitas* de saint Thomas d'Aquin. Si cette dernière trouve bien son origine dans la *koinoma* d'Aristote, elle s'étaye aussi sur les traditions théoriques et pratiques du christianisme primitif, ce qui introduit un biais. Toutefois, le biais thomiste est sans doute moins grave que le biais économiste qui a poussé le traducteur de l'édition Vrin à mettre « communauté d'intérêt », expression à la fois redondante et antinomique. *Com/munis* désigne à l'origine une relation de don réciproque, donc une relation d'échange, mais d'échange non marchand[10]. N'est-ce pas ce que vise précisément Aristote avec son *koinoma* ? Cette recherche nécessaire du *vrai* sens est le travail de l'helléniste et du philologue, non de l'économiste un peu philosophe que nous sommes[11]. Il faudrait cerner l'ensemble des usages de ces concepts pour délimiter leur extension exacte. Et de toute façon, ce travail louable n'atteindra jamais la perfection totale. Les logiciens ont pu montrer l'indécidabilité de principe de toute traduction puisque chaque mot ne peut préciser son sens exact que de tous les autres[12].

Au-delà de la lettre du texte qu'il faut s'efforcer, bien sûr, d'approcher et des contresens possibles qu'il faut tenter d'éviter sans se faire trop d'illusions, se pose une question plus fondamentale sur la polysémie radicale de tout texte. Aristote savait-il vraiment ce qu'il voulait dire ? Ne faisait-il pas comme la plupart d'entre nous, utilisant le mot qui convient au contexte et qui convient précisément parce qu'il est flou, voire ambigu et confus ? Cette ambiguïté n'est-elle pas ce qui nous permet d'exprimer ce que nous ressentons et qu'il nous est impossible de penser pleinement dans la clarté et la précision ? N'est-elle pas la condition même de toute communication qui permet au locuteur et au récepteur d'un message de s'entendre dans le malentendu ? Prenons le mot *khreia*. Il peut signifier des besoins objectifs (l'homme a besoin d'oxygène pour respirer), mais il peut aussi signifier des besoins subjectifs (j'ai besoin d'aller au cinéma ce soir...), tout comme notre concept français de « besoin ». Aristote est-il pleinement conscient de l'ambiguïté ? Tient-il vraiment à la lever ? Ne lui est-elle pas aussi nécessaire qu'à Adam Smith (peut-être pour des raisons différentes...) ? Sait-il vraiment si c'est de l'utilité au sens néoclassique qu'il s'agit ou de la consommation prescrite par les lois et la coutume (une exigence socialement nécessaire à la reproduction) ?

Dans une analyse remarquable, É. Will montre que « l'épaisseur sémantique » de *nomisma* échappait à Aristote lui-même. *Nomisma* désigne, certes, la monnaie, mais auparavant signifiait aussi « mesure officielle », la valeur légalement instituée pour assurer l'égalité proportionnelle. L'incertitude d'Aristote plongerait ses racines dans l'évolution historique des pratiques et des valeurs grecques[13]. Ainsi, au-delà des précisions que les linguistes pourraient nous apporter, il faut admettre que la polysémie et même une certaine confusion et ambiguïté font bien partie du texte d'Aristote et en constituent un élément important, précieux, voire essentiel pour l'analyse.

Il ne s'agit donc, en aucun cas, de rejeter ou mépriser les trois lectures évoquées. Avec la meilleure volonté du monde, nous ne pouvons échapper totalement à la première et c'est l'incompétence, avant tout, qui nous éloigne des deux autres sur lesquelles nous ne manquerons pas néanmoins de nous appuyer.

Reste à tenter une *écoute* du texte lui-même. La lecture que nous projetons vise à expliciter ce qui interpelle l'économiste plus ou moins inconsciemment dans le texte. Or, ce n'est pas Aristote, ni même sa pensée en tant que telle, qui provoque l'économiste, mais la « chose économique ». C'est tout à fait à dessein que nous usons ici du jargon psychanalytique. La « chose économique » parle à travers le texte. Elle s'entend dans ce que dit Aristote, mais aussi dans ce qu'il ne dit pas, dans ses incohérences, ses réticences, ses confusions. Aristote est porté et parlé par son temps. Notre tâche consiste à débusquer cette « chose économique » qui parle. Aristote élabore sa théorie de la bonne société, mais dans le même temps, l'économique fait irruption dans le discours et tord le raisonnement, sans doute en partie à son insu. Il perçoit avec pertinence le rôle du rapport marchand, mais il voit surtout ses dangers. Certaines évolutions historiques possibles répugnent à ses propres préjugés. Il tente de rationaliser son idée de ce qui est souhaitable. Tout cela, qui témoigne de la crise de la cité grecque, travaille le texte. L'équivoque des signifiants ne tient pas du hasard, mais sert à Aristote à déguiser inconsciemment les contradictions des forces qui le tirent à hue et à dia.

Ce projet de lecture a une signification épistémologique précise. Le texte est ici la voie d'accès à l'univers extra-discursif[14]. Ce que le texte ne dit pas, ce qui est hors du texte, l'explique et le provoque. L'univers extra-discursif se signale tout particulièrement dans la polysémie. Voir ce qui est en travail sous le texte contribue à élucider ce qu'est la « chose économique », à comprendre comment elle se met en place, à décrypter ce qu'elle signifie. Cette lecture, loin de contredire les autres, les implique donc profondément. Ce qui nous permet d'« entendre » ce qui travaille le texte chez Aristote, c'est la distance qui nous sépare de lui et de son temps. Toutefois, nous ne pouvons échapper à notre propre ethnocentrisme que dans la mesure où nous nous imposons, à notre tour, un *décentrement cognitif*. En nous décentrant de notre propre univers, nous pouvons effectuer une contre-plongée dans le monde d'Aristote et voir notre monde partiellement avec ses yeux. C'est en tout cas ce que nous allons tenter de faire.

II. LES DEUX LECTURES POSSIBLES

Pour celui qui lit de nos jours Aristote, soit dans le texte original, soit dans l'une ou l'autre des traductions disponibles, un certain nombre de points font problème. Cela justifie plusieurs interprétations possibles et cohérentes de la pensée du Stagyrite, même si celle-ci n'est manifestement réductible à aucune de ces interprétations. Nous avons vu l'ambiguïté sémantique qui pèse sur le sens d'un terme comme *khreia* (le besoin). Ce mot désigne tantôt un principe nécessaire, l'interdépendance des citoyens, tantôt un désir subjectif, tantôt enfin un contenu socialement défini. Nous avons signalé l'équivoque qui pèse sur *ergon* (œuvre). Cette œuvre semble souvent anticiper partiellement l'idée de travail, étrangère pourtant au monde grec. En outre, l'idée de qualité de cet *ergon* est incontestablement présente dans le texte quoiqu'il n'y ait aucun mot spécifique pour la désigner. Il en est de même pour la division des tâches (ce n'est pas l'*ergon* qui est divisé mais plutôt le métier) qui se retrouve ailleurs dans l'œuvre d'Aristote.

Les points sur lesquels portent les « hésitations » du texte et qui, sur le fond, soulèvent le plus de problèmes sont, à notre avis, les suivants :

1. La distinction et le rapprochement, le couplage des similitudes et des différences entre les rapports juridiques et les relations d'échange.

2. Le passage, face à l'échange, d'une attitude normative à une

attitude positive (le changement est assez manifeste entre le début et la fin du chapitre).

3. Le contraste entre le désir et la nécessité de l'égalité dans l'échange et le doute concernant sa réalisation. Ce contraste se trouve accentué par le hiatus entre l'*Éthique à Nicomaque* et la *Politique*, texte où la chrématistique est condamnée[15].

Toutes ces incertitudes sur le sens ont pu fonder des lectures divergentes revendiquant chacune un « authentique » Aristote. Nous nous intéresserons plus particulièrement à deux lectures à la fois cohérentes et manifestement « fausses » du texte. Fausses, en ce sens qu'elles forcent sans doute la lettre, voire l'esprit, pour y trouver une vérité. Ces deux lectures nous semblent pouvoir en quelque sorte encadrer la gamme des interprétations possibles et correspondre aux principales tendances des lectures célèbres. Nous les désignons comme la lecture économique et la lecture éthico-politique. La lecture économique correspond en gros à celle qui a été faite par les économistes classiques, les économistes néo-classiques et aussi par Marx, l'autre, la lecture éthico-politique, est restée latente jusqu'ici et n'a été suggérée que de manière implicite par Polanyi et de façon plus explicite par Castoriadis.

1. La lecture économique

La lecture économique d'Aristote revient à traduire le texte comme une formulation d'un premier schéma de reproduction sociale fondée sur l'autonomie relative de l'économique. Au point de départ, on aurait les besoins, la monnaie et la division du travail. Cela n'est pas totalement anachronique. Aristote développe bien le thème d'une naturalité des besoins comme Platon l'avait déjà fait avant lui. Dans le livre II de la *République* (369b-370), Platon ne cherche même plus à distinguer les besoins « naturels » (nourriture, logement, vêtement) et les besoins « artificiels » (le « luxe »), anticipant en quelque sorte Jean-Baptiste Say et Léon Walras (tout ce qui fait l'objet d'une demande serait un « besoin »...). Quant à la monnaie, il s'agit d'une invention humaine, d'une convention. Son existence et sa présence sont un fait et ce fait est parfaitement justifié par les services que rend le *nomisma*, en particulier comme instrument de mesure et comme intermédiaire des échanges. Le chapitre IX du livre I de la *Politique* est explicite là-dessus. La division du travail, enfin, est un sujet déjà longuement traité dans la *République* de Platon sous la forme de la division des métiers. Platon justifie cette pratique non seulement par la différence « naturelle » des aptitudes, mais déjà par les avantages quantitatifs et surtout qualitatifs de la production. Cette division du travail est même analysée de façon plus poussée par Xénophon dans un texte, la *Cyropédie*, qu'Aristote, lui-même pédagogue d'un autre Cyrus, en la personne d'Alexandre le Grand, ne devait pas ignorer. Xénophon y envisage la spécialisation à l'intérieur d'un même atelier, et, sauf l'incitation à l'invention des machines, donne les mêmes motifs que Smith, dont il anticipe la manufacture d'épingles, sur les avantages qu'elle engendre [16].

La multiplicité des besoins et la spécialisation des tâches entraînent la production de marchandises différenciées, situation qui à son tour nécessite des échanges. Aristote finit effectivement par analyser l'échange comme une nécessité objective indépendamment de toute autre considération. Ces échanges, dont la *Politique* nous montre comment ils ont engendré la monnaie, sont désormais des échanges monétaires, donc fondés sur des prix. Ces échanges sont possibles, car les produits échangés sont commensurables dans l'esprit des échangistes, très concrètement en tant que quantités d'utilités. Les demandes réciproques des échangistes sont ainsi *égales* avant la réalisation de l'échange [17]. La commensurabilité des besoins entre eux est donc fondée sur l'homogénéité des besoins « naturels ». En pratique, la monnaie va assurer à la fois la mesure des besoins des denrées et l'échange de ces denrées. L'échange égal, celui qui assure l'égalité proportionnelle de la quantité et de la qualité des divers travaux, entraîne, *ipso facto*, la satisfaction des besoins de chacun. L'idée que le juste rapport d'échange est fondé sur l'exigence de rémunérer le travail à sa valeur et que le travail est la source de la richesse trouve à se conforter dans une interprétation (à vrai dire très superficielle) d'un passage du poème *Les Travaux et les Jours* d'Hésiode [18].

Ainsi sont assurées la reproduction des places, celle de la division du travail, la reconstitution des disponibilités monétaires de départ et la renaissance des besoins. Sous la forme rudimentaire esquissée ici, celle d'un mode de production petit-marchand simple, c'est-à-dire avec échange et monnaie sans accumulation de capital, l'économie marchande est *spontanément* auto-reproductrice.

Tout cela se trouve incontestablement dans le texte, d'une *certaine façon*. Toutefois, ce qui a embarrassé les économistes, c'est qu'Aristote n'est manifestement pas séduit par cette découverte d'un circuit autonome qui ferait de lui le « père » de l'économie politique. Outre un manque de conviction, font aussi défaut le mécanisme de la concurrence et sa force comme « main invisible de Jupiter ». Pourtant, la concurrence n'est pas totalement ignorée d'Aristote ni absente de son œuvre, pas plus que chez les autres « économistes » de l'Antiquité (en particulier chez Xénophon). Dans le chapitre XI du livre I de la *Politique*, Aristote fait une analyse du monopole dont on peut déduire *a contrario* que le prix de concurrence échappe à l'arbitraire du vendeur. Ce qui est particulièrement condamnable dans la chrématistique, c'est précisément le fait que le marchand, pour gagner plus, use de tromperie et de ruse ; or cet esprit de dol est contraire à la *philia* et aux valeurs de la cité antique. C'est pourquoi tous les écrivains de l'Antiquité rejettent de façon unanime le *negotium* (*nec-otium*, mot à mot : non-loisir), c'est-à-dire le commerce. Il est clair que si Aristote voit bien l'injustice du monopole, il ne sent pas la puissance justificatrice de la main invisible du laisser-faire. Le juste prix assure la reproduction et sans juste prix, pas de reproduction à l'identique. À ce point, l'économiste classique ou néoclassique ne peut que déplorer que la justice ne soit pas pleinement abandonnée au libre jeu des « demandes réciproques », à peine esquissé par Aristote. Pour l'économie, le prix spontané réalisé par la concurrence sera le prix juste par excellence. On démontre mathématiquement, en effet, que l'équilibre général des prix en théorie pure correspond à une situation optimale. « Non seulement la valeur ainsi obtenue sera le juste prix, écrit Bernard Lavergne, mais il ne peut même pas y avoir d'autre juste prix que celui-là [19]. » Schumpeter va encore plus loin dans ce sens (ou plutôt dans ce contresens...). « Et il n'y a rien d'étrange, écrit-il, dans l'hypothèse qu'Aristote peut avoir pris les prix normaux de concurrence comme des étalons de la justice commutative, ou, plus précisément, qu'il était prêt à considérer comme "juste" n'importe quelle transaction entre individus qui se produirait à de tels prix [20]... »

Cette « lecture » sera en quelque sorte celle des physiocrates, d'abord. On a un circuit produisant et reproduisant l'ordre naturel, surtout si on met l'accent sur le laisser-faire. Ce circuit fondé sur l'échange assure la cohésion sociale. Puisque cette cohésion est un ordre juste, en tant qu'il est naturel, l'échange sera juste. Qu'une telle vision répugnât à Aristote est assez évident. Il suffit de lire les chapitres VIII à XI de la *Politique*, livre I, pour s'en convaincre si l'on a des doutes. Ce qu'il importe de voir, c'est qu'un tel schéma est en travail dans le texte d'Aristote, même si c'est en partie « à l'insu de son plein gré ». La dynamique autonome de l'économique « libérale » qu'il pressent lui semble, sans doute, désastreuse, mais il marque une hésitation. Quelle autre issue, sinon le dirigisme tatillon, bureaucratique et policier de la *République* et des *Lois* de Platon ? Les méthodes platoniciennes d'imposition de la justice lui répugnent. Une certaine fascination faite d'attirance mais aussi de répulsion semble expliquer cette irruption de la chose économique dans le texte.

2. La lecture éthico-politique

La lecture éthico-politique se résume en un schéma qui articule les mêmes concepts en leur donnant un sens différent. Au point de départ, l'état social est celui d'une *communauté* au sein de laquelle règne un système de besoins objectifs socialement définis de ses membres en fonction de leurs statuts et des besoins propres à la communauté, ce sont les *khreia*. Ce n'est plus le naturalisme des besoins qui fonde le social ; le social s'exprime dans l'institution de relations représentées entre autres par les besoins créés. On a aussi une hiérarchie des rôles et une spécialisation des tâches qui correspondent à la division du travail du schéma économique. Il en résulte des relations nécessaires entre les membres (*allagè*) pour que chacun puisse bénéficier des œuvres des autres. La reproduction de cette communauté commande que les rapports d'échange entre les œuvres respectent le statut de ses membres et les hiérarchies établies. Cela implique une comparabilité des œuvres et des activités et donc une commensurabilité des échangistes (*sumblètos*) en tant que producteurs et pas seulement en tant que consommateurs.

Cette commensurabilité repose sur l'homogénéité des besoins. Les besoins sont les mêmes pour tous dans leur principe. Les membres de la communauté sont des sujets de besoins. C'est la quantité que chacun peut en satisfaire qui varie selon la place occupée. Cette homogénéité de principe des besoins se représente de manière approximative (Aristote nous en avertit expressément) par un instrument inventé précisément pour faciliter les relations dans une sphère particulière du social, le *nomisma*, le numéraire. Ces échanges ainsi évalués participent des relations qui assurent la reproduction des valeurs sociales et renforcent la cohésion communautaire.

Dans cette lecture non économique (an-économique), sinon anti-économique, la reproduction de la société est beaucoup moins automatique et plus du tout « naturelle ». La communauté repose sur des valeurs (les *axia*). Les relations d'échange doivent permettre la reproduction de ces valeurs (ou au moins n'y pas contrevenir), ce qui suppose des rapports d'échange « corrects ». C'est là, en quelque sorte par définition, la réalisation de la justice à la fois distributive et corrective. Les valeurs d'échanges évaluées par le *nomisma* n'ont aucun droit à une quelconque autonomie par rapport aux autres valeurs sociales. Ce sont leur traduction quantifiée dans une sphère particulière. Le texte de la *Politique* précise à quoi tient un mauvais fonctionnement possible de la sphère des relations évaluées : le mésusage du numéraire. Aristote laisse même entendre que le numéraire utilisé étant le plus souvent une monnaie d'or ou d'argent, ce « détournement » est presque inéluctable.

Finau, chef de l'île de Tonga en Océanie et disciple peu connu d'Aristote sans le savoir, complète et explicite très heureusement le Stagyrite sur ce point. L'ethnographe Mariner lui ayant expliqué la valeur et l'usage de la monnaie occidentale, il dit « que l'explication ne le satisfaisait guère ; il continuait à penser que c'était là chose peu sensée que d'attacher une valeur à la monnaie, alors qu'on ne pouvait, ou ne voulait, s'en servir à des fins utiles (physiques) ». « Si, au moins, ajoutait-il, la monnaie était fabriquée avec du fer, et qu'on pouvait en tirer des couteaux, des haches et des burins, il y aurait quelque raison de lui accorder de la valeur ; mais telle qu'elle est, je ne lui en vois aucune. Si un homme dispose de plus d'ignames qu'il n'en a besoin, qu'il les échange contre des cochons ou du gnatoo (tissu d'écorce). Sans doute la monnaie est-elle plus facile à manier et plus commode, mais comme elle ne risque pas de se détériorer lorsqu'on l'accumule, les gens auront tendance à la thésauriser, au lieu de partager avec autrui, comme doit faire un chef, et ils deviendront égoïstes ; alors que si le principal bien que possède l'homme est la nourriture, et il convient qu'il en soit ainsi car la nourriture est ce qu'il y a au monde de plus utile et nécessaire, l'individu ne peut pas l'accumuler, car la nourriture est périssable, et il est obligé, dès lors, soit de l'échanger pour un autre bien utilitaire, soit de la partager avec ses voisins, les chefs subalternes et toutes les personnes qui sont à sa charge, et cela pour rien, sans contrepartie aucune. Et il conclut en disant : "Je comprends mieux maintenant ce qui rend les Papalangis [les Européens] si égoïstes, c'est cet argent"[21]. »

Toutefois, comme le montre l'analyse de Will, le numéraire d'Aristote conserve quelque chose de son origine « libératrice ». Par rapport à la démesure (l'*hubris*) de la situation antérieure à son apparition et aux abus qu'entraînait une logique de don pervertie (contrainte par corps des débiteurs insolvables, expropriation des malchanceux, etc.), l'existence d'une mesure légale des dettes et des créances est un bien. Le mésusage de la monnaie tiendrait à la mercantilisation des espèces du fait de leur valeur intrinsèque. Comme Platon, Aristote est sans doute favorable à une monnaie fiduciaire, sur le modèle de cette monnaie de fer qui était en usage à Sparte, pour des raisons qui s'apparentent aux arguments du sage de Tonga.

Les *axia* (les valeurs) fondent la place des sujets dans la communauté et, par exemple, le type de régime politique. Les *khreia* (les besoins), ce qu'il convient de consommer ; les dépenses nécessaires quand on est stratège, architecte, cordonnier ou maçon résultent de ce système et de cette situation. Les relations d'échange se produisent nécessairement dans toute communauté où les rôles sont ainsi spécifiés. Elles peuvent se produire aussi dans les autres sociétés, mais elles n'ont plus alors un caractère de nécessité. Ce seront, par exemple, des rapports intersubjectifs de services divers ou des dons réciproques d'objets identiques ou inutiles. Les ethnographes nous montrent ainsi de telles sociétés, comme les sociétés segmentaires ou acéphales (les démocraties « sauvages ») où tous les membres ont la même activité (chasseurs-cueilleurs) mais où l'échange est institué par des règles purement sociales et artificielles, comme l'interdiction de consommer le produit de sa propre activité (en particulier le gibier qu'on a tué)[22].

Ces relations d'échange nécessaires peuvent, à la limite, n'être que des échanges de services et non des échanges de « marchandises ». Il peut ne s'agir que d'échanges du type sécurité contre service militaire, justice contre impôt, châtiment contre délit, etc. Quoi qu'il en soit, les œuvres et les activités (*ergon*) échangées doivent être commensurables avant l'échange. Leur commensurabilité renvoie à celle des acteurs sociaux qui en sont les auteurs. Celle-ci tient à l'homogénéité des besoins qui sont qualitativement les mêmes pour tous par nature et quantitativement hiérarchisés par la communauté. Si un architecte n'avait pas deux fois plus de besoins qu'un cordonnier, dix heures d'ouvrage sur une maison ne s'échangeraient pas contre vingt heures de chaussures... Sans l'étalon besoin, l'échange serait impossible ou en tout cas incompréhensible. Avec une détermination différente de la hiérarchie, les rapports d'échange seraient et devraient être différents. Toutes les relations d'échange, qu'il s'agisse d'échanges « marchands » (avec intervention de l'intermédiaire numéraire/monnaie), d'échanges d'objets ou d'échanges de services voire de symboles, reposent sur les valeurs (*axia*), c'est-à-dire pour reprendre le vocabulaire de Castoriadis, les significations imaginaires sociales, lesquelles, à leur tour, constituent implicitement ou explicitement le socle et le fondement de la communauté.

Le *nomisma*, la monnaie/numéraire, est une convention (*nomos*) commode qui permet une représentation relative, approximative et limitée de la mesure des valeurs pour les échanges « marchands ». Puisqu'en fin de compte, à travers l'échange de denrées, ce sont les personnes qui se mesurent, le numéraire ne peut être qu'un étalon formel de comparaison[23]. L'économique est ici totalement intégré dans le social. Étant conventionnelle, la *polis*, la cité/politie, est organisée pour maîtriser les conventions, les *nomoi*. Les échanges monétaires sont et doivent n'être qu'un perfectionnement pratique de certaines relations sociales.

Cette théorie de « l'institution imaginaire de la société » en gestation dans le texte, Aristote l'emprunte largement à son compatriote et compère Castoriadis. Il est aisé de comprendre que, dans ces conditions, il ne la maîtrise pas complètement[24].

III. LE TRAVAIL DE L'ÉCONOMIQUE SOUS LE TEXTE

La « vraie » pensée d'Aristote n'est manifestement ni une théorie économique du circuit, ni une théorie sociologique de l'institution imaginaire de la société. Elle est une sorte d'intermédiaire ou de mélange oscillant entre les rudiments des deux logiques qui travaillent le texte. L'autonomie de l'économie est posée, mais sans être reconnue, à travers l'analyse de la spécificité de la sphère « marchande ». Le début du texte est très caractéristique de ce point. Aristote commence par y évoquer les rapports entre la justice et la réciprocité. La relation juridique du type « œil pour œil, dent pour dent » est une relation manifeste de réciprocité, mais elle ne peut correspondre ni à la justice distributive, ni à la justice corrective, définies toutes deux dans les chapitres précédents. En revanche, « dans les relations d'échange, le juste, sous sa forme de réciprocité, est ce qui assure la cohésion des hommes entre eux[25] ». Aristote affirme donc là la spécificité d'une sphère d'échanges que le contexte permet de qualifier de transactions commerciales ou « marchandes ».

Néanmoins, une fois posée cette spécificité de la sphère « marchande » par le caractère réciproque de la justice qui doit y régner, une restriction à l'égalité pour définir la réciprocité vient annuler ce qui fondait la spécificité de ces échanges : « réciprocité, toutefois, basée sur une proportion et non sur une stricte égalité[26] ». Aristote rapproche donc lui-même les rapports d'échange marchands des rapports juridiques. Il montre que ces rapports doivent obéir à la norme des valeurs sociales, mais en même temps il ne peut s'empêcher de leur reconnaître une spécificité.

Toute la sphère religieuse et juridico-sociale antique, en effet, est régie par des rapports d'échange déterminés. Souvent, la règle est celle du talion, cette justice corrective de Rhadamante : « Subir ce qu'on a fait aux autres sera une justice équitable[27]. » C'est bien le talion biblique qui s'énonce ainsi : « Vie pour vie, œil pour œil, dent pour dent, main pour main, pied pour pied, brûlure pour brûlure, meurtrissure pour meurtrissure, plaie pour plaie[28]. » Dans tous ces cas, la justice réside dans la réversibilité de l'égalité comptable. Cependant, le talion se heurte à la hiérarchie sociale et risque de la compromettre. La grande contradiction entre l'égalité et la hiérarchie qu'Aristote s'efforce de résoudre tout au long du livre V de l'*Éthique à Nicomaque*, indépendamment de la chose économique, travaille tous les codes « primitifs ». Les tarifs d'échange sont gradués de façon complexe suivant le statut social. Ainsi, dans les échanges avec Dieu, le prix sera d'autant plus lourd qu'on occupe un rang élevé. Le péché du grand prêtre ne sera lavé que par le sacrifice d'un taureau, celui du chef par un bouc mâle, celui d'un riche particulier par une chèvre femelle ou un agneau, tandis que pour le pauvre deux tourterelles ou deux pigeons suffiront[29].

Là, l'échange ne repose pas sur l'identité immédiate des termes, mais sur un subtil système de valeurs. L'étalon semble ici être la quantité de sang qui lave le péché ou le volume de fumée du sacrifice qui monte aux narines de Iaweh. Le numéraire viendra par la suite et permettra de substituer à la pauvre bête le « prix du sang » ou la quantité d'argent qui s'en va en fumée (par exemple, en mesures de fleur de farine, puis en espèces).

Pénalement, le talion n'est pas non plus applicable. Les exceptions qu'Aristote apporte à l'égalité de la justice corrective en limitent singulièrement la portée. Ici, la lourdeur de la taxe s'accroît au fur et à mesure que l'on descend dans l'échelle sociale. Le meurtre d'un esclave sera moins puni que celui d'un citoyen, l'outrage à la cité sera plus sévèrement réprimé que celui fait à un particulier. C'est bien la reproduction des valeurs de la cité qui est en travail dans l'inscription de la loi sur le corps du supplicié.

Que ce soit dans les échanges avec les dieux (codes religieux) ou avec la cité (codes juridiques), on rencontre des systèmes de « prix ». Ces systèmes de tarification tendent ultimement à se monétariser. Le *Wergeld* germanique réalise ainsi un système complet de pénalité hiérarchisée en fonction du statut des parties et tarifé en argent. Ces « prix » du sang, ce *pretium doloris*, précèdent historiquement l'introduction du numéraire et de l'échange « marchand ». Les problèmes de commensurabilité et d'étalonnage se posent déjà. La commensurabilité se réalise virtuellement dans l'espace imaginaire des valeurs sociales. Une utilisation d'équivalents de toutes sortes permet un étalonnage plus ou moins précis.

Sur le plan pénal, l'équivalent général de la souffrance se représentera à terme, à l'insu même des rédacteurs du code de 1808, dans le quantum de temps de privation de liberté[30].

Pourquoi, dans ces conditions, donner une place à part aux rapports d'échange « économiques » par des considérations sur les propriétés mathématiques des proportions qui sont restées à peu près indéchiffrables pour la plupart des commentateurs ?

Dans le fond, Aristote, selon nous, sait fort bien que l'échange marchand est tout à fait spécifique, même s'il n'explicite jamais ni n'analyse en quoi consiste cette spécificité. Nous savons qu'elle tient à l'autonomie de la sphère économique, c'est-à-dire à sa capacité à fonctionner, voire à s'autoreproduire indépendamment de la ou du politique. Aristote soupçonne cet état de choses, mais cela lui répugne, comme cela répugne aux valeurs communes de la Grèce ancienne. Sans doute est-ce la raison pour laquelle il ne fait pas de l'autonomie de l'économique la base d'une analyse de la spécificité de l'échange marchand. Tous les autres échanges sociaux sont conventionnels mais institués. Ils ne se perpétueraient point sans une norme socialement établie, légale ou coutumière, mais explicite. L'échange marchand est conventionnel mais spontané. La valeur d'échange ne dépend pas vraiment nécessairement de la volonté des parties. Certes, le marchand peut faire monter artificiellement le prix par accaparement comme dans le cas célèbre du monopole sur les pressoirs à huile d'olive de Thalès de Milet. Certes, la loi peut imposer des prix et réglementer les échanges avec l'aide d'une escouade d'*agoranomes* (surveillants de marchés) de la direction générale des prix et quelques *phylarques* (gardiens) du KGB, comme dans les cités de Platon. Toutefois, Aristote sait qu'en absence de loi, avec ou sans dol, ruse ou accaparement, un taux d'échange ne s'en établira pas moins « spontanément » du fait du gré à gré des parties. Mais alors, d'instituées les valeurs économiques deviendraient instituantes, si cela venait à se savoir et à se généraliser. Or le rapport d'échange marchand présente l'inconvénient d'être très susceptible de corruption par rapport à la justice, dès lors qu'il y a utilisation du numéraire. Le rapport d'échange *naturel* M-A-M (marchandise-argent-marchandise), vendre ses surplus pour acheter ce dont on a besoin, se corrompt en rapport marchand, A-M-A', acheter le moins cher possible pour revendre le plus cher possible et gagner de l'argent. Ce renversement paraît éminemment condamnable aux yeux du Stagyrite, non seulement parce que antinaturel, mais plus encore parce que anticivique. Faire de l'argent avec de l'argent n'est pas seulement contraire à la fécondité des espèces, c'est un objectif inconciliable avec la recherche du bien commun. Un monde de gagnants n'est pas compatible avec la citoyenneté, et moins encore avec l'*isonomia* (l'égalité) et bien entendu la justice.

En ceci encore, le rapport économique ne diffère pas vraiment du rapport politique dans lequel toute forme est susceptible d'abatardissement, la royauté en tyrannie, l'aristocratie en oligarchie et la démocratie en démagogie. Cependant, ici, l'abus est plus insidieux et de plus, la corruption des échanges marchands et monétaires est largement responsable de la corruption politique. Cette analyse de la détermination économique du mouvement politique, digne du plus pur matérialisme historique, avait été longuement développée par l'idéaliste Platon.

Si Aristote compare et oppose les échanges juridiques et sociaux aux échanges marchands, c'est que ces derniers existent. Ce n'est, pensons-nous, que par analogie avec les rapports marchands qu'on peut trouver dans le rapport juridique un objet d'échange. Sans cela, tous les rapports seraient sans doute analysés comme rapports inter-subjectifs, ce que sont encore dans certaines sociétés primitives ces échanges que les ethnologues appellent, à tort en général, « économiques ». Les progrès des rapports économiques permettent à Aristote une analyse plus subtile de la justice en termes d'égalité de rapports (objets et personnes).

1. Valeur sociale, valeur économique

Aristote, on le sent, est plus embarrassé que Platon pour réglementer l'économie. Il hésite entre le ton normatif et le ton positif. Il faut que les prix correspondent aux valeurs de la société, commence-t-il par dire. Cependant, les prix se fixeront spontanément *à peu près* à la valeur d'échange qui assure la reproduction de la communauté (d'intérêt). Il hésite ainsi entre dirigisme et libéralisme. Il lui répugnerait de dire que la nature fait mal les choses. Pourtant, il est clair que les marchands et les usuriers mettent en cause, en fait, la reproduction de la cité antique traditionnelle. De là la présence de ce hiatus entre le texte de l'*Éthique à Nicomaque* et celui de la *Politique* (que pour ma part, j'inclinerai à penser plus tardif)[31]. Dans l'*Éthique à Nicomaque*, la valeur d'échange « spontanée » n'est peut-être pas condamnée et ce n'est pas tout à fait sans fondement que Schumpeter et d'autres ont pu y lire un prix de concurrence et voir dans ce prix-là le juste prix. En revanche, dans la politique, le commerce et l'usure sont jugés de façon totalement négative.

Sans être vraiment « naturel », le numéraire n'est pas une mauvaise chose si son usage est conforme à sa nature de moyen ou d'intermédiaire pour mesurer et échanger. Tant que l'argent n'est pas détourné de sa finalité de mesure légale et de garant, donc s'il y a échanges monétaires sans intervention de marchands professionnels, on peut penser que le taux spontané de la transaction sera conforme à la justice. Reste l'épineuse question : comment une norme pourrait-elle s'établir sans un marché généralisé et comment un marché généralisé pourrait-il émerger sans marchands ?

L'échange d'Aristote qui fait coïncider valeur d'échange monétaire et valeur sociale est un rapport stable. Le taux en est pratiquement défini une fois pour toutes. Dans son livre *Âge de pierre, âge d'abondance*, Marshall Salhins analyse de tels échanges. Si les rapports d'échange des sociétés primitives varient considérablement d'une transaction à l'autre, suivant la personnalité des échangistes (un grand se doit de payer grandement...) et du fait de la ruse des « archéo-marchands » déjà dénoncée par Hésiode[32], les taux moyens restent stables sur de très longues périodes, en dépit des modifications qui peuvent intervenir dans l'offre et la demande. Ce n'est que dans le très long terme que des changements interviennent pour ajuster les rapports d'échange aux transformations des conditions de production ou du marché. Salhins note : « On aurait tort de traiter de cynisme la force morale qui s'exprime dans les taux d'échange coutumiers car elle offre une des quelques garanties de justice et de permanence dans un univers d'hostilité latente[33]. » Ces péripatéticiens primitifs, déjà signalés par Malinowski comme « Argonautes du Pacifique occidental », préfèrent la reproduction immuable de leur société et de leurs valeurs sociales aux gains d'aubaine de l'échange et aux risques d'une accumulation conjoncturelle. Les valeurs d'échange qui règnent sur ces « marchés » (que le grec moderne désigne toujours par *agora*) correspondent assez bien à la norme d'Aristote. La justice dont parle Salhins est proche de celle de l'*Éthique à Nico-*

maque. Ces échanges « spontanés » sont alors conformes aux valeurs sociales, mais la chrématistique est absente.

Chez les Argonautes des îles Trobriand, cependant, non seulement la mentalité d'accumulation est absente (confondre le moyen et la fin), mais aussi l'individualisme économique. « Nul ne peut acquérir honneur et profit dans son propre camp[34] », remarque Salhins. Même en payant le prix fort, on ne peut rien acquérir contre la coutume. L'échange des produits est alors sérieusement encadré. La valeur d'échange est mise sous la stricte tutelle des valeurs sociales.

Certes, la Grèce d'Aristote n'est pas le monde de la *kula* mélanésienne. Il existe de petits marchands professionnels et des commerçants-aventuriers au long cours et, à partir du ve siècle, une véritable monnaie. Toutefois, les rapports marchands de l'Antiquité ne sont pas assez développés pour que certains traits des sociétés archaïques ne se soient maintenus. La loi du marché et de la concurrence ne l'emporte pas nettement sur l'apparence, l'appareil voire l'apparat des rapports personnels et coutumiers. La stabilité des prix moyens sur de longues périodes, attestée par le calcul comparatif auquel se livre Caton à propos des broyeurs à olives[35], et la ruse des marchands dans les transactions de gré à gré sont beaucoup plus visibles que les contraintes objectives de la concurrence qui échappent presque totalement à la conscience antique.

2. La chrématistique et la crise de la cité grecque

Est-ce à la communauté primitive que veut revenir Aristote ? Une société de petite production marchande prémonétaire ? La réponse est délicate, car ni le numéraire ni la spécialisation des tâches ne devraient être abolis. Pour ce que nous en savons, jusqu'au Bas-Empire romain, les prix sont remarquablement stables en moyenne sur de très longues périodes. Toutefois, à la différence des taux d'échange des Argonautes du Pacifique, rien n'empêche qu'ils n'apportent profit et honneur (ou déshonneur...). Les valeurs marchandes étant de ce fait des valeurs sociales, correspondent-elles pour autant aux valeurs profondes explicites ou implicites de la cité ? Si elles n'y correspondent pas, leur fonctionnement « autonome » sera évidemment destructeur de l'ordre régnant. La circulation marchande véhicule ainsi une subversion insidieuse des valeurs de la cité. Insidieuse car personne n'oblige personne à acheter ou à vendre. Insidieuse aussi car on ne voit pas immédiatement où réside la cause de la subversion. Aristote bute sur ce point. « Il ne saurait, dit-il, y avoir ni communauté d'intérêt sans échange, ni échange sans égalité, ni enfin égalité sans commensurabilité[36]. » Si le besoin rend l'échange, en effet, nécessaire, si la cohésion implique la justice, est-il sûr que l'échange assure la cohésion ? Certes, l'échange monétaire est un fait. Il assure une certaine reproduction de la communauté, puisque chacun a, en principe, intérêt à l'échange. Pourtant, Aristote hésite. L'échange peut être inégal. Il l'est quand l'argent est détourné de sa fin. La dénonciation dans la *Politique* de la monnaie comme valeur autonome (fin et but de la circulation marchande quand on passe de M-A-M à A-M-A') constitue la critique la plus pertinente de l'économique antique. La monnaie comme réserve de valeurs est bien la source des rapports inégaux, c'est-à-dire différents de ceux impliqués par les valeurs sociales, et donc cause de la corruption et de la destruction de la cité. Sous l'égalité apparente et formelle des transactions marchandes, se cache une inégalité, c'est-à-dire une injustice au sens où l'entend Aristote, comme non-respect de la hiérarchie de la cité[37]. Cette inégalité et cette injustice sapent les bases de la communauté. L'échange inégal, en effet, ne se reproduit pas indéfiniment. « On ne m'y reprendra plus », disons-nous familièrement quand nous avons le sentiment de nous être fait avoir. Et d'ailleurs, on ne pourrait plus nous y reprendre, une fois ruinés... Et c'est bien ce qui arriva aux petits paysans de l'Attique (comme plus tard du Latium). Pour Athènes comme pour toutes les cités de l'Antiquité, l'échange inégal a été le commencement de la fin.

Ce n'est pas la monnaie en soi qui est mauvaise, puisque le mal de l'accaparement des terres au détriment des citoyens pauvres se produisait avant la réforme de Solon, époque où la circulation monétaire était pratiquement absente. La spéculation marchande et l'usure peuvent se produire sans numéraire. Le danger réside bien plutôt dans l'existence de valeurs aliénées dans un objet fonctionnant comme réserve de valeurs, susceptibles d'accumulation et pouvant échapper au pouvoir instituant les valeurs sociales.

L'analyse critique aristotélicienne du fétichisme de l'échange marchand est historiquement juste, comme sera historiquement juste l'attribution par Marx de l'origine du fétichisme de la marchandise et de l'échange capitaliste à la plus-value. L'échange inégal/injuste ne se reproduira pas indéfiniment dans une société qui ignore l'exploitation systématique de la force de travail. L'agriculteur ruiné ne sera jamais plus un citoyen à part entière. Comme le remarque lucidement Sismondi, alors que la société moderne vit aux dépens de son prolétariat, le prolétariat antique vit aux dépens de la cité. Pour cette raison, toute l'économique antique, y compris le « mercantiliste » Xénophon, condamne le commerce et exalte l'agriculture. Bien sûr, les raisons invoquées explicitement sont en général autant de préjugés qui masquent la logique sous-jacente. La poursuite de la richesse pour la richesse n'est pas sage dit le Socrate de Xénophon[38]. Le commerce est périlleux et l'usure n'est pas honorable, dit Caton[39]. Aristote, à la suite de Platon mais plus que lui, perçoit bien la contradiction entre l'organisation sociale de la cité et l'économie marchande. Reste à se demander pourquoi cette dénonciation de la valeur marchande au profit des autres valeurs.

3. La science et le désir d'Aristote

Pourquoi condamner les marchands et les valeurs marchandes ? Parce que leur activité n'est pas « naturelle » et que ces valeurs sont injustes ? Allons donc ! Quelle justice est naturelle ? Et qui ne le sait mieux qu'Aristote ? Aristote perçoit avec une grande acuité le fonctionnement des sociétés humaines. Il laisse assez clairement entendre que toute l'affaire repose sur des valeurs conventionnelles. Il perçoit aussi avec non moins de pertinence que les valeurs économiques sont en train d'accomplir un travail subversif. Cette transformation inéluctable est-elle vraiment un mal ? Pourquoi ne pas aller dans le sens de l'histoire et se résigner à ce qu'on ne peut éviter ? Pourquoi même ne pas prendre franchement le parti d'une société marchande et définir les canons d'une justice *ad hoc* plutôt que de s'accrocher à défendre la morgue hiérarchique des grands et petits propriétaires terriens ? Aristote n'a pas de réponse sérieuse à cela. Ayant légitimé l'esclavage, il ne peut décemment pas dénoncer le danger d'instrumentalisation de l'homme et de la nature par la spéculation marchande[40]. Simplement, cette évolution ne lui plaît pas comme elle déplaît à tout ceux qui prennent la parole dans le monde antique. Il bande ses efforts pour privilégier une conception du juste comme « ce qui est conforme à la reproduction d'un certain ordre social », celui de cités reposant sur des petits paysans libres et des artisans méprisés.

Au total, il annonce la théorie économique à venir, c'est-à-dire une analyse de la sphère autonome des échanges et des valeurs marchands. Il flirte avec le circuit comme représentation d'un processus économique d'ensemble, tout en s'en détournant. Il s'appuie, pour rejeter l'économie et la mettre sous contrôle, sur une vision du social assez remarquable. La société est analysée comme institution de valeurs. Il rejette ainsi la solution qui sera celle des physiocrates : fonder l'ordre social naturel des sociétés humaines sur le naturalisme des valeurs économiques. Ce qui fait problème est que ce rejet se fonde sur un abandon du caractère conventionnel des valeurs antiques. L'ordre de la cité se trouve insidieusement hypostasié, posé comme naturel, c'est-à-dire, en fin de compte, conforme aux préférences du Stagyrite. L'existence de la monnaie et des échanges est admise et justifiée, mais leur usage doit être conforme à une finalité tenant à leur prétendue nature. L'anti-économique d'Aristote va ainsi fournir, en partie à l'insu du philosophe, un des thèmes de la mythologie de l'économie politique : le naturalisme de la monnaie à travers la « fable » du troc[41].

CHAPITRE III

L'invention du travail dans l'imaginaire social

> « Pauvre, joyeux et indépendant ! – tout cela est possible simultanément ; pauvre, joyeux et esclave ! – c'est aussi possible – et je ne saurais rien dire de mieux aux ouvriers esclaves de l'usine : à supposer qu'ils ne ressentent pas en général comme une *honte* d'être *utilisés*, comme c'est le cas, en tant que rouages d'une machine et, pour ainsi dire, comme un bouche-trou pour les lacunes de l'esprit humain d'invention ! Fi ! croire que l'on pourrait remédier par un salaire plus élevé à l'*essentiel* de leur détresse, je veux dire de leur asservissement impersonnel ! Fi ! se laisser persuader que grâce à un accroissement de cette impersonnalité, à l'intérieur de la machinerie d'une société nouvelle, la honte de l'esclavage pourrait devenir vertu ! Fi ! avoir un prix auquel on cesse d'être une personne pour devenir un rouage ! êtes-vous complices de la folie actuelle des nations qui ne pensent qu'à produire le plus possible et à s'enrichir le plus possible ? Votre tâche serait de leur présenter l'addition négative : quelles énormes sommes de valeur intérieure sont gaspillées pour une fin aussi extérieure. Mais qu'est devenue votre valeur intérieure si vous ne savez plus ce que c'est que respirer librement ? Si vous n'avez même pas un minimum de maîtrise de vous-même[1] ? »
>
> Nietzsche, *Aurore*, III.

Pour dire les choses crûment et en forçant un peu le trait, le travail est une invention de la bourgeoisie. Pour discréditer l'aristocratie, la bourgeoisie montante a développé, entre le XVIe et le XVIIIe siècle, une propagande « travailliste » sur le thème « Qui ne travaille pas ne mange pas ». Cette formule empruntée à saint Paul et déjà remise en service par l'éthique monastique puis protestante acquiert une portée nouvelle[2]. Cela revient à dire : nous, les bourgeois des villes, nous travaillons dur pour produire le bien-être de tous, nous avons donc par cela même un droit légitime à la richesse et au pouvoir. Tandis que vous, les aristocrates et, dans une moindre mesure, vous, les prêtres séculiers et les moines, vous êtes des oisifs, des fainéants, des parasites, autant dire des nuisibles qui avez jusqu'à présent indûment accaparé les biens de ce monde. Les hérésies, souvent portées par des tisserands, avaient déjà usé de cette propagande. Les paysans et les manouvriers ne pouvaient qu'approuver cette idéologie et se solidariser avec la bourgeoisie artisanale et commerçante. Le piquant dans cette affaire, c'est que les bourgeois ne travaillaient pas vraiment non plus. Certes, il est indéniable que les bourgeois entreprenants du capitalisme naissant, anxieux de percevoir dans leur réussite matérielle des signes d'élection divine, s'activaient énormément, à la différence de nos bourgeois rentiers, mais cette activité ne correspondait pas à ce qu'on peut appeler le « paradigme » du travail. Celui-ci est fait de la juxtaposition contradictoire d'un imaginaire émancipateur et d'une réalité asservissante. L'imaginaire, c'est celui de l'*homo faber* (voire de l'*homo habilis*[3]) et plus précisément l'idéologie de l'artisan libre qui vit du fruit de son habileté à transformer la nature pour la satisfaction de nos besoins. On reconnaît là tout un pan central de l'imaginaire de l'économie classique. La réalité est celle de l'aliénation spécifique au rapport salarial. La condition pénible de l'*animal laborans* exécutant dans la subordination des tâches le plus souvent fastidieuses à l'usine ou au bureau. C'est la soumission formelle et réelle au capital, sans la maîtrise technique des processus, ni bien sûr la capacité économique de réappropriation du fruit de son activité. Dans le temps même où l'idéologie travailliste (en particulier chez Locke) fonde la légitimité du pouvoir de la bourgeoisie et de son droit de propriété, la réalité du labeur salarié asservit et abrutit le travailleur sans lui laisser espoir de devenir jamais propriétaire.

De leur côté, les prolétaires ont pris très au sérieux cette construction idéologique. Ils l'ont retournée avec un certain succès contre la bourgeoisie elle-même, reprenant à leur compte le message : « à chacun selon son travail ! », précisant bien que ce sont eux les « vrais » travailleurs. Cela a permis aux bureaucrates de l'Union soviétique d'instaurer leur pouvoir, Staline faisant même inscrire dans la Constitution de 1936 la formule de saint Paul ! Comme le dit Raoul Vaneigem : « La bourgeoisie, affranchie du mépris dont l'accablait la prétendue noblesse, auréola le travail d'une gloire que le prolétariat – ou du moins ses représentants – s'empressa de revendiquer alors qu'il en était la plus infortunée des victimes. Un tel malentendu fut sans doute moins étranger qu'on ne le croit à la longue résignation des travailleurs[4]. »

Mais alors, en devenant, entre autres, activité de paperasserie, l'illusion même d'un contenu « objectif » du travail – la fameuse transformation de la nature – s'est évanouie. Le caractère idéologique et imaginaire du travail aurait dû apparaître évident. Or, il n'en a rien été. La propagande travailliste a réussi au point que ses victimes l'ont rajeuni en proposant une redéfinition du « vrai » travail comme activité créatrice, renvoyant à l'accouchement de la femme « en travail », le découplant ainsi du salariat auquel il est historiquement lié[5].

Il est vrai que la vision paradigmatique, faite d'un imaginaire émancipateur et d'un vécu asservissant, se trouve brouillée par l'existence des exceptions et par les modalités du vécu. D'une part, subsistent toute une série d'activités –, de l'œuvre de l'artiste ou de l'écrivain au service domestique non marchand, en passant par la carrière de l'enseignant et les professions libérales –, qui sont tout à la fois hors paradigme et prises dans sa logique, comme le montre bien ce qui vient de se passer en France avec les intermittents du spectacle ou la transformation récente de la pratique médicale[6]. On assiste à une entreprise tenace de mise au pas des récalcitrants et à une normalisation des exceptions. Autrement dit, les « œuvres » (soit la réalisation de soi dans l'objet d'art ou d'artisanat) et « l'action » (soit l'expression de la vie politique du citoyen), ces deux autres formes de l'activité humaine selon Hannah Arendt, se trouvent plus ou moins *colonisées* par le paradigme du travail. On est fondé avec les auteurs du *Manifeste contre le travail* de parler d'un « impérialisme du travail », en ce sens que le terme ne désigne plus seulement l'activité salariale sous domination capitaliste, mais en vient à signifier abusivement n'importe quelle forme d'activité finalisée[7]. On en arrive même à déplorer que le travail n'ait pas étendu suffisamment son empire et son emprise sur la vie et que le « travail » de maison ou le bénévolat ne soient pas pris en compte, voire rétribués. D'autre part, les situations concrètes sont infiniment variées et vécues entre les deux extrêmes de l'idéologie et de la réalité. On trouve de l'émancipation et de l'épanouissement, même au sein du travail salarié [8].

Il n'en demeure pas moins qu'en *naturalisant* le travail, c'est toute l'économie qu'on naturalise. On se prive ainsi des moyens de la comprendre et plus encore d'en sortir. Pour étayer cette vision d'une genèse du travail, il faut toucher du doigt, même brièvement, le scandale de l'absence de travail dans les sociétés précapitalistes ou prébourgeoises, et analyser comment il s'institue dans l'imaginaire et dans la réalité de l'Occident moderne.

I. LE NON-TRAVAIL DES SOCIÉTÉS PRÉCAPITALISTES

L'idéologie économique dans laquelle nous sommes littéralement immergés nous a habitués à croire très fermement que toutes les sociétés connaissent une vie économique et recourent à la réalité du travail pour survivre. Cette naturalisation de l'économie ne résiste pas à un examen anthropologique et historique sérieux. À moins d'admettre que les animaux, sous prétexte de connaître aussi la nécessité de la survie, aient une vie économique et une activité laborieuse, il faut reconnaître que l'économie et le travail sont des inventions humaines, donc historiques. Or, s'il existe bien des tendances récurrentes chez les économistes à franchir « la barrière des espèces » pour mieux asseoir leur naturalisme, ces tendances, jusqu'à présent, sont restées ultra-minoritaires. Un examen social-historique amène à conclure que très rares sont les sociétés humaines qui ont éprouvé la nécessité d'*inventer* le travail. Le matériel empirique disponible sur ce point est considérable. Nous nous limiterons à quelques rappels sur les sociétés non occidentales d'une part, et sur l'Occident d'avant la modernité d'autre part.

1. Les sociétés non occidentales

Les témoignages des principaux anthropologues de l'économie, Bronislaw Malinowski, Karl Polanyi, Marshall Salhins, Marcel Mauss, Louis Dumont, sont convergents et concluants. Déjà, pour les pionniers de l'ethnologie, Durkheim, Lévy-Bruhl, Frazer, tout est magique ou sacré dans les sociétés primitives. Par conséquent, le travail, activité profane par excellence visant la satisfaction de besoins terre à terre et qui profane la nature, c'est-à-dire les divinités, ne peut avoir ni sens ni place dans la vision animiste. L'agir qui procure la survie participe du rituel. « Dans une formule sommaire, remarque justement Mircea Eliade, on pourrait dire que le monde archaïque ignore les activités "profanes" : toute action qui a un sens précis – chasse, pêche, agriculture, jeux, conflit, sexualité, etc. – participe en quelque sorte au sacré. [...] Ainsi on peut dire que toute activité responsable et qui poursuit un but bien défini est, pour le monde archaïque, un rituel[9]. » Les sociétés primitives et la plupart des sociétés non occidentales n'ont pas de notion de l'économie. Elles ne possèdent pas le concept d'une distinction dans leurs pratiques entre une sphère qui serait « l'économique » et d'autres sphères qui seraient, par exemple, religieuse, politique, militaire, familiale, ludique[10]... Les activités qui assurent la survie biologique n'ont aucune autonomie. Leur appréhension rétrospective comme économique peut être intéressante du point de vue heuristique, mais sous peine de virer à l'ethnocentrisme, il ne faut pas tomber dans une *substantialisation/essentialisation* des catégories. Dans ces sociétés, les diverses activités sont totalement mêlées et souvent indissociables. Qu'il s'agisse de ce que nous appelons la magie, de la cueillette, de la guerre, de l'initiation, de la sexualité ou du jeu, toutes participent à la survie, à la reproduction sociale du groupe et à la construction de ses membres à la fois comme autonomes et interdépendants. Ainsi, la culture des ignames dans les jardinets des indigènes des Trobriands est présentée par Malinowski comme une forme de magie[11]. La fabrication artisanale est le plus souvent rituelle. En particulier les forgerons, maîtres du feu, sont des personnages dotés de pouvoirs redoutables. La chasse est ludique, mais elle suppose des négociations avec les esprits propriétaires des animaux et le plus souvent implique sacrifices et purifications. Ces sociétés nous sont décrites comme « totalement dominées par leurs croyances » : les tabous, les interdits, les obligations rituelles sont omniprésents[12]. Sont-elles si différentes des nôtres sur ce point ? On peut en douter. On y trouve également des esprits sceptiques et des individus frondeurs... Il nous faut bien reconnaître, sous peine d'occidentalocentrisme, que nos sociétés aussi sont « totalement dominées par leurs croyances ». La principale différence tient peut-être au fait que nous croyons à la religion de la science, du progrès, de la technique, de l'économie et du sens de l'histoire, que nous sommes possédés de la magie du travail, alors que dans les sociétés primitives, l'économique et la rationalité ne sont pas dominants. Les us et coutumes de ces sociétés nous semblent étranges, surtout parce que antirationnels comme le *potlatch* de destruction des Kwakiults de Colombie-Britannique, anti-économique comme la *kula* des Mélanésiens, voire antinaturels comme la thanatomanie des Polynésiens ou l'*amok* des Indonésiens.

2. L'Occident pré-Renaissance

Que le mot « travail » dans l'acception actuelle soit d'invention récente, personne ne le contestera. Il n'en va évidemment pas de même de la chose, puisqu'on a tenté d'assimiler l'*animal laborans* des Temps modernes à l'*homo habilis* ou *faber* de toujours. Faire comprendre que le travail s'invente dans la société moderne, c'est tenter de montrer que les sociétés grecque, latine et médiévale que nous avons l'habitude de voir comme la matrice de notre monde contemporain se trouvent en fait, de ce point de vue, beaucoup plus près des sociétés primitives que des nôtres. Une telle démarche, influencée par l'ethnologie et supposant un décentrement cognitif, est relativement récente. Elle a été entreprise par quelques historiens comme Moses Finley, Jean-Pierre Vernant, Paul Veyne, entre autres, qui ont « revisité » le monde antique.

Par des contresens involontaires, nous attribuons souvent aux Grecs, et même aux Latins, notre imaginaire économique avec ses dimensions progressistes. L'existence d'une pensée technique chez les Anciens ne doit pas faire illusion. C'est la *praxis*, c'est-à-dire l'usage social des choses et non la *poièsis* (la fabrication) qui est l'expérience décisive de vie pour les citoyens. Si les ingénieurs grecs et latins inventent des machines (les *automata* : choses qui se meuvent d'elles-mêmes), « à aucun moment, selon Jean-Pierre Vernant, l'idée n'apparaît que par l'intermédiaire de ces sortes de machines, l'homme peut commander aux forces de la nature, la transformer, s'en rendre maître et possesseur[13] ».

En dépit de l'existence de certaines catégories marchandes et même de l'existence d'une vie économique, certes limitée mais incontestable, l'idée que l'homme, que tout homme, est condamné par le destin à une activité pénible, contraignante, de transformation de la nature, non seulement ne s'impose pas aux Anciens, mais est totalement étrangère à leur imaginaire. Les esclaves sont là (de fait ou de droit naturel) pour satisfaire à nos principaux besoins. L'idée qu'il existe des activités pénibles et nécessaires n'est pas étrangère à la mentalité grecque, même si ces activités-là (au premier chef, la guerre) ne se limitent pas à la transformation de la « nature », comme l'agriculture ou l'artisanat, exercées aussi par des hommes libres (citoyens ou métèques)[14].

Toutefois, si la réalité d'activités nécessaires et pénibles (*ponos*) s'impose, ces activités que nous appelons productives ne sont pas valorisées quand elles ne sont pas méprisées. L'occupation normale du citoyen est classée dans la *scolia* ou l'*otium*, c'est-à-dire le « loisir ». L'*a-scholia*, le *nec-otium* dont nous avons fait le négoce, le commerce, est une activité sans nom, inavouable et méprisable. L'usure et le commerce sont exercés par les affranchis et les métèques. Le citoyen, quand il ne peut faire autrement que s'y livrer ou que la cupidité l'y pousse, le fait de façon honteuse, en se servant généralement d'un prête-nom.

La plupart des activités artisanales, en particulier celles des forgerons, ont été à l'origine des activités magiques, dotées d'un certain prestige, en tout cas entourées d'une « aura » incontestable. Elles participent de la *tekhnè*. Au fur et à mesure qu'elles se banalisent à partir de l'époque classique (ve siècle avant J.-C.), elles deviennent méprisables.

Le citoyen idéal occupe son « loisir » en participant à la vie politique de la cité. C'est la *praxis*, l'action par excellence : participation aux assemblées, flânerie et discussion sur l'agora ou le forum, exercice de fonctions judiciaires, charges administratives, services militaires de commandement ou d'exécution, charges religieuses, participation cultuelle et culturelle. Certaines de ces activités peuvent être rémunérées en nature ou en espèces : solde du militaire, distribution de blé en certaines occasions. Cependant, cette rémunération n'est pas la contrepartie d'une activité productive, au mieux s'agit-il d'un « revenu de citoyenneté » pour permettre au citoyen de dégager le loisir nécessaire à son devoir civique. La pratique tardive du paiement d'un *miston* (salaire), jetons de présence pour la participation aux assemblées, proposée par des politiciens démagogues, est mal vue. Les philosophes, le plus souvent partisans de l'aristocratie, en sont choqués. Petit à petit, ces récompenses, prix, indemnités diverses en viennent à devenir un « salaire ». L'argent commence à faire ses ravages. L'avidité, la cupidité et l'égoïsme ne sont pas absents de ces activités lucratives. Les mêmes philosophes, Socrate en tête, sont scandalisés que les sophistes et les rhéteurs fassent payer leurs leçons au lieu d'attendre des cadeaux éventuels de la reconnaissance de leurs clients[15]. Cet *économisme* réel mais limité n'est pas pleinement reconnu.

Reste le cas de l'agriculture, activité noble ou tout au moins célébrée par les poètes (Hésiode et Virgile), reconnue et analysée dans de nombreux traités : les *De re rustica* de Varron, Caton, Columelle, Palladius. Leur composition remonte à la Grèce préclassique dans le cas d'Hésiode (*Les Travaux et les Jours*) ou à la Rome républicaine. En réalité, l'idée d'une noblesse du labeur champêtre repose sur un malentendu. Ce n'est pas le maniement de la bêche qui est valorisé. Celui-ci deviendra vite une besogne servile ; c'est la gestion du domaine, base de la société antique. Comme le dit crûment Paul Veyne, l'éloge antique de l'agriculture est en fait l'éloge de la propriété foncière, et tout particulièrement de la grande propriété foncière (le latifundium).

De toute façon, cette activité louable du *pater familias* reste une annexe de l'activité politique à laquelle elle n'est pas proprement étrangère. Il s'agit autant d'un devoir civique que d'une nécessité « économique ». C'est dans ce contexte que prend sens l'*oikos-nomos*, la loi de la gestion domestique. Les économiques des Anciens (inspirés d'originaux carthaginois...) sont des traités de « bonne gouvernance » du domaine. Comme le dit fort bien le même Paul Veyne, le notable romain occupait ses loisirs en choisissant parfois une profession « qui l'absorbait peut-être autant qu'un travailleur, mais sans être du travail[16] ». Ainsi était-il rhéteur, philosophe, poète, médecin, voire avocat, juriste ou même athlète, mais pas salarié ou artisan. Aristote résume bien l'idéologie des Anciens : « On ne peut s'adonner à la pratique de la vertu, écrit-il, si l'on mène une vie d'ouvrier et de manœuvre[17]. » Le pain gratuit ou à tarif réduit, ainsi d'ailleurs que la satisfaction des principaux besoins de base de la société de bien-être latine, les bains, le théâtre, les jeux du cirque, l'équipement des trirèmes étaient offerts aux citoyens (et parfois même aux autres) grâce à la « générosité » (les « liturgies » et l'évergétisme) plus ou moins obligée des grands. L'idée qu'il aurait fallu exercer une « activité finalisée » pour avoir droit à ces jouissances était largement étrangère à la mentalité romaine. Elle le sera aussi d'une autre façon, nous le verrons, aux Barbares qui prendront la suite.

L'idéologie du non-travail, du loisir, de la dépense festive, du don, restera en vigueur jusqu'à l'ère industrielle. Certes, les choses changent au cours du Moyen Âge. Il existe des contraintes nouvelles et des devoirs rigoureux dans le monde médiéval, mais si le mot « travail » apparaît pour les désigner, il s'agit de travaux d'un genre bien particulier. La malédiction divine s'exprime, en effet, sous l'espèce unique du « travail ». Les auteurs des chansons de geste qui manifestent bien la vision chevaleresque du monde parleront du « travail de la guerre ». Les misères de la guerre sont une des formes du travail des hommes tandis que la gésine de l'accouchement est la forme par excellence de celui des femmes. Toutefois, l'affaire se complique du fait du caractère hiérarchique de la société chrétienne. Celle-ci repose sur l'existence de trois ordres dont chacun est nécessaire à la reproduction et à la survie de l'ensemble : les *oratores* (ceux qui prient), les *bellatores* (ceux qui combattent) et les *laboratores* (ceux qui peinent). Adalbéron de Reims, auteur de cette classification, avait hésité, d'après Duby, à propos de la désignation du troisième ordre entre *dolor* et *labor*[18]. La souffrance est, en effet, le lot des serfs. « Il se ravise, dit Duby, il dicte au scribe de raturer le terme, de le remplacer par *labor* dont le sens est double, qui lui paraît pour cela meilleur. » Le mépris de l'activité productive, y compris, voire surtout, cette fois, du travail de la terre, reste très vif dans l'idéologie des nobles. On peut y voir, avec Jacques Le Goff, une persistance de l'attitude des guerriers germains telle que la rapporte déjà Tacite. « On ne les persuade pas aussi facilement de cultiver la terre et d'attendre la moisson que de provoquer l'ennemi et de gagner des blessures. Bien mieux, c'est pour eux de la paresse (*pigrum*) et de l'inertie que d'acquérir à la sueur de son front ce que l'on peut se procurer dans le sang[19]. » Même pour les clercs, le travail est une réalité et une valeur ambiguë. Si le travail est recommandé aux moines, comme dans la règle de saint Benoît, c'est moins pour ses vertus positives que pour combattre les dangers de l'oisiveté et en particulier l'*acedia*, la mélancolie considérée comme un péché capital. Il s'agit d'une sorte de complément technique de la prière. « Sur le mot “travail”, écrit Arlette Jouanna, plane encore l'ombre de son origine : *tripaliare*, torturer avec le *tripalium*, la machine à trois pieux. Il évoque la gêne, l'accablement, la souffrance et même l'humiliation [...]. Il est significatif que le mot “mécanique” employé pour désigner ceux qui font un travail manuel et pour qualifier leur activité, signifie aussi, selon le dictionnaire de la langue française du XVIe siècle de E. Huget : avide, avare, pauvre, mesquin, grossier, vil. Toutes qualités caractéristiques de l'artisan[20]. »

Toutefois, dès le XIIe siècle, artisans et commerçants, bourgeois des villes, émancipés de la situation infra-humaine du servage rustique et de la dépendance rurale, érigent leur activité en condition universelle. Leur vie besogneuse et laborieuse, matérielle et monétaire, devient la vie tout court. Ils n'auront aucun mal à convaincre les paysans, vilains ou serfs, de se placer sous la bannière de ce paradigme nouveau. Les clercs, toujours en conflit avec l'ordre féodal et dont, jusqu'à la Réforme, le statut n'est pas sérieusement menacé, sympathisent souvent avec la bourgeoisie des villes. Néanmoins, comme on sait, il faudra encore quelques siècles pour que la bourgeoisie réussisse à faire triompher ses prétentions à son profit, tant sur le plan idéologique que sur le plan pratique.

II. L'INSTITUTION IMAGINAIRE DU TRAVAIL DANS L'OCCIDENT MODERNE

La modernité du travail que nous avons mise en évidence pose une question de droit et une question de fait. À savoir : comment l'institution du travail dans l'imaginaire social a-t-elle été possible ? Comment s'est-elle faite concrètement ?

1. La possibilité du travail : la réalisation de ses présupposés

Nous avons vu que le travail n'était imaginable que dans le champ sémantique de l'économie politique, lui-même indissociable de l'émergence de l'économique comme pratique sociale. L'invention du travail implique donc les mêmes présupposés que celle de l'économie politique : naturalisme, hédonisme et individualisme.

Le naturalisme n'est pas vraiment une idée moderne, même si la modernité lui donne une ampleur et un sens nouveaux. Dans l'Antiquité déjà, comme dans beaucoup d'autres civilisations et cultures, l'idée que l'homme a des besoins *naturels* et qu'une transformation manuelle et technique de la nature est nécessaire pour la réalisation de la satisfaction de ces besoins et la survie de l'espèce n'est pas absente. L'activité agricole, mais plus encore l'artisanat, tous deux pratiqués par de nombreuses sociétés, reposent volontiers, au moins en partie, sur de telles justifications. Même si ces idées n'ont pas une extension aussi grande que dans l'Occident moderne, on reconnaît que certains groupes sociaux doivent se consacrer à ces tâches pénibles mais nécessaires. De ce fait, certains des caractères du « travail » apparaissent comme très antérieurs à la société contemporaine. Si la rareté n'apparaît pas comme une dimension obsessionnelle de la condition humaine, la nécessité d'organiser les moyens disponibles de façon efficace, par une répartition judicieuse des tâches pour écarter la pénurie, n'est pas inconnue des sociétés précapitalistes « évoluées ».

Il en va de même de l'hédonisme. Sans doute l'utilitarisme, sous sa forme benthamienne, est-il une invention des Lumières, qui supposait tout à la fois l'existence d'un sujet individuel, agent de l'utilité, et une quantification des satisfactions que seul le développement de l'économie marchande pouvait apporter. Néanmoins, la recherche du bonheur comme moteur et valeur de l'action humaine se trouve déjà chez Platon. Le sens du calcul des plaisirs et des peines, des efforts et des résultats existe bien dans de nombreuses sociétés au point que c'est moins par l'utilitarisme que par l'ascétisme et la volonté de puissance que l'on peut expliquer le développement du capitalisme en Occident.

Le calcul d'optimisation connaît même un grand développement dans toutes les sociétés marchandes (Chine, Inde, Islam), c'est-à-dire celles qui n'ignorent ni l'existence de la monnaie ni l'usage de l'intermédiation monétaire et financière, dans lesquelles existent des marchés et un groupe social de marchands dont l'objectif est d'acheter pour revendre avec profit. Toutefois, ces sociétés reposent sur des modes de production non marchands (esclavagistes, tributaires, féodaux, hydrauliques, etc.). Les marchands n'y sont jamais la classe dominante. Il n'empêche que les rapports marchands impriment leur marque à l'ensemble de la société et que la recherche du profit entre en conflit avec les autres valeurs (les nobles, les bureaucrates, les guerriers, les religieux même méprisent les marchands mais ne sont pas inaccessibles à la corruption de leurs richesses quand ils ne vont pas jusqu'à la solliciter). Outre les exemples susnommés, Athènes, Rome et le Moyen Âge occidental ont été de telles sociétés.

Sans doute l'individualisme est-il le trait le plus spécifique de l'Occident d'après la Renaissance. Il est la condition d'émergence de l'économique et, de ce fait, du travail. L'individualisme, au sens où nous l'entendons, implique que l'humanité soit constituée d'une pluralité d'atomes identiques confrontés à une nature fondamentalement hostile. La survie de ces « particules élémentaires » passe par une activité de lutte contre la nature et de transformation agressive de celle-ci. Ce combat pénible et universel, ce sera le travail. L'individu n'est donc pas la personne avec ses racines, son histoire, ses liens divers et ses projets, mais l'être anonyme de besoins dont l'*homo œconomicus* est le prototype.

Même s'il est très inégalement partagé en fait entre les citoyens, y compris dans les démocraties modernes, le travail implique bien une égalité fondamentale de tous, une égalité primordiale devant la lutte pour la vie et la survie. De là son caractère universel et abstrait. De là aussi le fait que la société moderne est avant tout une société « travailliste ». Le fait que tous les hommes deviennent formellement des « travailleurs » n'est que la réalisation concrète du concept même de travail.

Cette situation de pénurie *naturelle* contraint en effet les hommes à se rassembler pour la lutte. Une telle association d'unités condamnées par nature aux travaux forcés à vie constitue une *Gesellschaft* (une « société » au sens de Tönnies) et s'oppose aux communautés *(Gemeinschaft)* au sein desquelles chaque membre a son rôle social, le plus souvent à travers un « état » *(stand)*, comme sous l'Ancien Régime, et se situe d'emblée dans une culture dans laquelle la nature se voit assigner une place bien définie. L'univers du *contractus* s'oppose ainsi radicalement à l'univers du *status*. L'idéologie individualiste et la société « individualiste » sont bien des créations modernes. Et c'est là, et là seulement, que le « travail » peut apparaître pleinement[21].

Cet individualisme, spécifique aux sociétés modernes, serait lié aux développements historiques du christianisme, lui-même produit de la tradition judaïque dans un univers culturel hellénistique. Alors que d'autres civilisations connaissent le phénomène des individus comme être-hors-du-monde, ascètes ou ermites s'excluant de la société, de ses statuts et de ses rôles, le christianisme seul, en massifiant le phénomène, instaurerait une collectivité de marginaux, véritable association destinée à devenir la société officielle[22]. Le protestantisme représente une étape décisive dans cette élaboration historique. L'individuation du chrétien face à Dieu devait devenir progressivement la solitude des citoyens tous égaux et indifférenciés devant la loi comme devant le marché, y compris celui du travail. Dès lors, il devient quasi impossible de se passer du travail, même lorsque celui-ci s'est vidé de tout contenu, car il est le ciment de cette société-là. D'idéologie de lutte contre la nature, il devient idéologie de la lutte tout court, une sorte de darwinisme social réduit à une pure forme naturaliste.

2. La mise en place du travail comme valeur

La mise en place du travail comme valeur apparaît de prime abord comme une *reconnaissance*, et non comme une construction historique, puisque dans l'idéologie occidentale il s'agit d'une activité « naturelle » (nécessité de transformer la nature pour survivre). Même si la société chrétienne est dans son essence individualiste, cette essence se heurte à l'organisation politique et sociale concrète issue d'abord de l'Empire romain, puis à celle des tribus « barbares » converties et aux restructurations successives césaro-papistes qui suivent. C'est la bourgeoisie des villes, nous l'avons vu, qui va imposer progressivement et par à-coups cette « reconnaissance ». Il n'est pas sans intérêt de noter que l'expression en est longtemps religieuse et mêle plusieurs classes sociales dans des mouvements millénaristes. La révolte des Lollards ou des pauvres prêtres, influencée par les idées de John Wyclif et menée par John Bull, inscrit sur ses bannières un slogan nettement « travailliste » : « Quand Adam bêchait et que Ève filait, où donc était le gentilhomme ? »

La Réforme, surtout avec Calvin, va faire aboutir la reconnaissance du travail comme valeur universelle. L'exercice d'un métier et le travail ne sont plus une malédiction réservée à quelques-uns, les humbles et malchanceux, mais une véritable *vocation (beruf)* et une prière dont les récompenses se font sentir dès ici-bas par l'enrichissement et la propriété privée. L'éthique protestante constitue le moment décisif dans le triomphe de l'idéologie travailliste et pour l'institution du travail dans l'imaginaire moderne. Max Weber en étudie le prolongement chez les mormons, secte où l'on peut voir poussée à son comble l'idéologie de la religion du travail. « Un indolent ou un paresseux, dit le symbole des mormons, ne peut être un chrétien, ni être sauvé. Il est destiné à être piqué à mort et rejeté hors de la ruche. » Max Weber commente : « Ici, cependant, c'était surtout l'extraordinaire discipline, à mi-chemin entre le cloître et la manufacture, qui plaçait l'individu devant le choix entre le travail et l'élimination. Choix lié, il est vrai, à l'enthousiasme religieux, rendu possible par lui seul, et qui est à l'origine des étonnantes réalisations économiques de cette secte[23]. » Seulement, cette propagande travailliste n'est pas limitée aux seuls adhérents, elle est universaliste et contribue à établir l'universalité du paradigme du travail.

John Locke, de son côté, va systématiser l'idéologie travailliste en fondant l'idée que le travail est valeur et source de valeur, de propriété et de richesse. Dans le deuxième traité du gouvernement civil (chap. v, § 25 à 33), il établit que la richesse de la société moderne repose sur la propriété privée (il pense surtout à la terre). Du fait de l'intéressement personnel du propriétaire, cette propriété est source d'améliorations et de progrès illimités. Or la seule source légitime et naturelle de la propriété c'est le travail. La démonstration, qui s'appuie sur l'incontestable croissance de la production agricole anglaise (au moins en valeur), résulte d'une circonstance historique particulière : la révolution fourragère avec le partage des « communaux ». Celle-ci implique l'abolition des droits de la propriété commune et des droits d'usage du pacage sur les chaumes et les jachères de tous. En justifiant ainsi les « enclosures », Locke fait une prophétie autoréalisatrice : les travailleurs sans terre se retrouvent sans moyens de subsistance et sont donc réduits à la condition de mendiants ; ne travaillant plus, ils ne deviendront jamais propriétaires. Les grands propriétaires fonciers et les gros fermiers capitalistes, au contraire, faisant travailler plus de terre et de façon plus productive, tirent d'immenses profits de ce changement de régime de la propriété. Il est remarquable que, dans cette idéologie à l'usage des possédants, ce n'est plus le sang, la naissance et l'héritage qui fondent le droit à la richesse et au pouvoir, mais bien le travail. On est passé d'une forme d'appropriation des usages de la terre fondée sur la coutume à une théorie rationnelle de la propriété privative exclusive. Tout naturellement, l'économie politique, initialement science des richesses, va accorder au travail une place centrale. Elle va tenter d'en faire le fondement même de la valeur des marchandises. Cette « erreur » de Smith (par rapport à l'orthodoxie marginaliste) qui marque une rupture dans l'élaboration « scientifique » commencée avec les Turgot, Galliani, et autres théoriciens de l'utilité et suspendra pour deux siècles la construction d'une économie « scientifique », n'est peut-être pas tout à fait un hasard. Pour construire le socle de l'idéologie travailliste, sans doute fallait-il aller jusqu'à affirmer pour un temps que le travail est la source (unique ou principale) de toute valeur. Aujourd'hui que le capital détient tous les leviers de commande, il n'a plus besoin d'appuyer sa légitimité sur une origine mythique ; il se justifie par ses résultats. Le travailleur, de moins en moins nécessaire, a moins de droits que l'actionnaire.

Par une de ces ruses dont l'histoire est friande, l'aboutissement ultime de cette institution imaginaire du travail dans la société moderne se trouve dans le socialisme théorique et « réel ». Mis à part l'iconoclaste éloge de la paresse, publié par Paul Lafargue, le gendre de Marx, qui restera sans suite et sans effet, le travail constitue dans le socialisme théorique une valeur fondamentale[24]. Saint-Simon annonçait déjà la couleur : « Dans une société de travailleurs, tout tend naturellement à l'ordre ; le désordre vient toujours, en dernière analyse, des fainéants[25]. » Le socialisme entend n'abolir ni l'économie ni la croissance, il se contente d'abolir la société bourgeoise pour la confier aux travailleurs. La social-démocratie occidentale et l'Union soviétique ont constitué deux variantes de ce projet de société travailliste. La Constitution de la République espagnole de 1931 faisait du travail une valeur fondatrice. L'article 2 de la Constitution italienne votée dans l'immédiat après-guerre proclame également que l'Italie est une République fondée sur le travail.

L'article 12 de la Constitution soviétique de 1936 proclame : « Le travail en URSS est, pour chaque citoyen apte au travail, un devoir et une question d'honneur selon le principe : qui ne travaille pas ne mange pas. En URSS est appliqué le principe du socialisme : de chacun selon ses capacités, à chacun selon son travail. » L'article 18 de la Constitution de la République de Russie de son côté en rajoute une couche : la RSFSR déclare le travail obligatoire pour les citoyens de la République et lance le slogan « Qui ne travaille pas ne mange pas ! » Cela ne va pas sans une petite contradiction dans le cas des pays de l'Est ; dans le socialisme réel, le travail y faisait l'objet d'un culte officiel ; toutefois comparé aux sociétés de marché, on y travaillait assez peu... Comme dans les pays du Sud où le socialisme était devenu pour un temps l'idéologie officielle, la réalité était bien différente de ces déclarations en langue de bois. La discipline du travail était loin d'être vraiment entrée dans les mœurs et la productivité restait très faible. On parlait d'autant plus fort des héros du travail que la population avait une propension quasi invincible à l'indolence et à la nonchalance. En devenant un droit avant même d'être devenu un devoir, le travail était essentiellement pour les citoyens la garantie du « bol de riz en fer » comme on disait en Chine, c'est-à-dire d'un salaire, sans doute médiocre, mais obtenu sans trop de fatigue. Par une ruse de la dialectique, c'était pendant le loisir officiel que l'on « travaillait ». Autrement dit, l'activité officielle, même encadrée et contrôlée, était très faiblement productive, tandis que pour compléter les fins de mois et satisfaire directement ou indirectement ses besoins, une partie des *homines sovietici* se soumettait volontairement à une discipline plus contraignante de production dans l'informel (autoproduction, travail au noir, activité clandestine ou parallèle). C'est en tout cas le constat humoristique fait par l'économiste hongrois, Janos Kenedi, dans sa satire de l'économie parallèle, finalement quasi officialisée comme « seconde économie » : « La plupart des gens triment comme des forçats du samedi au dimanche et doivent se reposer toute la semaine sur leur lieu de travail[26]. »

Plus sérieusement, peut-être, il faut voir dans cette défaillance la difficulté d'inscrire l'imaginaire travailliste dans des cultures qui n'ont pas fait du travail, à un moment de leur histoire, une religion. Avec l'émergence généralisée du marché, le travail au noir sans droit ni loi, sous-payé et précaire d'avant l'ère de la mondialisation, tend à se substituer au travail officiel et à devenir la norme. Toutefois, cette informalisation du travail signifie aussi sa disparition et son remplacement par une sorte de lutte pour la vie et de sauve-qui-peut généralisé.

Cette esquisse rapide de l'institution du travail dans l'imaginaire de la modernité illustre un aspect fondamental de l'invention de l'économie. On voit bien comment se construit historiquement dans le discours et en dehors du discours, dans la pratique, un élément clé de l'objet économique. L'évidence apparente de l'économie comme réalité « naturelle » est ainsi largement déconstruite. Après réflexion, rien n'est moins évident ni problématique que le travail.

Tel est bien l'objet de la réflexion épistémologique et la mission de la philosophie : remplacer les évidences par des inquiétudes et les certitudes par des questions.

CHAPITRE IV

L'ordre naturel comme fondement imaginaire de la science sociale[1]

> « Il est impossible d'accepter complètement la sociologie pour une science, tant que survivra la croyance à un ordre social n'obéissant pas à une loi naturelle[2] ».
>
> Herbert Spencer.

L'ordre social naturel constitue l'un des mythes fondateurs de l'édifice des sciences sociales modernes et, comme tel, participe de l'institution imaginaire de notre société, et, bien sûr, de l'économie. Les sciences sociales modernes, en effet, s'instaurent d'emblée comme « physiques sociales ». Le présupposé de cet événement est l'unité du réel et l'unité de la science. Cette unité repose elle-même sur l'hypothèse d'une anthropologie naturaliste. L'ordre social naturel, en restaurant cette unité, un moment compromise par la rupture galiléenne, constitue bien le socle originaire et originel des sciences dites sociales. Notre principale contribution à la déconstruction du mythe consiste à retracer la manière dont il se met en place. À travers divers tâtonnements, on glisse d'une politique construite de façon métaphorique sur la loi de la gravitation universelle à une économique conçue comme véritable physique sociale. L'homme, dernier atome résiduel du social, s'y trouve évacué au profit du mouvement des marchandises. Ce glissement se scande par les étapes successives de Hobbes, Locke, Bentham, Quesnay, Smith et Ricardo. Au terme de cette évolution, le monde moral intègre ou plutôt réintègre l'ordre de la nature de façon définitive (dans l'espace de la modernité, tout au moins). Le triomphe de la science comme idéologie présuppose cette unité mythique. Il est facile, en effet, de voir comment à partir de Hobbes jusqu'à nos jours le paradigme Galilée-Newton structure les sciences sociales, toutes tendances et toutes disciplines comprises.

I. L'INVENTION DE L'ORDRE SOCIAL NATUREL

Le savoir antique et le savoir médiéval étaient en harmonie relative avec les sociétés correspondantes. Le mythe de l'ordonnancement anthropocentrique de l'Univers, qui constituait l'une des assises imaginaires de la société féodale et aristocratique, s'effondre aux XVIe-XVIIe siècle sous les coups de la révolution copernicienne et galiléenne. On sait assez l'importance de la secousse. L'apparition de la science de la nature rompt la vieille unité du savoir aristotélicien. La connaissance de la physique impose le paradigme de la science comme modèle du savoir rigoureux. Le fatras poussiéreux de la vieille métaphysique s'écroule. Le savoir de l'homme et de la société, la philosophie morale, n'est plus qu'une vieille lune. La rupture inaugurée par Giordano Bruno et Copernic ne remplace pas l'ordre théotéléologique de l'Univers par le chaos. L'univers physique est profané, certes, mais il obéit à une organisation stricte : l'ordre naturel.

La charte de cet ordre naturel est constituée par les *Philosophiae naturalis principia mathematica* de Newton. Dans un texte célèbre, Galilée avait déjà explicité les caractères de cet ordre naturel. « La philosophie est écrite dans ce vaste livre constamment ouvert sous nos yeux (je veux dire l'Univers) et on ne peut le comprendre si d'abord on n'apprend pas à connaître la langue et les caractères avec lesquels il est écrit, or il est écrit en langue mathématique et ses caractères sont le triangle et le cercle et autres figures géométriques, sans lesquelles il est humainement impossible d'en comprendre un mot[3]... »

Pendant deux siècles, la « philosophie morale » sera laissée pour compte à la porte de la science ; entre le cynisme réaliste de Niccolo Machiavel et l'utopisme critique de Thomas More, on voit mal se dessiner le paradigme d'un savoir scientifique du social, même si ces brillants essais rompent avec la vieille philosophie morale aristotélicienne et thomiste. De plus en plus de voix se font entendre : le monde moral attend son Newton.

L'harmonie céleste de l'Univers géocentrique d'Aristote intégrait un désordre du politique (le monde sublunaire...) qui, isolé, devient désormais intolérable. Malgré les efforts de l'Église, appuyée par le feu de l'Inquisition, le Vieux Monde ne peut maintenir sa façade lézardée ; il faut d'urgence intégrer le monde moral dans la nouvelle religion : celle de la science. Les athées, les anticléricaux, les libres-penseurs et les philosophes des Lumières seront les artisans de l'opération. Progressivement, va se mettre en place un nouveau monstre idéologique : l'ordre social naturel. Le monde moral va ainsi rentrer dans l'ordre de la nature. L'unité de l'ensemble sera restaurée.

L'idée que le monde moral est naturellement ordonné *more geometrico* (de façon géométrique), suivant l'expression de Galilée, va s'imposer avec la force d'une évidence. Comme toute idée nouvelle, cette idée a des antécédents et n'innove que dans le prolongement d'une longue tradition qui la prépare. Elle n'est pas étrangère, malgré sa forme profane, aux croyances de la religion ; elle est la fille d'un naturalisme philosophique qu'on peut faire remonter à Lucrèce ; elle s'inscrit enfin dans la lignée des réflexions sur le droit naturel et en particulier de Johannes Althusius (1556-1637).

II. RUPTURE ET CONTINUITÉ : LE DROIT NATUREL

La rupture de la Renaissance qui instaure la modernité et marque le point d'avènement des sciences modernes ne bouleverse pas l'unité de la métaphysique occidentale fondée sur la *phusis* et la *tekhnè*, telle que Heidegger, en particulier, l'a mise en évidence. Mais alors, en quoi l'ordre social naturel est-il une nouveauté ?

Il nous faut tenter de cerner ce qui émerge dans la continuité de la métaphysique, et dont la modernité est le signe. D'un certain point de vue, le physicisme de la pensée de la Renaissance n'est qu'un retour aux sources. La métaphysique occidentale s'origine, en effet, dans la physique aristotélicienne, elle-même pensée à partir de la technique. Suivant une expression heureuse de Reiner Schürman : « L'expérience clé d'où naît la métaphysique est la fabrication[4]. » L'anti-aristotélisme de la pensée moderne possède, malgré tout, un caractère profondément « aristotélicien ». Ainsi s'explique le succès facile de Leibniz dont l'entreprise vise à réconcilier la « science moderne » et la tradition scolastique. Pour fonder son ordre social naturel, Leibniz s'appuie sur la philosophie du droit naturel qui de Cicéron à Grotius poursuit à travers le « sombre Moyen Âge » un travail qui témoigne d'une remarquable continuité. Légistes et philosophes s'efforcent de fonder le droit positif par et sur la raison, c'est-à-dire sur la nature des choses, qui deviendra en fin de compte les choses de la nature. Là se manifeste tout particulièrement l'unité profonde de la pensée occidentale. L'ordre social naturel de Grotius et Leibniz (mais qui sera aussi celui de Quesnay, Smith, Ricardo, Marx ou Parsons...) ressemble beaucoup à l'ordonnancement anthropocentrique du monde de la théologie thomiste.

La coupure est pourtant présente au sein de cette unité et elle est très importante. Elle éclate dans l'ordre politique par la profanation de Machiavel. Même si Machiavel n'est pas le réaliste-positiviste que l'histoire a retenu et que le sens de son œuvre est de redécouvrir la dignité du politique occultée par la tradition chrétienne[5] (renouant plus par là qu'il ne rompt avec Aristote), la philosophie du politique qu'il restaure ne rentre plus dans l'ordre du savoir : ni science ni théologie. Il s'agit bien d'un moment d'an-archie dans tous les sens du terme (rejet de l'*arkhè* comme commencement/fondement et comme pouvoir/ordre). Le monde moral est déboussolé. La société n'est plus pensable comme *communitas* ordonnée en vue du bien. Le retour de la métaphysique à sa *phusis* originelle embarrasse. Les discours sur la société (cité humaine et/ou cité de Dieu) font décombres et encombrent la voie. Il faut rétablir l'ordre social en recommençant sur de nouveaux frais une méta-physique.

Cette restauration de l'ordre sera commencée par Hobbes et achevée par Leibniz. La trace persistante de la différence d'avec l'ordonnancement ancien est parfaitement lisible. Bien qu'infime en apparence, la différence n'en est pas moins essentielle. Désormais, le modèle de l'ordre social est tiré de la nature, et non plus de la loi divine et humaine. Certes, le renversement est moins important qu'il n'y paraît, puisque l'ancienne théologie de la nature procédait en son origine d'une physique poétique ou *poietique* (fabricatrice). Toutefois, un déplacement s'est produit dans ces transformations successives, il concerne la conception de la nature. Si nous pouvons hasarder une formule un peu prétentieuse, nous dirions qu'avant, la transcendance de la nature était immanente, alors que désormais son immanence est devenue transcendantale. Ainsi, l'émancipation de la « physique théologique », « vierge frappée de stérilité » selon l'expression de Bacon de Verulam, conquiert sa fécondité en rendant la théologie politique veuve. Là est le désordre. L'opposition entre le « règne de la grâce et celui de la nature » introduite par les coups répétés de Galilée et Machiavel, et qui annonce l'avènement de la modernité, est maintenue comme différence dans la synthèse de Leibniz.

« Cette harmonie – entre le règne physique de la nature et le règne moral de la grâce [précisée au § 87 de la *Monadologie*] – fait que les choses conduisent à la grâce par les voies mêmes de la nature[6]. »

Le résultat de l'introduction de la différence, même après son annulation par Leibniz, est un changement d'attitude vis-à-vis de la société : l'émergence du regard « positif », « profane », « désacralisé » porté sur elle. Ces voies de la nature, postulées en harmonie avec le règne de la grâce, seront explorées par les physiocrates puis par Adam Smith.

Si l'ontothéotéléologie demeure, elle s'est déplacée ; elle n'est plus apparente dans la *doxa* (l'enseignement transmis), elle est présupposée et se retrouve implicitement dans les conclusions de l'utilisation de la méthode « scientifique » en science sociale. Si la physique sociale semble une vierge aussi stérile que la théologie physique, ce que le réarrangement fait émerger et dévoile, ce sont ces choses très « archaïques » ou principielles : la science et la théologie. Leur extraordinaire déploiement résulte de leur reconnaissance comme fondement. Ce déplacement « insignifiant » est, on en conviendra, lourd de conséquences.

III. LE TRIOMPHE DE LA « PHYSIQUE SOCIALE »

Le développement de la science physique moderne a tout de même fini par ébranler le postulat de base de l'unité de l'esprit et de la nature. La métaphysique de la science physique se limite au *monisme* de la matière, ou croyance en l'existence d'une substance matérielle une et unique. L'idéalisme objectif lui-même est abandonné. Il n'est plus besoin dès lors d'une « psychologie de la nature ». Toutefois, l'unité du réel est restaurée avec les matérialistes dès le XVIIIe siècle par la naturalisation de l'homme et la psychologie matérialiste. Chez les encyclopédistes, en particulier chez d'Alembert, la pensée est ramenée à une modification de la matière, suivant la formule célèbre : « Le cerveau sécrète la pensée comme le rein sécrète l'urine. » La conséquence logique est qu'il convient de rendre compte des réalités sociales, historiques et humaines avec l'aide des sciences naturelles. La physiologie approfondie et les conditions naturelles (climat, etc.) expliquent les « mœurs ». Cette conception matérialiste, illustrée par Descartes et Montesquieu, sert de toile de fond au positivisme de Comte, J.S. Mill, Taine, Claude Bernard, etc. Elle n'a pas vraiment débouché sur une science naturelle de la nature humaine, malgré le succès, au XIXe, des phrénologie et physiognomonie de toutes sortes [7].

Toutefois, le succès des sciences physiques a entraîné la floraison d'une suite de physiques sociales dont l'apothéose se situe à la fin du XIXe siècle et au début du XXe siècle [8]. Même si d'autres sciences ont exercé une influence non négligeable sur la science sociale (par exemple la biologie au XIXe siècle), la physique reste le référent ultime.

Il s'agit dans ces tentatives d'appliquer les méthodes éprouvées dans les sciences de la nature et de découvrir les lois du mouvement social. On s'efforce de mettre au jour le droit naturel ou ensemble de lois des sociétés humaines fondé sur une « physique de la nature humaine ». Hobbes inaugure la série en construisant une impressionnante physique politique sur le modèle galiléen. « Car tout homme, écrit-il, désire ce qui est bon pour lui et fuit ce qui est mauvais ; il fuit en tout premier lieu le plus grand des maux qui sont dans la nature : la mort ; et ceci en raison d'une nécessité naturelle qui n'est pas moindre que celle selon laquelle une pierre tombe vers le sol[9]. »

L'analogie entre la « mécanique » sociale et la mécanique naturelle est manifeste dans cette paraphrase de la loi de gravitation. La force d'attraction/répulsion est ici constituée par l'attrait du plaisir/fuite de la douleur et de la mort. L'intérêt personnel et égoïste est le grand mobile du mouvement social. Cette conception analogique est très largement répandue au XVIIIe siècle. « Si l'univers est soumis aux lois du mouvement, l'univers moral ne l'est pas moins à celles de l'Intérêt[10] » écrit Helvétius. John Locke, qui fut d'abord médecin et disciple du célèbre Sydenham, va, dans la trace de Hobbes, élaborer une physique juridique calquée sur le modèle de la mécanique rationnelle de Newton dont il est un fervent admirateur. Cette « physique morale » ou sociale obéit aux *principia mathematica* comme en témoignent les références à Euclide. « Là où il n'y a pas de propriété, écrit-il, il n'y a pas d'injustice, est une proposition aussi certaine que n'importe quelle démonstration d'Euclide[11]. » Sur la même lancée, Jeremy Bentham va construire une « physique pénale ». « Ce que Bacon fut pour le monde physique, déclare-t-il, Helvétius le fut pour le monde moral. Le monde moral a eu son Bacon, mais son Newton est encore à venir[12]. » Avec l'arithmétique des plaisirs, il pense prendre rang[13]... De leur côté, les physiocrates construiront une physique-physiologie de l'ordre social naturel sur le modèle de la circulation du sang de Harvey. Il s'agit de découvrir les lois de production et de circulation de ces produits réifiés de la *praxis* sociale que sont les fruits de la terre. L'ordre juridique et l'ordre politique ont perdu leur primauté et leur autonomie au profit de l'ordre économique qui fonde l'ordre naturel de façon plus crédible. L'observation des lois économiques positives et naturelles prouve l'harmonie universelle de Leibniz. La science a ainsi définitivement détrôné la philosophie. Adam Smith conçoit encore son économie politique comme un morceau formellement inclus dans son cours de philosophie morale. Toutefois, la parution séparée de cette troisième partie et son absence de lien (voire ses contradictions) avec la théorie des sentiments moraux (première partie) montrent bien que ce rattachement était devenu tout à fait arbitraire.

IV. L'ANTHROPOLOGIE NATURALISTE

L'anthropologie impliquée par l'ordre social naturel est une anthropologie naturaliste. Tout l'édifice des sciences sociales contemporaines repose ainsi sur une hypothèse implicite d'anthropologie naturaliste, dont l'*homo œconomicus* est la figure la plus achevée. Cette hypothèse se résume dans la formule : « Il y a une nature humaine », nature tout naturellement naturelle. Ceci est particulièrement manifeste en économie politique. La subsistance des hommes est le fondement de la société. Animal naturel, l'homme est un sujet de besoins matériels. Le fondement matériel-naturel résulte du trajet Hobbes-Ricardo, mais il se trouve aussi chez Leibniz, Hegel et Marx. L'anthropologie de l'économie de Marx est tout à fait hédoniste-naturaliste. La seule différence entre Marx et les libéraux porte sur le niveau de concordance des intérêts (la place de l'antagonisme).

Si cette anthropologie triomphe dans l'économie politique, elle n'en est pas moins sous-jacente à toutes les sciences sociales (y compris l'anthropologie culturelle !). L'anthropologie naturaliste est, en effet, une autre façon de saisir l'ordre social naturel et, comme telle, constitue bien le fondement de la science sociale comme physique sociale.

L'individu (équivalent de l'objet physique) est le siège de forces contraires indépendantes de sa volonté. Ces forces d'attraction-répulsion vont commander la gravitation politique et sociale. L'attraction pour le plaisir deviendra naturellement une propension à consommer, la répulsion à la souffrance et à la mort deviendra bientôt répugnance au travail gratuit. L'hédonisme se dégrade ainsi « naturellement » en utilitarisme calculateur, pour permettre une évaluation des forces centrifuges et centripètes de cette attraction universelle. L'homme des sciences sociales ne sera ainsi qu'un agent mû par des forces opposées dont le « moment » déterminera l'action.

V. LES TROIS FORMES DE LA PHYSIQUE SOCIALE ET LA MÉTHODE EXPÉRIMENTALE

La fascination engendrée par la physique moderne (Galilée) entraîne non pas une mais au moins trois conceptions différentes de la physique sociale. Plus exactement, la transplantation dans un champ différent devait amener inéluctablement une série de coupures.

La première forme, annoncée par d'Alembert et l'homme-machine de La Mettrie, repose sur le matérialisme le plus étroit. Elle se développe avec la psychologie expérimentale et la psycho-physiologie. Les tentatives, précédemment évoquées, de Gall et Lavater montrent à quelles aberrations il est facilement possible d'aboutir. Cependant, cette conception seule est véritablement cohérente. Elle nie toute spécificité du fait psychique et de la vie sociale. Il n'y a ni objet social, ni *a fortiori* de méthode spécifique à l'étude de la réalité historique. La deuxième conception est celle que l'on vient de voir au paragraphe précédent, mise en œuvre par Hobbes et ses successeurs. Sa base philosophique est l'hédonisme-utilitarisme anglo-saxon qui trouve son épanouissement dans l'économie politique (y compris néoclassique). On en rencontre de multiples expressions chez les économistes du XIXe siècle. « Elle [la science économique] cherche, écrit l'un d'eux, à découvrir les lois qui règlent le travail et la production, comme l'astronomie calcule les lois qui règlent la marche des planètes, et c'est par là même qu'elle est une science [14]. »

Le social y est fondé à partir des atomes individuels. Ces atomes individuels sont mus par une force : la poursuite du plaisir/utilité (*hedonê* en grec). On recherche les lois du mouvement de la société à partir de l'analyse des forces qui agissent sur elle. Le fait social n'est pas forcément nié, car rien ne prouve que la vie sociale se situe dans le prolongement de la vie naturelle. Simplement, le mouvement social est construit sur un mode analogique. Le parallélisme des objets justifie l'unité de la démarche.

Bien que très probablement engendrés par la physiologie des agents, les faits moraux conservent une autonomie provisoire. Ils agissent les uns sur les autres, donnant ainsi naissance à la science sociale. John Stuart Mill expose très clairement cette position : « Sans doute, écrit-il, on ne doit jamais perdre de vue ni déprécier les rapports de cette science avec la physiologie. Il ne faut pas oublier que les lois de l'esprit peuvent être des lois dérivées des lois de la vie animale, et que par conséquent, elles peuvent dépendre en dernière analyse de conditions physiques ; et l'influence des états ou des changements physiologiques sur les successions mentales qu'ils modifient ou contrarient est un des sujets les plus importants de la psychologie. Mais d'un autre côté, je regarde comme une erreur tout aussi grande en principe et plus sérieuse encore en pratique, le parti pris de s'interdire les ressources de l'analyse psychologique, et d'édifier la théorie de l'esprit sur les seules données que la physiologie peut actuellement fournir. Si imparfaite que soit la science de l'esprit, je n'hésiterai pas à affirmer qu'elle est beaucoup plus avancée que la partie correspondante de la physiologie, et abandonner la première pour la seconde me semble une infraction aux véritables règles de la philosophie inductive, infraction qui doit conduire, et conduit, en effet, à des conclusions erronées dans plusieurs branches très importantes de la science de la nature humaine[15]. »

La troisième conception est celle d'Auguste Comte et du positivisme. La négation du social importe peu et le matérialisme intégral reste une hypothèse dont on peut, à la limite, se passer. On ne s'intéressera pas non plus à singer la physique et à construire une théorie déductive du mouvement social sur le mode de la mécanique rationnelle. Auguste Comte critiquera vertement l'économie politique ricardienne et les tentatives antérieures de « science sociale ». Ce qui compte c'est la méthode. La méthode expérimentale est le seul critère de scientificité. Le champ social, quelles que soient son origine et sa nature, doit être investi par la seule méthode susceptible d'apporter des résultats scientifiques, celle éprouvée dans les sciences de la nature. Ainsi est conçue et fondée la sociologie. Tout le positivisme tient dans le raisonnement suivant : il y a un domaine du savoir qui a fait ses preuves : la physique. Sa validité repose sur sa méthode. Cette méthode est donc le critère de la scientificité. Le fait que cette méthode soit inconsistante, qu'elle se heurte à toute une série d'objections de la gnoséologie traditionnelle (la vieille philosophie de la connaissance) ne tient pas devant l'évidence spectaculaire de la réussite des applications concrètes de la science physique moderne.

Le savoir social, s'il se veut scientifique, ne peut résulter que de l'application de la méthode scientifique à la connaissance des faits sociaux.

Au départ, ces trois conceptions ne s'excluent pas. Chez Hobbes et Locke, la physique sociale se fonde sur une psychologie-physiologie matérialiste et on pense bien appliquer au fait humain la même méthode que celle de la physique. Toutefois, l'unité théorique des trois volets éclate en pratique ; historiquement, on a glissé de la première à la troisième conception. Ernst Mach, qui tente, au début du XXe siècle, une restauration philosophique du positivisme, retrouve naturellement l'exigence d'unité du réel qu'il pense résoudre avec le *monisme* des « éléments », sorte d'atomes de sensation dont est constituée la réalité (naturelle ou morale). La tendance à « naturaliser » complètement le social refait périodiquement surface. Le succès récent de la sociobiologie en témoigne.

Après le positivisme, la question évolue peu dans la tradition anglo-saxonne dominante. Le problème de la nature de l'objet social passe au second plan. Ni les logiciens du cercle de Vienne, ni Karl Popper, ni Bachelard et ses disciples, ni Kühn, ni même la plupart des marxistes[16] ne se posent beaucoup de questions à ce sujet. Les discussions portent presque exclusivement sur la méthode ou la démarche. Y a-t-il une science unique fondée sur un langage unique, celui de la physique expérimentale, s'interroge Carnap ? A-t-on plutôt affaire à de multiples sciences mais avec une méthode unique, celle de la physique théorique, demande Popper ? Ne s'agit-il pas de démarches concrètes différentes dans un cadre unique selon Bachelard et Althusser ? Seuls les philosophes allemands (aussi bien les phénoménologues Heidegger et Gadamer, que les disciples de Dilthey et de Nietzsche, ou que les marxistes de l'école de Francfort) doutent de la science et de son unité.

VI. UNITÉ DE LA SCIENCE ET UNITÉ DU RÉEL

Le positivisme et le néopositivisme ne semblent pas postuler au départ l'unité du réel, à la différence de certaines tentatives antérieures. Ce qui les intéresse, c'est l'unité et l'unicité de la méthode comme critère de la scientificité. Pourtant, le succès d'une méthode dans un domaine ne suffit ni à valider cette méthode en logique, ni à en justifier l'extension à d'autres domaines.

Le positivisme se heurte ici à une impasse : il ne peut reconnaître la spécificité du champ social qu'à condition de s'interdire de l'analyser comme tel. Si le champ social n'est pas spécifique il faut revenir à la position de D'Alembert, et plutôt que de la sociologie il faut faire de la psychologie collective ou de la sociobiologie en s'adressant à des physiologistes et des généticiens, en attendant de ramener la biologie à la physique et à la chimie. Si l'on veut, au contraire, étendre la méthode expérimentale au champ social, il faut postuler, à défaut de le prouver, que celui-ci est structuré comme le champ naturel. En d'autres termes, il faut des « faits » sociaux face à un sujet épistémique extérieur à eux.

L'unité du réel est donc bien un postulat nécessaire à la conception scientiste de la connaissance de la réalité sociale. Toutefois, on ne tire pas de ce postulat toutes ses implications (ne faire que de la physiologie sociale). Surtout, ce postulat implicite reste en arrière-plan par rapport à l'unité de la science. La « naturalité » du social, marque de l'unité du réel, se dévoile comme « par hasard » dans la pratique scientifique puisqu'on utilise « la » méthode expérimentale. Cette utilisation fait voir le social comme une donnée physique.

Le matérialisme de la tradition socialiste adopte tout naturellement comme révolutionnaire, anti-obscurantiste, antithéologique et antiféodale cette idéologie des Lumières. Bakounine, par exemple, revendique fièrement la double unité du réel et de la méthode. « La concordance qu'établit la philosophie positive, écrit-il, n'est point une simple juxtaposition, c'est une sorte d'enchaînement organique par lequel, commençant par la science la plus abstraite, celle qui a pour objet l'ordre des faits les plus simples, les mathématiques, on s'élève de degré en degré aux sciences comparativement plus concrètes qui ont pour objet des faits de plus en plus composés. Ainsi, des mathématiques pures, on s'élève à la mécanique, à l'astronomie, puis à la physique, à la chimie, à la géologie et à la biologie (y comprenant la classification, l'anatomie et la physiologie comparée des plantes d'abord, puis du règne animal), et on finit par la sociologie qui embrasse toute l'humaine histoire en tant que développement de l'être humain collectif et individuel dans la vie politique, économique, sociale, religieuse, artistique et scientifique. Il n'y a entre toutes ces sciences qui se suivent depuis les mathématiques jusqu'à la sociologie inclusivement, aucune solution de continuité. Un seul Être, un seul savoir, et au fond, toujours la même méthode[17]. » Comme le remarquera Paul Feyerabend, rien de moins anarchique que ce culte de la science[18] !

VII. LA DÉRIVE DU MYTHE

L'utilité de la nouvelle invention ne s'est pas fait attendre. L'ordre social naturel n'est autre, en fin de compte, que celui du capitalisme. La science sociale sert à montrer que les intérêts de la bourgeoisie sont des lois aussi rigoureuses et intangibles que le principe d'Archimède.

L'institution de la société libérale repose sur la science sociale. Burke le déclare plus cyniquement que tout autre. Le gouvernement ne peut rien contre la misère, il n'est pas de la « compétence du gouvernement, en tant que gouvernement, ou des riches en tant que riches, de pourvoir les pauvres du nécessaire qu'il a plu à la Divine Providence, pour un temps, de leur refuser ». Il ajoute de façon significative : « Nous devons nous rendre compte que ce n'est pas en portant atteinte aux lois du commerce qui sont les lois de la Nature et les lois de Dieu par conséquent, que nous pouvons espérer adoucir le courroux divin[19]. »

Cet « intérêt de la connaissance » sera très vite démasqué par les socialistes. Marx ira plus loin. On sait avec quelle virulence il dénonce le naturalisme des économistes classiques et donc leur physicalisme. « En disant que les rapports actuels – les rapports de production bourgeois – sont naturels, les économistes font entendre que ce sont là des rapports dans lesquels se crée la richesse et se développent les forces productives conformément aux lois de la nature. Donc ces rapports sont eux-mêmes des lois naturelles indépendantes de l'influence du temps. Ce sont des lois éternelles qui doivent toujours régir la société[20]. »

Toutefois, sans verser dans le positivisme de Bakounine, Marx ne critique ni le scientisme ni l'imaginaire de la science. À aucun moment, l'unité du réel n'est mise en doute ; aussi, après avoir penché vers une socialisation de la nature, il retombe dans le naturalisme dénoncé. Marx et Engels semblent avoir recueilli le mythe de l'unité du réel et de la science de l'héritage hégélien ; de là, leur position fort curieuse. La conception que Marx se fait de la science sociale ou historique doit plus à Hegel qu'à Auguste Comte. Il s'agit de comprendre comment les classes sont produites dans les modes de production et comment ces modes se transforment sous les coups des luttes de classes. On sait que cette recherche de compréhension de la production de la réalité sociale, Marx va la faire par la critique de l'économie politique. Cette démarche est aux antipodes de la méthode expérimentale préconisée par le positivisme ; elle diffère tout autant du naturalisme de Ricardo ou du monisme matérialiste des Encyclopédistes. Néanmoins, Marx est lui aussi fasciné par la science. Comme la bourgeoisie libérale allemande attachée à l'*Aufklärung* (la philosophie des Lumières), il voit dans la science moderne l'adversaire de l'obscurantisme clérico-médiéval qui restera son pire ennemi. De plus, la science moderne, la physique ou le darwinisme sont matérialistes au sens le plus profond du terme ; si le savant peut avoir la foi du charbonnier, c'est son affaire, sa science n'a pas besoin de l'hypothèse divine. Par son matérialisme et sa signification historique, la conception marxiste de l'histoire se rattache à la science.

Dans les manuscrits de 1844, on trouve cette curieuse déclaration : « Un jour, les sciences naturelles engloberont les sciences de l'homme tout comme la science de l'homme englobera les sciences naturelles : il n'y aura qu'une science. » Il s'agit, certes, d'une sorte d'aspiration nostalgique à une philosophie de la nature qui serait matérialiste. La matérialisation de Hegel ne suffit pas à aboutir à une « physique sociale ». Toutefois, Marx n'échappe absolument pas à la prégnance du modèle. Un texte de 1842 révèle même comment, avant de s'abandonner à l'économie politique, il rêvait d'une « physique politique ». « Aussitôt avant et après le moment où Copernic fit sa découverte du véritable système solaire, écrit-il, on découvrit en même temps la loi de gravitation de l'État : on s'aperçut que son centre de gravité était en lui-même... Machiavel et Campanella d'abord, puis Spinoza, Hobbes, Hugo Grotius et jusqu'à Rousseau, Fichte, Hegel, se mirent à considérer l'État avec des yeux humains et à en exposer les lois naturelles, non d'après la théologie, mais d'après la raison et l'expérience[21]. » Dans l'évolution du marxisme, la dérive vers le positivisme sera de plus en plus prononcée. Ce glissement s'étaye sur le postulat de Marx énoncé par Engels à savoir que « le développement de la formation économique de la société est assimilable à la marche de la nature[22] ». L'unité des sciences paraît d'abord chez Engels avec des relents de métaphysique. La « dialectique de la nature » inaugure une extension curieuse des lois historiques à la nature vivante. Ce dogmatisme va se combiner avec de plus en plus de positivisme chez Lénine et ses successeurs au point d'aboutir à un culte non scientifique de la science. La science, dont l'Union soviétique s'est proclamée la patrie, allie, dans une sorte de communion où sciences sociales et sciences naturelles participent, le positivisme le plus plat et des restes de dogmatisme.

L'ordre social naturel ne sert pas seulement d'assise imaginaire à l'institution de la société libérale capitaliste, mais aussi, avec quelques retouches et au prix de petites contradictions, à celle du socialisme réel.

VIII. LA FIN DU MYTHE

Pour conclure, remarquons que l'instauration de l'ordre social naturel est ambiguë. Dans cette ambiguïté, quelque chose de l'ordonnancement aristotélicien ne laisse pas de persister. L'ordre « naturel » que révèle l'étude positive de la société (ou plutôt de l'espèce humaine), ne s'épanouit pleinement que grâce à une intervention problématique, celle du despote éclairé des physiocrates ou du commissaire-priseur walrassien. L'État rationnel n'est pas l'État de nature. L'anarchie n'est plus le résultat d'une dégénérescence ou d'une *hubris*, elle est le chaos original et originaire, la source d'où émerge Léviathan, un monstre dont le bras de fer se termine par une main invisible... L'ordre naturel n'annule donc pas le politique ; au mieux, il fonde une politique de l'annulation du politique. « Si le flambeau de la raison y éclaire le gouvernement, déclare Quesnay, toutes les lois positives nuisibles à la société et au souverain disparaîtront[23]. » Toutefois, cet ordre naturel, le plus avantageux au genre humain, ne se produit pas spontanément.

Cet ordre immuable épargne au despote la tâche ingrate dévolue naguère au roi-philosophe platonicien de régler le nombre des citoyens, la couleur de leurs habits, leur fortune. Le changement, sous la forme réglée de l'accumulation illimitée de richesses des citoyens privés, encore appelé progrès ou développement, découle de l'ordre immuable lui-même. Alors qu'auparavant aucun « développement » d'une cité ordonnée n'était concevable, que tout changement quantitatif était désordre, désormais, le nombre est libéré, la qualité de l'ordre réside précisément dans ce déploiement même de la quantité. La fin de la société, ou plutôt toute autre fin que cette accumulation pour l'accumulation, ne préside plus à son ordonnancement, puisqu'un ordre spontanément conforme aux intérêts de chacun et de tous peut être institué. Il suffit que le bien commun soit jugé compatible avec la poursuite de l'intérêt personnel égoïste (la fable des abeilles) et qu'il se trouve un prince pour imposer et faire respecter la règle du jeu (la propriété privée et la concurrence). Avec Margaret Thatcher et Ronald Reagan, ce sera chose faite...

Quesnay et Leibniz semblent se renvoyer la balle à qui mieux mieux. « Ces lois [les lois naturelles, physiques ou morales], déclare le premier, forment ensemble ce qu'on appelle la loi naturelle. Tous les hommes et toutes les puissances doivent être soumis à ces lois souveraines instituées par l'Être suprême : elles sont immuables et irréfragables et les meilleures lois possibles, par conséquent la base du gouvernement le plus parfait, et la règle fondamentale de toutes les lois positives ; car les lois positives ne sont que des lois de manutention relatives à l'ordre naturel évidemment le plus avantageux au genre humain[24]. » À quoi Leibniz répond : « Nous devons remarquer ici encore une autre harmonie entre le règne physique de la nature et le règne moral de la grâce, c'est-à-dire entre Dieu considéré comme Architecte de la machine de l'univers et Dieu considéré Monarque de la cité divine des Esprits. Cette harmonie fait que les choses conduisent à la grâce par les voies mêmes de la Nature[25]. » Cette absolue nécessité d'une fondation du cadre, de la règle ou de la bourse... par un code civil et un dictateur de marché, est littéralement scotomisée par l'idéologie libérale. L'ombre du législateur platonicien est-elle vraiment conjurée ? Chez Thomas More et chez Campanella, puis chez tous les socialistes utopiques, elle sera présente, comme elle fut présente dans le socialisme réel et dans le tiers-monde pour instituer l'économique et l'ordre de l'accumulation.

Le questionnement de cette fondation inquiétante est une autre voie de la déconstruction du mythe fondateur complémentaire de celle présentée dans le corps de ce chapitre.

Les attaques frontales contre la science et ses assises imaginaires sont encore rares et leur portée reste limitée. Elles sont cependant de plus en plus précises. De Paul Feyerabend à Jean-Marc Lévy-Leblond, les scientifiques participent eux-mêmes à la destruction du grand mythe, mais les « intérêts » de la science, à l'Ouest, à l'Est et dans le tiers-monde, sont si puissants que l'on peut prévoir que celle-ci a encore de beaux jours devant elle. La séparation de l'État et de la Science « la plus récente, la plus agressive et la plus dogmatique des institutions religieuses » réclamée par Feyerabend, n'est pas pour demain, pas plus d'ailleurs que celle autrement plus dangereuse de la Science et des firmes transnationales. « Une telle séparation, ajoute-t-il, est sans doute notre seule chance d'atteindre l'humanité dont nous sommes capables mais sans l'avoir jamais pleinement réalisée[26]. » Toutefois, le mythe de l'ordre social naturel qui sous-tend la construction économique est entré dans une phase de crise sinon de décomposition avancée.

CHAPITRE V

Histoire et économie : d'un mariage raté à un divorce impossible

Les malentendus d'une cohabitation conflictuelle[1]

> « L'histoire est le produit le plus dangereux que la chimie de l'intellect ait élaboré [...]. L'histoire vérifie ce que l'on veut, elle n'enseigne rigoureusement rien, car elle contient tout et donne des exemples de tout[2]. »
>
> Paul Valéry

Dans le *Banquet*, Platon suppose un androgyne primordial dont la scission explique tout à la fois l'attirance des sexes et la difficulté pour chacun de trouver sa véritable autre moitié. Quand la philosophie morale originelle s'est scindée au XVIIIe siècle en science économique et histoire (ou sciences historiques, sociales ou politiques), il s'est produit quelque chose du même ordre. En devenant une *physique sociale*, l'économique tentait de découvrir les lois éternelles, a-spatiales et transhistoriques de la gravitation universelle des marchandises au sein de l'univers social et d'en donner des formulations rigoureuses, si possible sous forme d'équations mathématiques. Toutefois, par son ancrage dans la société, elle ne pouvait échapper à la contingence des institutions, à la complexité de la psychologie des agents, à la diversité des cultures et peut-être même à l'aléa des événements, bref à l'historicité. Le divorce avec l'histoire entraîne *ipso facto* une problématique scission d'avec les autres sciences morales et politiques, en particulier l'ethnologie et la sociologie. Selon la leçon de Paul Veyne, on peut tenir, en première approximation, l'ethnologie pour une sociologie des peuples sans histoire et la sociologie pour l'histoire du présent (et bien sûr l'histoire pour l'ethnologie et la sociologie du passé...)[3]. L'économie et l'histoire sont donc condamnées à se rechercher, à tenter des rapprochements divers et même à ébaucher des mariages. Ces mariages, toutefois, sont toujours voués à l'échec. Les malentendus de cette cohabitation difficile et conflictuelle commencent pratiquement aussitôt qu'est consommée la scission fondatrice. Auguste Comte, comme on sait, rejette le schématisme abstrait de l'économie politique ricardienne et pose en revanche les assises de la *vraie* science de l'histoire humaine, la sociologie. Wilhelm Roscher, stigmatisant sous le nom d'*homo œconomicus* la nouvelle espèce animale calculatrice inventée par les économistes classiques, tente un premier mariage entre histoire et économie, en fondant l'école historique allemande. Cette tentative, toujours recommencée, avec la nouvelle école historique, avec l'institutionnalisme allemand, puis américain, avec les néo-institutionnalismes et jusque dans les tentatives actuelles de l'école des conventions et de la *new economic history*, a échoué. La science économique a progressé en devenant plus abstraite et plus mathématique encore, plus désincarnée et plus a-historique. Les offensives des historiens économistes et des économistes historiens, relayées par les économètres pour acclimater « la méthode positive en économie », selon l'ambition de François Simiand qui voulait faire de l'économie la « science de la réalité économique », n'ont guère eu plus de succès, en dépit d'indéniables résultats[4]. De son côté, le matérialisme historique inauguré par Marx devait être une science de l'histoire accomplissant, abolissant et dépassant (la fameuse *aufhebung* hégélienne) l'économie politique anglaise, la philosophie de l'histoire allemande et le socialisme utopique français, suivant une formule célèbre de Lénine[5]. On ne peut pas dire qu'en dépit d'impressionnants résultats ce programme de recherche ait abouti à réaliser ses ambitions initiales. Sa reprise plus timide, sur nouveaux frais, par l'école régulationiste n'a pas non plus scellé l'union définitive attendue.

Du côté des historiens, le concubinage a donné quelques beaux rejetons, sans lever pour autant bien des équivoques, ni éliminer rancœur et frustration[6]. Il n'est pas question, bien sûr, dans le cadre restreint de ce chapitre, de retracer toutes les péripéties de ce long et inéluctable malentendu, mais avant de tenter de préciser les raisons fondamentales du non-mariage en même temps que celles de l'impossibilité du divorce, nous évoquerons à titre d'illustration deux tentatives particulièrement intéressantes, selon nous, celle des régulationnistes français et celle de Max Weber. Ces deux exemples illustrent la situation inconfortable, voire paradoxale, de l'*hétérodoxie* en économie.

I. DEUX TENTATIVES DE MARIAGE : DE L'IMPOSSIBLE HISTORICISATION DE L'ECONOMIE AU REJET DE L'ECONOMICISATION DE L'HISTOIRE

« Le recours à l'histoire, écrivent Pierre Dockes et Bernard Rosier, doit permettre de faire de l'analyse économique d'une autre façon, une façon qui la spécifie dans le temps et dans l'espace, lui rende l'épaisseur de la longue durée, l'intègre dans le mouvement social, le jeu des conflictualités et dans une temporalité de l'irréversible, celle de l'apprentissage et de la mémoire, des occurrences qui dépendent du passé, celle de l'innovation, au lieu de l'aplatir dans des modélisations a-historiques, oublieuses du social, sans grande pertinence et faiblement heuristiques[7]. » Telle est bien l'ambition de tous ceux qui veulent *historiciser* l'économie. Le choix des régulationnistes et de Max Weber pour illustrer notre analyse, dans ces conditions, n'est pas dû tout à fait à l'arbitraire. La *new economic history* mise à part, toutes les tentatives d'*historiciser* l'économie condamnent leurs auteurs à l'hétérodoxie. Toutes les hétérodoxies en revanche n'accordent pas nécessairement une place à l'histoire. Il en est ainsi des « circuististes[8] » et, dans une moindre mesure, des néoricardiens ou sraffaiens. La *new economic history* ne constitue pas vraiment une exception à cette règle, car il s'agit moins pour North et ses disciples d'*historiciser* l'économie que d'*économiciser* l'histoire. En postulant la transhistoricité de l'*homo œconomicus* et l'universalité de la rationalité économique, ce courant réduit toutes les organisations sociales ayant existé dans l'histoire à des *méta-marchés*, plus efficaces que le marché de la théorie pure dans des contextes culturels différents.

L'école de la régulation constitue, en revanche, une tentative récente, toujours active, et de plus française dans son origine, de renouveler l'historicisation de la science économique. Certes, on aurait pu choisir l'école dite des conventions, cette forme hexagonale du néo-institutionnalisme. Elle est aussi l'un des refuges de l'hétérodoxie et les régulationnistes ont noué des alliances avec elle. Toutefois, si cette école est née, pour partie, d'une réflexion sur l'histoire des concepts statistiques, avec Desrosières et Salais, et si l'élaboration des « institutions » suppose un minimum de construction historique, le recours à l'histoire reste tout de même limité. Il s'agit plus d'un préalable pour la mise en place des conditions de bon fonctionnement des mécanismes économiques, et en particulier du marché intemporel, que d'une dimension essentielle de l'économicité. Elle tend même à se dissoudre purement et simplement dans la logique a-temporelle d'une théorie des jeux qui fonctionne comme *métathéorie* par rapport à l'économique standard[9].

Quant à Max Weber, il représente pour un certain nombre d'intellectuels, sinon d'économistes, la réussite la plus convaincante de ce qu'on peut faire en matière de science sociale. Il est loisible de soutenir qu'il réalise vraiment une synthèse de l'économie et de l'histoire. Toutefois, à son corps défendant, les économistes ne l'ont pas reconnu comme l'un des leurs et l'ont rejeté dans les ténèbres de la sociologie. Ce destin tragique recèle une leçon exemplaire.

1. Les régulationnistes ou l'impossible historicisation de l'économie[10]

L'ambition proclamée de l'analyse régulationniste est d'articuler théorie économique et histoire. Il s'agit de nourrir l'analyse économique abstraite de la « chair » historique tout en dotant l'histoire de la rigueur des mécanismes économiques. Les proclamations de foi sur le fait que la réalité sociale forme un *tout* dans lequel on ne peut découper arbitrairement ni privilégier un champ exclusivement économique et encore moins autonomiser une instance technique sont légion. Les rapports sociaux, et non pas les seuls rapports économiques, forment la trame de l'histoire et la source de ses drames. Les luttes de classes s'articulent aux mécanismes économiques pour modifier le fonctionnement de la machine et engendrer de l'inédit qui fait la spécificité de l'histoire.

Dans la théorie « classique » de la régulation, l'ouverture de l'économie sur l'histoire et la société se fait par l'introduction des formes institutionnelles et tout particulièrement l'État, les rapports sociaux, surtout le rapport salarial, et enfin la monnaie. Ces éléments, à leur tour, sont historicisés, par emprunt d'analyses à des historiens de profession ou à des anthropologues, ce qui peut donner lieu à de savantes et judicieuses constructions.

Le fait de redonner une place centrale aux mouvements de longue durée chers à Fernand Braudel et d'introduire le décor institutionnel suffit-il pour garantir l'historicisation du monde ? Force est de constater que la fusion proclamée et réclamée de l'économie et de l'histoire par la critique de l'économisme n'est pas vraiment réalisée. L'extériorité des éléments historiques par rapport à l'économie demeure inchangée. Cette extériorité provient du fait que l'économie existe ou continue d'exister comme un lieu autonome par rapport à eux. Cette configuration définit et situe ces éléments comme exogènes et en fige ultimement la nature.

Il en résulte que l'historicité de ces éléments eux-mêmes, à la différence de leur fonctionnement, n'est pas vraiment pensée ni prise en compte par l'analyse. Il en est ainsi du concept d'État ou du concept de travail, par exemple. L'appréhension du changement historique de l'économie se heurte en conséquence à des limites qui tiennent au malentendu épistémologique sur l'articulation entre la théorie économique et l'histoire. La difficulté des régulationnistes à penser la crise de l'État et surtout à modifier leur dispositif en conséquence illustre leur situation ambiguë et les limites de leur rupture avec l'économisme. L'absence flagrante de prise en compte de l'historicité du cadre national-étatique n'est pas un oubli de l'histoire, elle résulte ultimement du refus de penser l'historicité de l'économique. L'échec du projet de fusion de l'économie et de l'histoire tient à ce que, sur la scène de l'histoire, on a jugé indispensable de faire venir l'économie sous la forme de la *machine* économique. Entendons-nous bien, il ne s'agit pas de répudier l'évidente spécificité d'un territoire, même une fois les frontières abolies, ni de nier certains aspects mécaniques à l'intérieur de ce domaine. Il s'agit de l'autonomisation nécessaire et inéluctable de ce champ, une fois postulé son fonctionnement automatique. Il faut donner acte à Jacques Lesourne, orfèvre en la matière, quand il déclare : « Le noyau dur de la théorie économique ignore l'histoire[11]. » Refusant de recracher ce noyau dur, les régulationnistes ne peuvent éviter un certain impérialisme de l'économie qui constitue l'essence de l'économisme. Le pape de la secte, Robert Boyer, peut proclamer avec raison que l'économie ne peut oublier qu'elle s'inscrit dans l'Histoire, le mariage attendu n'a pas eu lieu[12].

2. Max Weber ou le rejet par l'institution

Le cas de Max Weber est tout à fait significatif du destin du mariage de l'histoire et de l'économie. Il subit le sort des historicistes et des institutionnalistes, ses prédécesseurs, mais du fait de l'ampleur de sa démarche intellectuelle, ce destin prend un relief particulier. On classe généralement Max Weber avec les deux géants, ses complices et rivaux, Werner Sombart et Georg Simmel, sous l'étiquette de la « sociologie compréhensive ». Pourtant, toute sa vie, Weber a protesté contre son classement comme sociologue. Il enseignait l'économie, et la lecture de son *Esquisse d'une histoire universelle de l'économie et de la société* publiée en français sous le titre *Histoire économique* révèle une indiscutable compétence économique[13]. Ce n'est pas un hasard si son œuvre maîtresse et monumentale, malheureusement inachevée, s'intitule : *Économie et société*[14]. Si Max Weber s'efforce d'expliquer l'émergence de l'économie moderne avec le brio que l'on sait et qui ne se réduit pas à la thèse trop connue et le plus souvent mutilée de *L'Éthique protestante et l'esprit du capitalisme*, il ne rejette pas, loin de là, l'économie néoclassique. Il considère qu'elle correspond parfaitement aux lois de fonctionnement de l'économie moderne rationnelle[15]. L'ennui, du point de vue des économistes, est qu'il relativise ces lois ; elles ne sont pas l'alpha et l'oméga de l'univers social, et ces limitations portent atteinte à la majesté de la science économique.

Pourtant, Max Weber se revendique aussi de l'individualisme méthodologique, base de la méthode de raisonnement de l'économie orthodoxe. Cette adhésion proclamée permettra à Talcott Parsons et, plus récemment, à Raymond Boudon, de se considérer comme des disciples du maître. Là, le malentendu est total. Max Weber ne fait pas ce qu'il dit faire. Son épistémologie *diurne* ne correspond pas à son épistémologie *nocturne*, comme aurait dit Bachelard. L'individu sur lequel il raisonne est très peu un *homo œconomicus*, c'est un homme socialisé par l'histoire et qui fait l'histoire comme l'histoire l'a fait. Il y a dans les fascinantes analyses de Max Weber plus de holisme implicite que d'individualisme méthodologique explicite. Cornélius Castoriadis qui se reconnaît à juste titre comme un héritier de Max Weber s'en explique fort bien[16]. Il rejette, quant à lui, explicitement l'individualisme méthodologique et bien qu'ayant, lui aussi, gagné sa vie comme *économiste* (expert de l'OCDE pendant les heures ouvrables et philosophe militant dans ses loisirs...), il ne manque jamais une occasion de dénoncer le réductionnisme de la science économique. Il n'est pas étonnant, dans ces conditions, que les économistes aient refusé de voir en Max Weber l'un des leurs. L'introduction, même à haute dose, d'économie, et même de raisonnements économiques, dans l'approche holiste de la réalité sociale ne suffit pas pour obtenir le label d'économiste. On est pas économiste à moitié. N'est économiste que celui qui n'est qu'économiste[17].

II. LES RAISONS DU DIVORCE ET DE L'IMPOSSIBLE RUPTURE

Les leçons de l'examen des cas de Max Weber et de l'école régulationniste éclairent les raisons du divorce et de l'impossible rupture : le noyau dur de la science économique ne permet pas les partages et les compromis, mais le décalage flagrant entre les événements et l'univers enchanté de l'économie pure exige constamment la réintroduction de l'historicité.

1. Les raisons d'un divorce

Le divorce tient d'abord à l'existence d'un noyau dur qui exclut l'histoire de sa constitution interne : cela ne se manifeste pas seulement dans le modèle théorique de l'économie pure, mais aussi, de façon plus insidieuse, dans les modèles empiriques, qu'il s'agisse de politique économique ou d'analyse conjoncturelle.

John Stuart Mill, l'économiste-philosophe qui a sans doute le plus réfléchi au statut de la science économique, formule parfaitement l'hypothèse d'autonomie, sa signification et les conditions de sa validité. « *Il y a, par exemple, une vaste classe de phénomènes sociaux*, écrit-il, dans laquelle les causes immédiatement déterminantes sont en première ligne celles qui agissent par le désir de la richesse, et dont la principale loi psychologique, familière à tout le monde, est qu'on préfère un gain plus grand à un moindre. J'entends par là cette partie des phénomènes de la société qui résulte des opérations industrielles ou productives des hommes, et de ceux de leurs actes par lesquels s'opère la distribution des produits de ces opérations industrielles, en tant qu'elle n'est pas effectuée par force ou modifiée par le don volontaire [18]. » En dissociant ainsi les comportements *intéressés* et les actions qui en découlent du reste de la réalité sociale, il serait possible, selon Stuart Mill, d'expliquer et de prévoir les phénomènes qui concernent cette sphère arbitrairement découpée dans la vie collective en faisant abstraction du reste. « On peut ainsi, conclut-il, constituer une science qui a reçu le nom d'économie politique. »

Le noyau dur est clairement défini par cette opération. C'est une combinaison de la définition par le domaine, selon la formule célèbre de J.-B. Say, et de la définition non moins célèbre de Lionel Robbins, par le comportement. Les néoclassiques n'auront pratiquement rien à y reprendre. Il convient simplement de prendre la mesure de ce qu'implique ce coup de force, présenté comme une décision tout à fait raisonnable. Il implique d'abord un choix anthropologique. À l'intérieur de la sphère économique, régnera de façon exclusive – c'est la condition de son autonomie – un individualisme/utilitarisme qu'on pourrait appeler banal ou ordinaire, comme on parle de racisme ordinaire. Au fronton du paradis des économistes est écrit en lettres monumentales : « N'entrent ici que des unités individuelles calculantes. » C'est à partir de cet atomisme social qu'à l'intérieur de cette sphère peuvent être construites des entités collectives éventuelles sur la base de contrats librement négociés (les conventions) ou de calculs du type de ceux du dilemme du prisonnier et de la théorie des jeux. Cela implique donc *ipso facto* une méthode : l'individualisme méthodologique. Dans la sphère économique, il s'agit de la base du raisonnement, tandis que dans le même temps, de déduction en déduction, la sphère de la rationalité se construit à son tour comme la sphère économique de départ. Subrepticement, dans ce choix initial et avec lui, se trouve introduite toute une philosophie : l'harmonie naturelle des intérêts. Les conséquences de cette option vont déterminer les situations de référence de la discipline, en particulier l'équilibre. Lors même que Stuart Mill, en bon logicien, dénonce, par ailleurs, le sophisme de composition grâce auquel va s'ouvrir la brèche de l'hétérodoxie keynésienne, l'absence de référence de base à une vision holiste permettra *de facto* de neutraliser ce trouble-fête. La main invisible restera un dogme fondateur, en tant que postulat nécessaire de construction de la sphère économique comme autonome. La loi des débouchés de Jean-Baptiste Say est une conséquence naturelle de cette harmonie fondatrice. L'équilibre, engendré par la concurrence des intérêts individuels, est non seulement une situation instantanée, mais c'est aussi un mode de fonctionnement et une modalité de croissance. Il ne s'agit pas là d'une présentation caricaturale d'*une* approche de l'économie, mais de ce qui constitue sa possibilité d'existence.

Cela est tellement vrai que la réalité elle-même a dû devenir l'*idéal-type* de la théorie. Comme l'a montré Karl Polanyi, l'économie moderne de marché, le capitalisme mondial, s'est efforcé de rejoindre son concept, en larguant les amarres du social et de l'histoire et en s'émancipant de tous liens et contraintes pour réaliser l'autorégulation. Les collègues « orthodoxes » déclarent volontiers que la régulation, dont ils accusent les dissidents de faire tout un plat, n'est qu'un autre nom pour l'équilibre. Cette méconnaissance des analyses des régulationnistes traduit une intuition fondamentale : on n'échappe pas à l'univers référentiel fondateur sans sortir de l'économie. La réalisation de cet univers référentiel est tout à fait caricaturale, encore qu'après l'échec de « la grande transformation » prophétisée par Polanyi qui devait mettre fin à l'ère du marché, on assiste à un retour en force de la logique marchande. Toutefois, de déréglementation en dérégulation, le monde marchandisé est loin de ressembler à la belle machine théorique (qu'on se réfère à celle de Walras ou à celle de Hayek).

Bien sûr, les très nombreux économistes (ils sont sans doute la majorité) qui s'intéressent à la politique économique ou à l'explication de la conjoncture, ne se sentent pas liés par ce qui leur semble une vue abstraite, schématique et réductrice. Ils travaillent avec des données, des statistiques, une modélisation construite sur ces données dans un souci d'efficience ou de pertinence. Les événements, les observations, et même des raisonnements réalistes sur les comportements trouvent ainsi leur place dans ce qui constitue l'immense masse des travaux labélisés « économiques ». Toutefois, au détour du chemin, on voit apparaître inéluctablement le noyau dur qui permet seul de donner consistance économique à ces analyses d'inspiration éclectique. Les concepts de base, qu'on ne peut répudier, sous peine de sortir de l'économie, sont piégés dans un champ sémantique commun qui est étroitement lié avec le noyau dur comme nous l'avons vu antérieurement.

Ainsi s'explique le paradoxe de l'hétérodoxie en économie. Il est possible, comme le font Jean Weiller et Bruno Carrier, de classer la quasi-totalité des économistes français comme hétérodoxes[19]. Rares, en effet, sont ceux qui n'ont pas conservé assez de bon sens pour prendre quelque liberté avec le modèle standard. Toutefois, il est plus plausible encore de considérer avec Pascal Combemale que l'hétérodoxie est intenable sous peine, comme Max Weber et le courant anti-utilitariste, de *sortir* de l'économie politique[20].

2. Les raisons de l'impossibilité de la rupture

La rupture totale entre histoire et économie est, néanmoins, impossible. D'abord, les historiens ne la veulent pas, mais les économistes ne peuvent pas non plus la souhaiter.

Du côté des historiens, on l'a vu, si le mariage n'est pas souhaité, le concubinage est recherché. Les historiens font littéralement la cour aux économistes. Cela n'est pas seulement le fait de l'école des *Annales*, mais de l'ensemble de la profession, sans parler de ces marges nécessaires de cohabitation que représentent l'histoire économique proprement dite et l'histoire de la pensée économique (laquelle, avec l'histoire intellectuelle de l'économie politique d'un Jean-Claude Perrot [1992], peut prendre une ampleur insoupçonnée).

En renonçant à l'histoire des traités et des batailles, Lucien Febvre, Marc Bloch et leurs disciples sont tombés à pieds joints dans l'économie pour tout un ensemble de raisons de fait et de doctrine dont les principales sont les suivantes. Prendre ses distances vis-à-vis de la vision traditionnelle pour s'attacher aux réalités profondes du quotidien, y compris les mentalités, c'était aller vers l'économie. Le quotidien des Temps modernes est, effectivement, d'abord économique. En outre, influencés par le marxisme et le matérialisme historique, ces historiens pensaient, non sans raison, que les réalités économiques sont largement déterminantes (sinon exclusivement et en dernière instance) de la totalité de la vie sociale, y compris des mentalités. Enfin, s'ajoute à cela une raison méthodologique ; le souci de rigueur et de sérieux qui constitue l'honneur du métier d'historien, repose sur la collecte des données. Or, l'économie, avec l'aide de la statistique, est une grande pourvoyeuse de données et qui plus est de données quantifiées. À l'époque où règne l'idée qu'il n'y a de science que du mesurable, que peut-on rêver de mieux ? Les historiens de l'école des *Annales*, rejoints bientôt par les autres, ont fait et font une utilisation massive, pas toujours très critique ni très pertinente, des données économiques.

D'une façon plus générale, l'histoire, y compris la plus traditionnelle, ne se satisfait pas de la seule présentation des faits compilés, même esthétiquement disposés. L'historien cherche à *expliquer* les faits et les événements et, le cas échéant, à en fournir une *compréhension*. En cela, l'histoire semble viser la scientificité sociale, voire être *la* science sociale. L'économie politique constitue dans cette démarche un auxiliaire précieux et irremplaçable, bien qu'ambigu. L'historien va puiser dans le corpus théorique de l'économie des *mécanismes* dont la portée explicative est incontestable pour éclairer les événements. Un exemple trivial : aucun historien du XVIe siècle ne se privera de la référence à la théorie quantitative de la monnaie pour faire comprendre l'inflation engendrée par l'or des Espagnes. Toutefois, à la différence de l'économiste historien (*type New economic history*), l'historien ne se sent pas tenu d'un *devoir de loyauté* à l'égard du noyau dur de la théorie économique. Sa déontologie, bien au contraire, le pousse à consommer ce dont il a besoin pour « bricoler » ses montages et les rendre le plus crédibles possible, sans s'engager dans le piège d'une quelconque autonomie disciplinaire. Il n'a pas de la scientificité ni de l'explication/compréhension la même conception que l'économiste[21]. Tandis que l'économiste recherche des lois universelles et des relations rigoureuses, si possible formalisables ou quantifiables, et nécessairement abstraites, selon l'idéal supposé de la Physique, l'historien cherche à accumuler les éclairages convaincants des événements singuliers. Il place sa *scientificité* dans la rigueur des méthodes pour établir les faits ; pour le reste, sa démarche est sciemment rhétorique et non logico-mathématique. La *méthode* suivie dans *Capitalisme et civilisation matérielle*, de Braudel, avec ses trois étages illustre remarquablement cette différence. Il s'agit d'un *bricolage* tout à fait intéressant au statut problématique. Même s'il peut être séduit par l'immense talent du grand historien, l'économiste ne manquera pas d'être choqué par l'incorrigible éclectisme de la vision historienne. Les trois étages braudéliens, celui de la « civilisation matérielle », celui des échanges et celui du capitalisme, interpellent tous l'économiste mais ne correspondent à aucun découpage connu de la théorie économique qui ne s'intéresse guère qu'au second[22]. Ainsi, le concubinage est notoire, mais le malentendu est total.

Du coté des économistes, la nécessité de l'histoire n'est pas moins lancinante. Elle provient du décalage toujours plus insupportable entre la théorie et l'évidence des *faits*. Les présupposés sur lesquels repose la construction du noyau dur aboutissent à ignorer trois ensembles importants de *faits* qui sont au cœur de l'économie contemporaine : les déséquilibres, les crises et les fluctuations, le sous-développement, et la spécificité de la monnaie. Robert Boyer aboutit même à l'idée qu'avec la crise du mode de régulation keynéso-fordiste, l'histoire envahit la totalité du champ économique à travers la théorie des anticipations, les nouvelles analyses du travail et du salaire, et bien sûr les crises, la technique et les mouvements conjoncturels ou de longue durée[23].

Ce n'est pas un hasard si ce sont les économistes qui se sont penchés sur les crises, sur le sous-développement ou sur la monnaie qui rencontrent l'histoire. Même des économistes néoclassiques, comme Schumpeter ou Milton Friedman, n'y ont pas échappé[24]. Le premier ne peut expliquer les cycles et le mouvement du capitalisme sans introduire l'histoire des techniques, la mentalité particulière de l'entrepreneur et l'avènement événementiel des innovations. Le second s'intéressant à la monnaie en appelle autant à l'histoire pour fonder sa théorie qu'à sa théorie pour expliquer l'histoire monétaire des États-Unis. La monnaie ne peut se réduire à une pure fonctionnalité, elle a de ce fait une histoire. Cette histoire, si l'on se penche sur elle avec le sérieux de l'historien, comme le fait Jean-Michel Servet, se révèle étonnamment riche et parfois déconcertante pour l'économiste[25].

L'économie du développement, de son côté, ne peut faire l'impasse de l'histoire. Tous les spécialistes du domaine (songeons à François Perroux, Jacques Austruy ou Philippe Hugon, en

France[26]) consacrent de longs développements aux spécificités des sociétés non occidentales, à leurs cultures, à leurs mentalités, aux pratiques économiques traditionnelles, à l'histoire de la colonisation, à celle des relations inégales de domination ou d'intimidation, etc. Il semble en effet impossible d'expliquer la situation du tiers-monde sans ces références à l'histoire et à la géographie, et impensable de remédier aux fléaux du sous-développement sans connaître cette situation, sans *adapter* modèles et instruments à l'état culturel, technique, bref, historique, existant. Au minimum, il faut, comme Rostow, après avoir découpé l'histoire économique en stades, expliquer le non-développement comme un retard, fondé sur les mentalités, les mauvaises politiques, c'est-à-dire la méconnaissance de la rationalité économique (toujours le noyau dur...).

Toutefois, dans la logique économique stricte, celle de Hicks, Schumpeter ou Rostow, le sous-développement reste une histoire contingente. C'est, pour reprendre l'expression de Colin Clark, « une extraordinaire hérésie ». Aussi, ce n'est pas une « économie » de l'impérialisme, mais bien une *Sociologie des impérialismes* qu'écrira Schumpeter[27]. Le pluriel est bien révélateur de la contingence des situations irrationnelles, faites de survivances et de bévues. Ce destin d'illégitimité de l'économie du développement au regard de l'orthodoxie économique frappe aussi les travaux sur la crise ou sur la monnaie, qui ne se limitent pas à dénoncer les écarts de conduite entre la réalité observable et la rationalité économique. L'histoire ne reste que l'ensemble des séquelles d'une modernité jamais achevée. L'économie, en s'épanouissant, annonce la fin de l'histoire au sens même que le philosophe Francis Fukuyama a donné à cette expression. Il n'y a pas d'alternative à l'économie de marché et au libéralisme.

Pour conclure, nous voudrions plaider en faveur d'un retour à la position de Max Weber. Il ne s'agit pas, pour lui, de dénier toute valeur ni toute portée aux théories économiques dominantes. Le monde dans lequel nous vivons a été en partie institué par ces théories mêmes, à la fois parce que les décideurs l'ont voulu ainsi (qu'on songe à la politique des institutions de Bretton Woods), et aussi parce que notre imaginaire est fortement imprégné d'idées et de représentations liées au noyau dur. Seulement, ces théories ne doivent pas être prises pour argent comptant. Il faut les resituer historiquement, c'est-à-dire les déconstruire, montrer les intérêts de connaissance en jeu, bref insérer la science économique dans une vaste herméneutique. Les modèles économiques ont alors souvent valeur d'antimodèles. C'est le cas par exemple du dilemme du prisonnier (qui démontre que l'on ne peut démontrer la rationalité du postulat égoïste). Ce devrait être aussi le cas de l'équilibre général, belle construction de mécanique rationnelle qui, de l'avis même de ses adorateurs, est indéfendable comme représentation de la réalité. Ils peuvent servir à cerner la spécificité de la réalité social-historique en mettant en relief l'écart différentiel des événements d'avec le schéma naturaliste/utilitariste. Bien sûr, il y a un prix à payer à cette recherche transdisciplinaire, sans parler de la mise à l'index des indisciplinés. Une *mégathéorie* de la dynamique sociétale à la Max Weber n'entre pas dans le cadre des technosciences contemporaines. Dans un monde technicisé aveugle sur ses fondements, l'ignorance est dans une certaine mesure la condition de l'efficience à court terme. Il n'est sans doute pas possible de dériver d'une vision holiste des propositions concrètes d'action instrumentale. Plutôt que de remettre en cause l'espace technocratique, beaucoup penseront qu'il vaut mieux une théorie très imparfaite mais *utile* qu'une réflexion qui ne débouche dans l'immédiat que sur une satisfaction intellectuelle, une denrée dont le cours n'est pas au plus haut. Telle n'est pas la conviction qui a présidé à la fondation du Mouvement anti-utilitariste dans les sciences sociales (MAUSS).

En rompant avec le paradigme intérêtiste, ou utilitariste au sens large, c'est-à-dire avec le présupposé de l'*homo œconomicus*, les fondateurs du MAUSS travaillaient moins à l'élaboration d'une autre économie politique qu'à la déconstruction de l'autonomie de la sphère économique et à un retour au projet implicite de Max Weber. Le recours à l'anthropologie apparaît comme un préalable à toute *historicisation* de l'économie. Certes, une certaine anthropologie a elle-même cherché avec le structuralisme à s'affranchir aussi de l'histoire. L'utilisation massive du paradigme du don comme alternatif au marché, par certains anti-utilitaristes, constitue peut-être un danger d'oublier à nouveau l'histoire. Toutefois, ce danger, celui d'une *normalisation* qui guette tout savoir critique, n'est pas vraiment à l'ordre du jour.

ANNEXE

Les limites de l'analyse régulationniste dans le contexte de la crise contemporaine

Sous le nom d'école de la régulation, on désigne un ensemble d'économistes hétérodoxes d'obédiences diverses, qui se revendiquent de plusieurs filiations, marxistes grand teint avec Paul Boccara à Amiens, Gérard d'Estanne de Bernis à Grenoble, plus keynésiens avec Michel Aglietta et Robert Boyer, plus éclectiques encore dans les prolongements récents, avec l'essaimage extérieur de l'école du Japon à l'Amérique latine en passant par le Canada. Le label se justifie au moins par l'adoption de références communes comme celles de mode de régulation et de régime d'accumulation. Citons comme exemple de réussites d'analyse historique des institutions, pour la monnaie, la première partie de *La Violence de la monnaie* d'Aglietta et Orléan (1982), ou *La Libération médiévale* de Pierre Dockes (1979) pour les rapports sociaux. Toutefois, plusieurs commentateurs des travaux de l'école régulationniste ont noté que les références à l'histoire, en particulier à la longue période, étaient nombreuses mais qu'en fin de compte l'analyse était très peu historique. Pourtant, il y a en général d'importants développements historiques, avec analyses économiques à l'appui. Ce désir se manifeste dans la structure même du modèle. L'introduction des éléments institutionnels ne peut se faire sans intégrer la dimension manifestement historique de ceux-ci. On peut citer comme illustration la deuxième partie de l'ouvrage déjà mentionné d'Aglietta et Orléan, *La Violence de la monnaie*, ou celui de Pierre Dockes et Bernard Rosier (1983), *Rythmes économiques, crises et changement social, une perspective historique*[28]. Parfois on bascule carrément du côté de l'histoire des historiens ; néanmoins, l'analyse économique elle-même n'est pas pour autant *historicisée* en profondeur. Par exemple, à propos de *La Violence de la monnaie*, l'ouvrage qui va le plus loin dans le sens du rejet de l'économisme, tous les commentateurs ont noté que la deuxième partie était pratiquement sans lien avec la première. L'analyse psychosociologique de la monnaie ne pénètre pas dans le *corpus* économique mis en œuvre par la suite. Les études ultérieures de Michel Aglietta sur les problèmes monétaires internationaux ont confirmé un abandon total de la voie ouverte et un retour à une approche économique plus conventionnelle.

Les analyses sur la crise du mode de régulation et ses issues confirment ce diagnostic. Les régulationnistes sont plutôt optimistes ; ils évitent en général le catastrophisme un peu mécaniste des vieilles gardes marxistes qui, à chaque soubresaut du capitalisme, prophétisaient la crise finale. Toutefois, cette capacité de réorganisation de nouveaux régimes d'accumulation et d'invention de nouveaux modes de régulation de la formation économico-sociale moderne ne tient pas tant à une créativité et une vitalité *sociétales* non analysées qu'aux forces mêmes endogènes de la *machine* économique. Autrement dit, à leur insu, les *vertus* artificiellement introduites par les économistes dans la construction du dispositif théorique de l'économie sont attribuées à la réalité même. Certes, nous n'imputons pas aux régulationnistes la croyance selon laquelle les formations économiques et sociales modernes seraient autorégulées. Ce serait une méconnaissance et une absurdité. Seulement, en conservant au sein de ces formations une *machine* qui, elle, fonctionne automatiquement par l'utilisation des *mécanismes* économiques, la dynamique sociale est quelque peu biaisée[29]. L'objet de la régulation a précisément pour tâche de résoudre les dysfonctionnements qui naissent de ce que cette *machine* n'occupe pas la totalité de l'espace social et ne peut jamais l'occuper.

Cela marque une différence importante avec la ou les théories économiques libérales, et justifie qu'on parle d'hétérodoxie à propos des régulationnistes. Pour les libéraux, l'économie est non seulement autorégulatrice de son domaine propre, mais aussi de la totalité du social, soit qu'elle le domine de façon impérialiste, soit même qu'elle l'absorbe. Les écoles de Chicago avec Garry Becker et de Virginie avec James Buchanan illustrent cette position extrême.

On sait que l'introduction du rôle de l'État dans le fonctionnement de l'économie est, à l'inverse, le point fort des analyses des régulationnistes. Ils s'interrogent même sur sa nature et se réfèrent çà et là à son histoire. L'affaiblissement du rôle actuel de l'État du fait de la mondialisation du système économique entraîne une crise des politiques économiques nationales qui a donné lieu de leur part à de beaux développements. Toutefois, la disparition des systèmes productifs nationaux n'empêche pas que la régulation nouvelle est plus ou moins pensée dans le cadre d'un ordre national-étatique posé en nécessité immuable. Même vidée de son contenu, cette instance demeure celle où se noue de façon privilégiée le lien social. L'issue consistera à se rabattre sur des substituts de l'État-nation soit au niveau inférieur, l'économie régionale ou locale, soit au niveau supérieur en appelant de ses vœux avec Alain Lipietz, suivi aujourd'hui par toute une partie de la mouvance « altermondialiste », un État mondial maître d'œuvre d'un fordisme planétaire. Comme l'économie politique est le fruit adultérin du long concubinage de l'État-nation et du marché, il est difficile de dire adieu au cadre étatique sans donner son congé à l'économie politique elle-même. Pour qu'il y ait richesse des nations, encore faut-il qu'il y ait des nations ! L'analyse des changements du rôle de l'État, tant qu'on voudra, mais de grâce gardons la coquille, même vide. Au demeurant, il est possible de conjurer le spectre embarrassant de la transnationalisation monstrueuse en soulignant, non sans raison, que la mondialisation – Braudel l'a bien montré – est une dimension permanente du système capitaliste depuis l'origine. Seulement, la *déterritorialisation* à laquelle on assiste actuellement représente une mutation nouvelle de la dynamique sociale planétaire, en face de laquelle les régulationnistes sont pris de court.

CHAPITRE VI

Augustinisme et utilitarisme

La Rochefoucauld et le retournement de l'éthique aristocratique

« La considération de l'efficacité n'intervient, quand elle intervient, qu'avec tout le mépris qu'une civilisation aristocratique porte à l'utile, valeur bourgeoise, c'est-à-dire non-valeur. Il faut attendre l'utilitarisme du XVIIIe siècle pour que, conformément à l'évolution sociale, l'utile changeant de signe, se fasse, de négatif qu'il était, valeur positive, et que par là il ne vienne à se confondre avec le bien et le Vrai [1]. »

Jean Lafond

Du XVIIe siècle au premier tiers du XIXe siècle se développe, à côté de l'économie politique proprement dite, une philosophie morale qui entretient avec elle des rapports complexes. Les grands philosophes sensualistes ou utilitaristes, Helvétius, Condillac, Graslin, Bentham lui-même, à l'exception peut-être de l'abbé Galiani, ne sont pas de grands économistes. Il en est de même *a fortiori* des Bernard de Mandeville, Locke, Hutcheson, Hume ou Godwin.

On trouve, certes, chez certains de ces auteurs, une tentative de fonder l'économie politique sur une théorie subjective de la valeur. Les marchandises existent à travers la perception qu'on en a conformément à la conception empiriste/solipsiste. La valeur est donc déterminée par le degré d'utilité des biens [2]. Cette conception anticipe, comme on sait, la « révolution » marginaliste, mais après la renonciation de Bentham à sa propre économie et son acceptation de celle de Ricardo, l'utilitarisme systématique semble sortir de la scène économique, Smith l'ayant déjà explicitement répudié.

Néanmoins, en dépit de cet échec tout provisoire et tout relatif, ce mouvement de pensée a joué un rôle fondamental dans l'établissement de ce qu'on peut appeler *les assises imaginaires de l'économie politique et de la vie économique*. Les deux apports clés de ce courant de pensée, d'ailleurs liés entre eux, me paraissent être : la croyance en l'harmonie naturelle des intérêts et la conception utilitariste du sujet économique, l'*homo œconomicus*.

Or, tout commence sans doute avec l'augustinisme. Il convient donc de remonter sinon à saint Augustin lui-même, du moins à sa théorie des deux amours. Les augustiniens, qu'ils soient protestants ou jansénistes, voire piétistes, ont tendance à dénoncer l'*amor sui* (amour de soi/amour-propre) en bloc sans distinction, en l'opposant à l'*amor Dei* (amour de Dieu). Selon Jean Lafond « pour Jansénius, la théologie augustinienne des deux amours implique que qui n'agit pas par l'amour de Dieu agit par l'amour-propre[3] ». Tout souci de soi est amour-propre. Le janséniste Saint-Cyran est tout à fait explicite sur ce point : « Les vertus morales sont d'ordinaire la nourriture de l'amour-propre par la complaisance et l'estime de nous-mêmes dans laquelle il nous fait entrer, et l'amour-propre est le plus grand de tous les maux, puisqu'il est comme un anti-Dieu, car il n'appartient qu'à Dieu de s'aimer soi-même, et par notre amour-propre nous devenons pires que les païens qui, adorant leurs idoles, adoraient le démon qui les animait, lequel, étant un ange, quoique réprouvé, était d'un ordre supérieur aux hommes, au lieu qu'en faisant un Dieu de nous par notre amour-propre, nous nous adorons nous-mêmes[4]. »

Tous les penseurs à l'origine de l'économie politique que nous avons mentionnés, y compris Adam Smith, sont nourris de la lecture des moralistes laïcs et religieux, principalement jansénistes, du XVIIe siècle français : Arnaud d'Andilly, La Rochefoucauld, Pascal, Saint-Cyran et bien d'autres. La Rochefoucauld est incontestablement augustinien sinon janséniste. Pascal, en déclarant inlassablement le moi haïssable, se situe dans la même ligne. Il est cependant hâtif de faire de ces moralistes, à la façon de Jean-Claude Perrot, des utilitaristes avant la lettre. Ce serait un contresens sur leur démarche explicitement anti-utilitariste. Il s'est produit, avec le jansénisme et le piétisme augustinien dans son rapport avec la théorie économique, un *renversement* comparable à celui qui avait eu lieu, un ou deux siècles auparavant, entre protestantisme et capitalisme.

Les analyses de Max Weber, souvent déformées jusqu'à la caricature, montraient bien que le développement du capitalisme n'était pas le résultat du protestantisme. Luther, en particulier, s'oppose fortement au monde marchand, à l'argent et à l'intérêt. Même dans sa version calviniste et puritaine, le protestantisme vise la construction d'une Jérusalem terrestre, non d'un consortium industriel et encore moins d'une Bourse des valeurs... C'est la torsion due à une sécularisation de l'éthique puritaine qui engendre l'esprit du capitalisme. L'abandon du projet religieux entraîne une laïcisation et une profanation des valeurs du renoncement aux jouissances et de l'inquiétude du salut au profit de l'épargne à investir et du travail productif.

Le renversement du pessimisme augustinien en l'optimisme de l'*optimum* économique produit dans la théorie quelque chose de comparable. Ce renversement est évoqué à juste titre par A.O. Hirschman dans son livre *Les Passions et les intérêts*. « La littérature du XVIIe siècle, écrit Hirschman, abonde en ouvrages qui traitent des passions humaines, mais l'avarice y est toujours jugée *la plus infâme de toutes*, et nulle part ne s'y dessine la moindre velléité de disputer à l'appât du lucre le premier rang qu'il occupe, parmi les péchés capitaux, depuis la fin du Moyen Âge. Or à peine l'a-t-on baptisé "intérêt" que l'amassage de l'argent, rentré sous cette étiquette dans la compétition avec les autres passions, se voit couvert de fleurs et même appelé à combattre des penchants longtemps considérés comme bien moins coupables. Pour s'expliquer un tel renversement, il ne semble pas qu'on puisse se contenter d'alléguer que l'emploi d'un terme nouveau, relativement neutre et inexpressif, a permis d'effacer ou d'atténuer l'opprobre qui s'attachait aux appellations traditionnelles. La démonstration faite ici apporte un argument plus probant, à savoir qu'à l'époque considérée, le terme *intérêt* comporte en fait – et confère du même coup à l'activité lucrative – un sens *positif* et *curatif* qu'il doit à son association intime et toute récente avec l'idée d'adopter des méthodes plus éclairées dans la conduite des affaires tant privées que publiques[5]. » Cette explication est correcte sans doute mais incomplète, et le renversement, plus décisif qu'il n'y paraît, mérite qu'on s'y attarde.

Le pessimisme foncier des augustiniens, l'omniprésence et l'omnipuissance de l'*amor sui* (l'amour-propre, le *self-love*), nous condamnent à vivre dans un monde déchu et sans espoir, puisque nos vertus mêmes ne sont bien souvent que des « vices déguisés ». Or comme dans ce monde pécheur un certain ordre naturel résulte néanmoins du conflit, voire de l'équilibre des passions, si nous renonçons aux vertus anciennes inaccessibles en faveur de l'égoïsme intéressé et que nous baptisions les vices vertus, le plus grand bonheur pour le plus grand nombre peut en advenir. (Le bien, depuis Platon, n'est-il pas défini par le bonheur de la cité ?)

L'omniprésence de l'amour-propre chez les moralistes comme mobile des actions humaines ne peut manquer d'interpeller l'économiste, car en 1776, un autre moraliste, Adam Smith, affirmait dans la troisième partie de son cours de philosophie morale de Glasgow que, pour la satisfaction des besoins matériels des nations, on pouvait s'en remettre au *self-love* des agents et que le bien commun pouvait se passer de la bienveillance des citoyens les uns à l'égard des autres. Autrement dit, la *philia* (l'amitié) entre les citoyens au fondement de la cité selon Aristote peut être remplacée par le souci de son propre intérêt. Le rapprochement entre économie et augustinisme est d'autant plus légitime que Smith avait les *Maximes* de La Rochefoucauld en bonne place dans sa bibliothèque et les cite dans la *Théorie des sentiments moraux*[6].

Faut-il inscrire les moralistes augustiniens en tant qu'ancêtres de la lignée des philosophes utilitaristes qui, de Bernard de Mandeville à Helvétius, préparent l'avènement de Jeremy Bentham ? Helvétius lui-même interprétait La Rochefoucauld comme son précurseur[7]. Des commentateurs modernes comme Jean-Claude Perrot le pensent aussi. Les parentés communes sont indéniables. Le marchand de bière de Smith est déjà chez Mandeville ; ce dernier est le traducteur anglais de La Rochefoucauld. Il en est imbu, le reprend et l'imite dans ses *Dialogues*[8]. Il s'y révèle très proche de Port-Royal. C'est toujours l'augustinisme ; le péché d'Adam, écrit-il, nous laisse « captifs de nous-mêmes » et dans cet état de déréliction, « l'être demeure invisible à lui-même » ; il fait écho à La Rochefoucauld : « Il s'en faut bien que nous connaissions toutes nos volontés[9]. »

On trouve ainsi chez les moralistes du XVIIe siècle tous les thèmes de l'utilitarisme : l'omniprésence de l'intérêt, l'intérêt même du désintéressement, l'équilibre, voire l'harmonie des intérêts. Toutefois, la signification de cet amour-propre est-elle la même que celle du *self-love* d'Adam Smith ? Le monde des moralistes est-il voué pour le pire (ou pour le meilleur...) à la domination de l'intérêt ? L'harmonie des intérêts est-elle de même nature ?

1. *AMOR SUI, SELF-LOVE* ET AMOUR-PROPRE

Le thème de la domination de l'amour-propre, auquel reste attaché le nom du duc de La Rochefoucauld, est omniprésent à l'époque au point d'en être banal. Reste à cerner sa signification et en particulier ses liens avec l'intérêt et l'égoïsme.

1. La Rochefoucauld et l'amour-propre

« L'amour-propre est l'amour de soi-même, et de toutes choses pour soi ; il rend les hommes idolâtres d'eux-mêmes, et les rendrait tyrans des autres si la fortune leur en donnait les moyens... » La Rochefoucauld est intarissable sur la puissance de l'amour-propre. Après trois pages du même ton, il conclut : « Il vit partout et il vit de tout ; il vit de rien ; il s'accommode des choses et de leur privation [...] et pourvu qu'il soit, il veut bien être son ennemi. Il ne faut donc pas s'étonner s'il entre si hardiment en société avec elle pour se détruire parce que, dans le même temps qu'il se ruine en un endroit, il se rétablit en un autre [...] voilà la peinture de l'amour-propre dont toute la vie n'est qu'une grande et longue agitation[10]... » (S 1)

Cette pensée célèbre qui ouvre la première édition des *Maximes* a sans doute fait plus pour la réputation de l'auteur que toutes les autres. « L'amour-propre est pour lui, écrit un présentateur, la clef de toutes les énigmes de la vie humaine[11]. » La dénonciation cynique ou sceptique du moraliste en fait-elle un utilitariste ou un anti-utilitariste ? On peut discuter sur l'omniprésence de l'amour-propre chez La Rochefoucauld. La pensée numéro un de la première édition a été retirée des éditions ultérieures[12]. Il y a beaucoup de maximes, une écrasante majorité, où il n'est question ni de l'intérêt, ni de la vanité, ni de l'amour-propre. Des maximes où ces termes figurent, très peu renvoient vraiment à un utilitarisme caractérisé. Plusieurs exégètes partagent ces réserves. André Gide, après mûre réflexion, finit par déclarer : « Les maximes ayant trait à l'amour-propre sont de moindre intérêt que celles qui ne se rattachent à aucune théorie, à aucune thèse. » C'est aussi le jugement d'un grand spécialiste comme Jean Starobinski : « C'est lire La Rochefoucauld trop paresseusement que ne voir dans son livre qu'une dénonciation d'une passion omniprésente, origine et fin de toutes les autres[13]. Néanmoins, la réputation du moraliste n'est pas usurpée car les maximes où il est question de l'amour-propre sont les plus fortes, les plus vigoureuses, celles qui donnent le ton à l'ensemble. La Bruyère jugeait avec sa pertinence coutumière son devancier en écrivant : « Observant que l'amour-propre est dans l'homme la cause de tous ses faibles, [il] l'attaque sans relâche, quelque part où il se trouve ; et cette unique pensée comme multipliée en mille manières différentes, a toujours, par le choix des mots et par la variété de l'expression, la grâce de la nouveauté[14]. » On peut souscrire sans réserve au jugement du commentateur : « La Rochefoucauld [...] rapporte toutes nos actions à un seul mobile, l'amour-propre sous ses deux formes égoïsme ou orgueil[15]. »

On a pourtant suspecté la sincérité de La Rochefoucauld. Le pessimisme augustinien ne serait qu'une façade ; il masquerait un épicurisme cynique ouvrant la voie à l'utilitarisme des Lumières[16]. Cette interprétation défendue avec brio par Jean Starobinski est assez peu vraisemblable. Certes, grand seigneur, conscient de son rang, le duc de La Rochefoucauld ne fait pas œuvre de théologien. Il reste sur un plan profane et même pourrait-on dire mondain. Cette transposition laïque et littéraire de l'augustinisme, non exempte d'un certain éclectisme, constitue même son originalité propre. Elle favorise incontestablement certains contresens. S'il possédait les théologiens augustiniens et jansénistes dans sa bibliothèque, il n'en est sans doute pas de même de ses admirateurs d'outre-Manche, Bernard de Mandeville, Adam Smith et David Hume. Ces esprits des Lumières cherchaient dans l'œuvre du moraliste comme chez les philosophes français, Helvétius et

Condillac, les bases d'un ordre naturel fondé sur la recherche de l'intérêt personnel.

Toutes ces ambiguïtés sont au fond l'indice d'une grande différence avec l'utilitarisme courant ou « vulgaire », qui n'accorde guère de place à la vanité et rapporte toutes nos actions au seul mobile de l'intérêt monétaire ou matériel. L'amour-propre est complexe, nuancé ; ses relations avec les passions, les goûts, la raison et les vertus sont elles-mêmes compliquées et souvent contradictoires. Enfin, bien que la logique du « calcul des plaisirs et des peines » soit présente, la quantification apparaît hors de portée et insoluble.

L'amour-propre, c'est entendu, est le ressort de toutes nos actions, mais qu'est-ce que l'amour-propre ? La Rochefoucauld est loin d'être clair sur ce point. Orgueil et égoïsme, dit le présentateur. Nous dirions plutôt narcissisme, vanité et intérêt. Les relations entre l'amour-propre et ses composantes, avec les goûts, les autres passions, les vices et les vertus, mais aussi avec la raison, ne simplifient sans doute pas les choses, mais apportent un éclairage intéressant. M. de Moncade, qui paraphrase le plus souvent La Rochefoucauld, explicite d'amusante façon le tableau : « Nous avons au-dedans de nous-mêmes une petite république qui a ses lois, sa politique et ses intérêts, comme les plus grandes républiques du monde. L'amour-propre est le génie et le premier ministre de cet État. Rien ne s'y fait que par ses insinuations et ses conseils. Il assujettit les puissances de l'âme et donne le branle aux passions. Tout plie sous son empire. L'esprit et le cœur lui obéissent. Son autorité n'a point de bornes. Il tire tribut des vertus et des vices, et sous prétexte du bien public, il fait revenir à soi le profit des services qu'il rend aux particuliers [17]. »

La qualité littéraire des Maximes ayant assuré leur succès durable, on a un peu hâtivement retenu La Rochefoucauld comme *le* philosophe de l'amour-propre. Ce faisant, on a quelque peu oublié les autres. Or il est loin d'être le seul, il n'est même pas le plus radical ni le plus systématique.

On rencontre l'amour-propre chez les théologiens augustiniens, qu'ils soient jansénistes ou non, mais il est bien sûr discuté aussi par leurs adversaires jésuites. On le rencontre également chez les moralistes laïcs, en particulier depuis Montaigne qui inspire aussi bien les penseurs austères que les « libertins ». Théologie morale et moralisme mondain français anticipent largement sur ce point la philosophie morale écossaise du siècle suivant.

2. L'amour-propre et la vanité

L'amour de soi-même chez La Rochefoucauld n'est ni l'égoïsme intéressé du boucher d'Adam Smith, ni même la vanité orgueilleuse d'un duc, on a affaire au narcissisme dont on sait (Freud *dixit*) qu'il est, en effet, un des puissants ressorts de l'amour.

Ce narcissisme n'est jamais absent de la vanité ni de l'intérêt, mais il ne se confond pas avec lui. Il est une des composantes de l'amour-propre de La Rochefoucauld, parfois effacée, parfois dominante. La Fontaine ne s'y est pas trompé. En dédicaçant à La Rochefoucauld sa fable sur Narcisse, il montre que cette forme d'amour de soi est au centre de l'œuvre de son ami [18]. Toutefois, la fascination pour sa propre image physique ou morale est moins une passion de soi qu'une soif de flatterie. La vanité, défaut aristocratique par excellence, est sans doute la forme dominante de l'amour-propre et sa composante majeure.

« L'amour-propre est le plus grand de tous les flatteurs » (2). La vanité apparaît explicitement dans un grand nombre de maximes. Ainsi : « Les passions les plus violentes nous laissent quelquefois du relâche, mais la vanité nous agite toujours » (443), ou encore : « La vanité nous fait faire plus de choses contre notre goût que la raison » (467). C'est bien là le ressort de la plupart de nos actions. Sans doute est-ce la raison pour laquelle notre pieux duc fait de l'humilité son contraire, « la véritable preuve des vertus chrétiennes » (358), et non pas de la charité comme on le verrait chez un adversaire catholique de l'utilitarisme vulgaire...

3. L'amour-propre et l'intérêt

L'intérêt tient aussi une place importante et explicite chez les moralistes, même s'il possède un contenu à géométrie variable... Pour La Rochefoucauld, « L'intérêt met en œuvre toutes sortes de vertus et de vices » (253). Il est manifestement posé chez lui comme une composante essentielle de l'amour-propre. « L'intérêt, écrit-il, est l'âme de l'amour-propre. » Ce qu'il faut entendre par là est précisé dans la suite de la lettre qui mérite d'être citée et méditée : « De sorte que comme le corps privé de son âme est sans vue, sans ouïe, sans connaissance, sans sentiment, sans mouvement, de même l'amour-propre séparé, s'il faut le dire ainsi, de l'intérêt, ne voit, n'entend, ne sent et ne remue plus[19]. » Mme de Sablé à qui cette lettre est adressée y fait écho, avec moins de bonheur d'expression, dans sa maxime n° 46 : « L'amour qu'on a pour soi-même est quasi toujours la règle de toutes nos amitiés ; il nous fait passer par-dessus tous les devoirs dans les rencontres où il y va de quelque intérêt, et même oublier les plus grands sujets de ressentiment contre nos ennemis quand ils deviennent assez puissants pour servir à notre fortune ou à notre gloire[20]. »

Ce lien entre l'intérêt et l'amour-propre est tout à fait le même que celui qui existe chez Adam Smith entre intérêt et *self-love*. La différence n'est donc pas tant entre l'amour-propre et le *self-love* que dans le contenu de l'intérêt : monétaire, matériel, et pour tout dire exclusivement économique chez Smith ; vaniteux, mondain, honorifique chez les moralistes. Dans l'avertissement du libraire au lecteur de l'édition de 1678, dû semble-t-il à La Rochefoucauld lui-même, il est précisé que l'intérêt qui est en jeu dans l'amour-propre est « intérêt de bien » et surtout « intérêt d'honneur »[21]. Cependant, Hirschman, citant ce texte, remarque finement : « Cette mise en garde étant le seul point vraiment important d'une très brève préface, il est clair que pour le lecteur moyen des *Maximes* l'acception du terme *intérêt* commence à se restreindre au domaine strictement économique[22]. »

L'intérêt est souvent au cœur de la vanité. « On n'aime point à louer et on ne loue jamais personne sans intérêt » (144) ou « On ne blâme le vice et on ne loue la vertu que par intérêt » (S 28). Est-ce à dire qu'on loue pour obtenir une place ou de l'argent ? Un grand seigneur n'a que faire de ces récompenses vulgaires. La *Maxime* 146 éclaire les précédentes : « On ne loue d'ordinaire que pour être loué. »

Si la mécanique sociale que décrit La Rochefoucauld évoque un utilitarisme, ce n'est en aucun cas un utilitarisme vulgaire. L'amour-propre est un mélange subtil de narcissisme, de vanité et d'intérêt, mais d'un intérêt lui-même pénétré de vanité et de narcissisme.

En dépit de la puissance de la vanité, de l'intérêt de l'amour-propre, nos goûts, et même l'amour, s'avèrent souvent les plus forts. L'amour-propre est une passion dont la tyrannie est constante. Néanmoins, d'autres passions plus brutales, momentanément plus impérieuses, peuvent en triompher. Ainsi « on renonce plus aisément à son intérêt qu'à son goût » (390). La seule passion susceptible de dompter durablement l'amour-propre et qui en est le moins pénétrée est la paresse. « La paresse [...] si nous considérons attentivement son influence, nous verrons qu'en toute occasion elle se rend maîtresse de nos sentiments, de nos intérêts et de nos plaisirs ; c'est la remore [vent contraire] qui arrête les plus grands vaisseaux. etc. » (S 53). On est loin du puritanisme avec lequel le jansénisme, et plus généralement l'augustinisme, partagent tant de traits communs par ailleurs. Chez Smith et les économistes classiques, la paresse n'a pas ou plus droit de cité. L'élimination des oisifs combinée à la pression des besoins a dressé les hommes et chassé jusqu'au souvenir de ce vice infâme. Le calcul des utilités n'en est plus entravé, car y a-t-il passion plus égoïste que la paresse ? Stuart Mill, dans le célèbre passage de sa *Logique* où il pose l'autonomie de l'économique, signale encore la répugnance au travail comme un élément négatif dans le libre jeu des intérêts, mais il ne s'agit plus que d'une incidente très secondaire non susceptible de remettre en cause la pertinence de la sphère économique[23]. Finalement, La Rochefoucauld retombe sur ses pieds en affirmant que « les passions ne sont que les divers goûts de l'amour-propre[24] ». Les vertus vraies, nous le verrons, supposent la maîtrise de toutes les passions, et, en particulier, de l'amour-propre dans toutes ses composantes. Toutefois, par une ruse démoniaque, l'amour-propre peut prendre le masque de ses contraires. « Le nom de la vertu sert à l'intérêt aussi utilement que les vices » (187). Et comme ce déguisement ne se fait jamais sans calcul, il porte cette fois surtout sur la version matérielle de l'amour-propre. Ainsi, « la générosité est un industrieux emploi du désintéressement pour aller plutôt à un plus grand intérêt[25] », ou : « ... il semble que l'amour-propre soit la dupe de la bonté. Cependant c'est le plus utile de tous les moyens dont l'amour-propre se sert pour arriver à ses fins ; c'est un chemin dérobé par où il revient à lui-même plus riche et plus abondant ; c'est un désintéressement qu'il met à une furieuse usure[26]... »

Comme chez les libertariens et chez les tenants du totalitarisme économique, le désintéressement lui-même est ramené à l'intérêt.

« L'intérêt parle toutes sortes de langues et joue toutes sortes de personnages, même celui de désintéressé » (39). Chez La Rochefoucauld, toutefois, de telles remarques montrent la subtilité d'une riche analyse psychologique et non un schématisme réducteur. En effet, il reste place chez lui pour un authentique désintéressement ; mais surtout, si le désintéressement est ramené le plus souvent à l'intérêt, ce n'est pas pour réduire tous les mobiles de l'activité humaine à une fonction d'utilité monotone et continue... L'amour-propre des moralistes n'est pas quantifiable, il porte sur des grandeurs hétérogènes, rarement monétaires ou matérielles. Certes, l'utilité *noble* appelle une certaine forme de calcul. L'usage de la métaphore économique marque bien la puissance de la tyrannie marchande sur l'imaginaire classique (celui du XVIIe siècle). Il est question de « payer le mérite », du « prix de la confiance ou de son gage ». « L'amitié la plus désintéressée, écrit notre moraliste, n'est qu'un commerce où notre amour-propre se propose toujours quelque chose à gagner[27]. » Ou encore : « De tous les trafics de l'amour-propre c'est celui où il fait le moins d'avances et de plus grands profits[28]. » Tout usage métaphorique de la quantification des passions est donc loin d'être absent. Néanmoins, l'objet en est la fidélité qui nous rend « dépositaire des choses précieuses ». Cet emploi de l'image économique se développera par la suite chez ses successeurs, préparant ainsi la voie aux utilitaristes[29]. Toutefois, au XVIIe siècle, le fossé entre l'image et la réalité reste encore quasiment infranchissable.

Si l'amour-propre n'est pas économique et, moins encore, n'est pas qu'économique, il est tentant d'en parler de manière économique. Bien évidemment, La Rochefoucauld ne songe pas à en établir le prix sur un marché, fût-il fictif. D'abord, les objets de l'amour-propre sont trop divers pour être ramenés à une catégorie quantifiable. « Un habile homme doit régler le rang de ses intérêts et les conduire chacun dans son ordre » (66). Une lettre reprend cette pensée et la poursuit : « Notre avidité le [notre intérêt] trouble souvent en nous faisant courir tant de choses à la fois. De là vient que, pour désirer trop les moins importantes, nous ne les faisons pas assez servir à obtenir les plus considérables[30]. » Ce thème de la méconnaissance de nos intérêts se retrouvera chez Pascal. Vauvenargues, de son côté, dans ses critiques de quelques maximes du duc de La Rochefoucauld, note, à propos de la fameuse *Maxime* nº 4 sur l'habileté de l'amour-propre que

« l'amour-propre le plus habile fait beaucoup de fautes contre ses vrais intérêts[31] ». En face de ce pluralisme des intérêts de divers ordres, il n'y a pas de monnaie d'échange pour les homogénéiser et procéder à un calcul rationnel. L'avidité dont il est ici question n'est pas la cupidité monétaire, mais l'ardeur du désir qui trouble le jugement nécessaire pour procéder à un choix raisonnable.

Si le *self-love* chez La Rochefoucauld (comme chez les autres moralistes du XVIIe siècle) est bien le ressort de la plupart des actions humaines, il est infiniment plus riche que la tyrannie du besoin d'avoir à dîner. La vanité l'emporte largement sur le désir de richesse, et même de manger[32]...

4. L'amour-propre et l'égoïsme

On a reproché au traducteur français d'Adam Smith d'avoir rendu *self-love* par égoïsme dans le fameux apologue du boucher et du brasseur. Au vrai, on imagine mal ces petits commerçants nous procurant le meilleur repas au moindre coût en invoquant leur seul amour-propre. Reconnaissons-le, cela convient mieux à un grand seigneur comme le duc de La Rochefoucauld qu'à l'épicier de quartier dont la préoccupation est bien de faire du profit, et même, par temps de crise, de ne pas faire faillite tout simplement. Cette incontestable « estime de soi » n'est peut-être pas de l'égoïsme positif, si l'on définit celui-ci comme le fait de « ne vivre que pour soi »[33]. Comme le dit Jean Lafond : « Il est faux de restreindre l'amour-propre à l'égoïsme. L'égoïsme suppose une conscience de soi beaucoup plus claire et beaucoup plus étroite que la présence à soi, secrète et subtile[34]. » Cependant, il n'est ni vanité ni altruisme. Il serait tentant même, dans la tradition utilitariste, de n'y voir qu'un instinct de survie, si ce naturalisme, s'agissant d'un système aussi artificiel que le marché, n'était pas suspect. Le *self-love* smithien est un souci de soi mais dans le sens d'une prise en compte de son intérêt personnel circonscrit par la sphère matérielle où se meut « naturellement » le monde marchand. Dans la *Théorie des sentiments moraux*, Adam Smith parle clairement de *self-interest*. Il en fait une prescription morale provisoire, un « impératif pratique » dit même Jean-Claude Perrot. L'homme « doit s'occuper de son propre bonheur et du bonheur de sa famille, de ses amis, de son pays[35] », écrit Smith. Chez

La Rochefoucauld, l'amour-propre déborde aussi l'égoïsme strict, mais on peut le définir encore par la prise en compte de son intérêt personnel, avec cette différence, comme on l'a vu, que les intérêts matériels sont ici très secondaires par rapport à ceux de la vanité et de la gloire.

Au total, chez les moralistes français du XVIIe siècle comme chez les théologiens augustiniens, l'amour-propre avec ses composantes (intérêt au sens large et égoïsme) est omniprésent et presque omnipotent, mais il n'en reste pas moins condamnable et condamné.

II. L'AMBIVALENCE DU SOUCI DE SOI ET LE RETOURNEMENT UTILITARISTE

Le retournement de l'amour-propre, le plus condamnable des vices, en souci légitime de ses intérêts, le basculement de l'éthique et pour tout dire son élimination se réalisent en trois temps. Dans un premier temps, la position morale et théologique orthodoxe et la réaction contre l'augustinisme font une place à un « bon amour de soi » opposé à l'amour-propre. Les augustiniens, de leur côté, et c'est le second temps, reconnaissent que la déréliction totale n'exclut pas, bien au contraire, un certain ordre social naturel. Dès lors, troisième temps, l'amour-propre peut-il basculer en son entier du côté de l'amour de soi légitime, au prix d'un tiers exclu : l'altruisme.

1. Premier temps : l'amour de soi et l'amour-propre

On connaît la distinction célèbre que fait Jean-Jacques Rousseau, en note du *Discours sur l'origine de l'inégalité parmi les hommes*, entre l'amour-propre et l'amour de soi-même. « Il ne faut pas confondre l'amour-propre et l'amour de soi-même, deux passions très différentes par leur nature et par leurs effets. L'amour de soi-même est un sentiment naturel qui porte tout animal à veiller à sa propre conservation, et qui, dirigé dans l'homme par la raison et modifié par la pitié, produit l'humanité et la vertu.

L'amour-propre n'est qu'un sentiment relatif, factice et né dans la société, qui porte chaque individu à faire plus de cas de soi que de tout autre, qui inspire aux hommes tous les maux qu'ils se font mutuellement, et qui est la véritable source de l'honneur[36]. » Si l'amour-propre est ce vice dénoncé justement par La Rochefoucauld et les moralistes, l'amour de soi-même est une vertu qui nous ouvre au prochain en même temps qu'à la maîtrise de nous-même. Rousseau développe à nouveau ce thème dans l'*Émile* : « L'amour de soi-même, écrit-il, est toujours bon et conforme à l'ordre. Chacun étant chargé spécialement de sa propre conservation, le premier et le plus important de ses soins est d'y veiller sans cesse ; et comment y veillerait-il ainsi, s'il n'y prenait le plus grand intérêt ? Il faut donc que nous nous aimions pour nous conserver, il faut que nous nous aimions plus que toute chose[37]... » Cette distinction, dont on peut faire remonter le principe à Aristote[38], n'a point cours chez les augustiniens en général. La Rochefoucauld, en particulier, utilise parfois l'expression « amour de soi », dans le même sens et à la place qu'amour-propre. La définition de l'amour-propre lève d'ailleurs toute équivoque sur ce point. Il est défini en effet comme : « l'amour de soi-même et de toutes choses pour soi[39] ». (Paradoxalement) Adam Smith apparaîtra sur ce point nettement plus « altruiste » dans sa conception du *self-love*. N'écrit-il pas dans la *Théorie des sentiments moraux* : « Quelque degré d'amour de soi qu'on puisse supposer à l'homme, il y a évidemment dans sa nature un principe d'intérêt pour ce qui arrive aux autres qui lui rend leur bonheur nécessaire[40]. » La séparation et l'opposition des deux amours de soi sont essentielles ; elles travaillent la société mais aussi le texte des moralistes. Elle a d'ailleurs été explicitée, nous le verrons, avant Jean-Jacques Rousseau, mais la consistance des deux pôles reste problématique.

Pour les augustiniens, l'affaire est entendue, le moi est décidément haïssable. Mais alors ne se heurte-t-on pas au paradoxe souligné par Paul Valéry ? « Que si le moi est haïssable, note ce dernier, aimer son prochain comme soi-même devient une atroce ironie[41]. » Certes, le Christ ne recommande pas de s'aimer soi-même, mais cet amour de soi posé en norme de l'amour d'autrui, et finalement de l'amour de Dieu, n'est certainement pas cet amour-propre de l'homme déchu. Il n'est pas non plus le privilège exclusif du chrétien touché par la grâce. Les jésuites, Bossuet, mais aussi certains moralistes comme Vauvenargues, et les « libertins », s'efforcent de maintenir la distinction entre amour-propre et amour de soi-même, et de lui donner sens. Les enjeux sont considérables ; il y va des fondements de l'économie, bien sûr, mais aussi de la morale. Une société qui serait fondée sur la haine de soi peut donner naissance à bien des aberrations. Or l'amour-propre n'exclut nullement la haine de soi, bien au contraire. C'est aussi la conclusion de Robert Kanters. S'agissant de La Rochefoucauld, il écrit en effet : « L'enfer pour lui, ce n'est pas les autres, mais leur absence, pour l'homme qui se livre à la puissance vertigineuse de son désert intérieur. Chacun est le prince despotique de sa propre solitude [...]. C'est bien pour le roi de la jungle, la solitude de la jungle ; pour l'homme, la prison de son égoïsme, sans espoir d'une communication avec autrui. » « Cette source de tous les maux, selon le commentaire d'André-Alain Morello, est enfin une puissance de l'irrationnel, travaillée par la négativité, comme l'est la volonté de puissance chez Nietzsche... De sorte qu'à l'intérieur de cet instinct vital, pourrait bien se cacher aussi une pulsion de mort, d'autodestruction[42]. » « Il faut craindre celui qui se hait lui-même, avertissait Nietzsche, car nous serons les victimes de sa vengeance[43]. » Pour le psychanalyste Erich Fromm, cet égoïsme de l'Europe moderne, le fait que « les gens étaient incapables de s'y aimer eux-mêmes[44] », aurait mené au fascisme.

Cependant, la tradition augustinienne n'exclut pas tout « souci de soi ». Bien au contraire. Seulement, où commence et où s'arrête le légitime souci de soi sans tomber dans l'*amor sui* ? Le connais-toi toi-même socratique devient un impératif illustré abondamment par les *Confessions* de saint Augustin lui-même. Le « souci de soi » analysé par Michel Foucault prend naissance dans la philosophie grecque tardive, et en particulier le stoïcisme[45]. Épictète recommande d'être « attentif à soi-même », Sénèque de « revenir à soi » et Marc Aurèle de « se contenter par soi-même » et « se replier en soi-même ». L'individualisme chrétien accroît encore ce mouvement d'une culture de soi « dans laquelle ont été intensifiés et valorisés les rapports de soi à soi[46] ». Michel de Montaigne, source d'inspiration de tous les moralistes (mais aussi des libertins...), représente la transition entre le souci de soi ancien et ses développements modernes : « La plus grande des choses du monde, écrit-il, c'est de savoir être à soi [...] chacun regarde devant soi ; moi, je regarde dedans moi ; je n'ai affaire qu'à moi, je me considère sans cesse, je me contrôle, je me goûte [...] Nous nous devons en partie à la société, mais en la meilleure partie à nous [...]. Il faut se prêter à autrui mais ne se donner qu'à soi-même[47].

Pascal lui-même, qui était grand lecteur de Montaigne, comme d'ailleurs La Rochefoucauld, ne se consacre-t-il pas à la connaissance de soi-même ? « Il faut se connaître soi-même. Quand cela ne servirait pas à trouver le vrai, cela au moins sert à régler sa vie. Il n'y a rien de plus juste », proclame-t-il dans la *Pensée* n° 106[48]. Pour E.F. De Vernage, très proche de La Rochefoucauld : « La connaissance de soi-même est le fondement de toutes les vertus, comme l'ignorance de soi-même est la source de tous les vices[49]. »

Ce souci de soi est certes un devoir (l'examen de conscience), mais pour l'augustinisme, la connaissance légitime et nécessaire de soi n'implique aucune complaisance. Une fois mis à nu, ce moi n'en est que plus haïssable. Reste qu'une certaine ambiguïté n'est pas évitée, car la confiance en soi et même l'estime de soi sont nécessaires au libre examen et font partie de la tradition calviniste et piétiste. Peut-on vraiment dire que ce souci de soi, tel que l'entend Michel de Montaigne, soit dénué de toute complaisance sinon d'un certain nombrilisme ? N'y a-t-il pas là une part sans doute légitime d'écoute de soi-même, voire de narcissisme, étrangère à l'*amor Dei* ? Le thème n'est jamais développé en tant que tel, comme un « bon » amour de soi opposé au mauvais amour-propre[50]. Quand il le sera tardivement chez les philosophes écossais, ce sera précisément pour effectuer ce renversement des valeurs que nous tentons d'élucider. Il y a cependant un entre-deux essentiel. L'idée d'un bon amour de soi, dans l'imprécision de son contenu et grâce à cette imprécision a, selon nous, facilité le renversement utilitariste.

2. Deuxième temps : le moi entre déréliction et résignation

Cette question est tellement importante pour comprendre la naissance de l'économie politique et les paradoxes de la modernité, qu'il vaut la peine de s'y attarder. La différence entre l'augustinien La Rochefoucauld, le janséniste Pascal et le calviniste

« incertain » Rousseau n'est peut-être pas si forte qu'il y paraît[51]. Le moi de La Rochefoucauld et de Pascal n'est haïssable que parce qu'il s'agit de cet amour-propre pénétré d'orgueil et de concupiscence. Toutefois, ce moi ne se trouve dans cet état de déréliction que par suite du péché originel. C'est un moi disgracié, résultat de la chute d'un moi conçu à l'image de Dieu. Or le moi de l'amour de soi-même rousseauiste est un moi « naturel », le moi d'avant la société factice, corruptrice et corrompue. Rousseau ne rejoint-il pas Jansénius lui-même qui oppose l'état de la nature innocente et l'état de la nature déchue[52] ? Chez Jean-Jacques, le passage de l'état de nature à l'état social n'est que la transposition laïque de l'expulsion du paradis terrestre. Certes, il reste en chacun quelque chose de la grâce originelle, mais chez les augustiniens aussi... Pour Rousseau, ce quelque chose n'est pas négligeable, d'autant que l'amour de soi-même, dans le texte de l'*Émile* en particulier, contient un noyau « souci de soi » à l'état pur, sans altruisme ni égoïsme réfléchi ; c'est le souci de sa conservation. Ce souci de sa propre conservation est même énoncé de façon quasi darwinienne. La différence est alors faible d'un amour-propre qu'on a pu aussi définir de cette façon biologique. Commentant la *Pensée* de Pascal « Chaque moi est l'ennemi et voudrait être le tyran de tous les autres », André-Alain Morello écrit : « L'amour-propre est cet instinct vital qui pousse chaque moi à se défendre contre les autres, à faire triompher son intérêt, à marquer sa supériorité par la force ou par la ruse. Instinct qui condamne l'homme à ne pouvoir sortir de lui-même[53]. » Cela deviendra le *self-love* du moraliste écossais, après passage par son ami David Hume. Hume, en effet, présente l'homme comme « l'animal de désir qu'exaspèrent les ressources limitées de son environnement ». Ces hommes, « il faut [...] les animer d'un esprit de luxe et de cupidité », dit-il dans son discours *Du commerce*. Sur ce point aussi, il rejoint Mandeville écrivant : « Le besoin où les hommes sont de boire et de manger est le lien de la société civile[54]. »

L'existence de quelque chose de l'amour de soi-même non corrompu et qui ne serait pas haïssable, chez les augustiniens, chez Pascal et chez La Rochefoucauld, fait problème. En effet, pour saint Augustin, l'*amor Dei* est bien exclusif de l'*amor sui*. La fameuse formule de *La Cité de Dieu* sur « l'amour de soi jusqu'au mépris de Dieu, ou l'amour de Dieu jusqu'au mépris de soi » (XIV, 28) semble irrémissible. Elle est à l'origine du moi haïssable de Pascal et de la condamnation impitoyable des vertus païennes. Dans un tel dilemme, il n'y a place pour rien de louable en l'homme s'il n'est référé à Dieu. Les théologiens jansénistes comme Nicole et Saint-Cyran sont intransigeants sur ce point. La Rochefoucauld lui-même, soit par augustinisme, sans référence explicite à la théologie, soit par esprit chagrin, dénonce les vertus (païennes) comme des vices déguisés. Dans la célèbre gravure du frontispice des quatre premières éditions des *Maximes*, on voit un amour, censé représenter l'amour chrétien, mais sous-titré « amour de la vérité », démasquant le buste d'un Sénèque hideux incarnant la fausse sagesse des Anciens. Sénèque est une cible importante de Jansénius et de Pascal. La citation de la lettre à Lucilius : « Qu'il te suffise de toi-même et du bonheur qui vient de toi[55] » se retrouve chez les deux auteurs pour être dénoncée. Rien de plus étranger, en effet, à la haine de soi que cette philosophie païenne. Néanmoins, chez Pascal, à côté des reprises textuelles des formules augustiniennes, il y a place pour une véritable sympathie envers « l'honnête homme ». En outre, par une rencontre étonnante de la tradition courtoise et de l'augustinisme, l'amour humain échappe à une condamnation radicale, au nom du fameux « *ama et fac quod vis* » (aime et fais ce que tu veux) de saint Augustin, comme si tout amour, fût-il le plus sensuel, contenait une étincelle de l'amour divin. L'amour, cette passion qui nous jette hors de nous-mêmes, sur laquelle la raison n'a pas prise et qui peut l'emporter sur l'amour-propre, n'est pas totalement illégitime, même sous sa forme terrestre, la concupiscence de la chair. Sur ce point, comme le remarque un commentateur avec finesse, les augustiniens et les jansénistes ne sont pas puritains[56]. Dans un texte anonyme de l'époque, le *Discours sur les passions de l'amour*, un moraliste écrit : « L'homme n'aime pas demeurer avec soi. Cependant il aime. Il faut donc qu'il cherche ailleurs de quoi aimer. Il ne le peut trouver que dans la beauté, mais comme il est lui-même la plus belle créature que Dieu ait jamais formée, il faut qu'il trouve dans soi-même le modèle de cette beauté qu'il cherche au-dehors. Chacun peut en remarquer en soi-même les premiers rayons et, selon que l'on s'aperçoit que ce qui est dehors y convient ou s'en éloigne, on se forme les idées de beau ou de laid sur toutes choses [...].

C'est pourquoi la beauté qui peut contenter l'homme consiste non seulement dans la convenance mais aussi dans la ressemblance. Elle la restreint et elle l'enferme dans la différence du sexe[57]. » Lafond commente : « La transposition du thème augustinien suggère ainsi une genèse originale du désir amoureux et de sa fixation sur l'objet aimé[58]. »

Pascal, tout comme La Rochefoucauld, conserve un reste d'estime pour l'idéal de « l'honnête homme » jusque dans ses côtés galants et mondains. La pensée courtoise règne encore au milieu de ces débats de théologie de salon. C'est ce dont témoignent les controverses du *Mercure galant*. En 1661, une jeune femme de vingt ans, Marie Linage, adresse une série de questions au chancelier Séguier, tout à fait révélatrice des préoccupations du temps. Question 21 : « Si l'amour d'inclination n'est au fond que l'amour-propre ? Si le véritable amour peut être tout désintéressé et tout platonique ? » En août 1677, dans le *Mercure galant*, on lance le débat suivant : Quelle est la passion la plus forte, de la recherche de la gloire ou de l'amour[59]. Méré, l'ami de Pascal et de La Rochefoucauld, a pu dire : « La dévotion et l'honnêteté vont presque les mêmes voies... de sorte que l'honnêteté n'est pas inutile au salut[60]. » Pourtant, Pascal ne veut démordre de la haine du moi. Dans le dialogue imaginaire avec l'aimable Miton, il rejette la mondanité :

« Le moi est haïssable, vous Miton, le couvrez, vous ne l'ôtez point pour cela : vous êtes donc toujours haïssable.

– Point. Car en agissant, comme nous faisons, obligeamment pour tout le monde, on n'a plus sujet de nous haïr.

– Cela est vrai, si on ne haïssait dans le moi que le déplaisir qui nous en revient. Mais si je le hais parce qu'il est injuste, qu'il se fait centre de tout, je le haïrai toujours.

En un mot le moi a deux qualités : il est injuste en soi, en ce qu'il se fait centre de tout ; il est incommode aux autres, en ce qu'il les veut asservir, car chaque moi est l'ennemi et voudrait être le tyran de tous les autres. Vous en ôtez l'incommodité, mais non pas l'injustice.

Et ainsi vous ne le rendez pas aimable à ceux qui en haïssent l'injustice. Vous ne le rendez aimable qu'aux injustes, qui n'y trouvent plus leur ennemi. Et ainsi vous demeurez injuste, et vous ne pouvez plaire qu'aux injustes[61]. »

L'intransigeance des moralistes augustiniens mène à une impasse telle qu'elle rend le renversement éthique inévitable. Toutefois, dans le même temps, on entrevoit la brèche qui va permettre de le réaliser en subvertissant tout le dispositif.

3. Troisième temps : le salut du moi par l'amour-propre

En proclamant cet amour de soi-même « toujours bon et conforme à l'ordre », Rousseau favorise le glissement vers ce souci d'intérêts économiques, dont le naturalisme est beaucoup plus problématique que celui de cet amour innocent de soi. On aboutit finalement à la position cynique de Bastiat sacralisant l'égoïsme. On sait que, renversant leur position, les puritains, en devenant libéraux, décident tout simplement d'appeler vertu ce qu'ils appelaient vice, puisque aussi bien cet *amor sui* engendre, Adam Smith l'a démontré, le bien-être général.

L'amour-propre terrestre de l'homme déchu finit par se dédouaner du péché originel sous le couvert de l'amour de soi-même vidé de sa substance. Ce grand chassé-croisé va se réaliser grâce au mythe de l'harmonie naturelle des intérêts. En démontrant que le vice a les résultats attendus de la vertu, on justifie d'appeler désormais vertu ce qui était considéré comme vice (surtout si le vice n'est pas vraiment un vice mais un instinct naturel...). Jeremy Bentham est très clair sur ce point. Pour Jean-Claude Perrot, Hume et Smith ne sont déjà pas moins clairs. « Pourquoi, disent Hume et Smith, appeler vice l'intérêt, qui est suprêmement utile ? La sympathie smithienne habille alors de philanthropie ce que la vanité couvrait d'opprobre chez Mandeville[62]. » Bentham et Adam Smith font reproche, en effet, à Bernard de Mandeville d'avoir embrouillé les choses en appelant vices ce qui, les conséquences le prouvent, ne peut être que vertus. Pour Bastiat, l'amour de soi se ramène au chacun pour soi mais « avec le chacun pour soi, tous les efforts de l'individualisme surexcité agissent dans le sens de chacun pour tous[63] ». En se laïcisant, le puritanisme et le jansénisme, comme l'ont montré Max Weber et bien d'autres après lui, aboutissent aux résultats contraires à leur point de départ augustinien. De la dénonciation de l'*amor sui*, on passe à son exaltation. Les moralistes, quant à eux, reprendraient sans doute à leur compte la malédiction du prophète Isaïe : « Malheur à ceux qui déclarent du mal : “C’est bien !”, du bien : “C’est mal !”[64]. » M. de Moncade, le disciple de La Rochefoucauld, dénonce précisément chez les moralistes anciens ce maquillage que referont les utilitaristes : « Toute la sagesse des païens ne consistait qu’à savoir couvrir les vices les plus honteux du manteau de la vertu[65]. » Déjà à l’époque, le monde fait de même. Le chevalier de Méré rapporte une discussion avec La Rochefoucauld dans laquelle celui-ci aurait déclaré : « Je crois qu’on pourrait faire une maxime que la vertu mal entendue n’est guère moins incommode que le vice bien ménagé. » À quoi Méré, entrant dans le jeu, se récrie : « Ha, Monsieur !... il s’en faut bien garder ; ces termes sont si scandaleux qu’ils feraient condamner la chose du monde la plus honnête et la plus sainte. » Et La Rochefoucauld de préciser : « Aussi n’usé-je de ces mots [...] que pour m’accommoder au langage de certaines gens qui donnent souvent le nom de vice à la vertu, et celui de vertu au vice[66]. » Le renversement éthique, on le voit, était comme contenu en puissance dans le radicalisme augustinien. La démonstration d’une harmonie naturelle des intérêts a joué un rôle essentiel pour justifier ce renversement.

À l’opposé, ce qui frappe chez les augustiniens, c’est que l’obsession de l’*amor dei* permet d’escamoter l’amour du prochain. Autrui est un autre moi-même et bien près d’essuyer la même haine que le moi voire, par une ultime ruse de l’amour-propre, une haine un peu plus forte... La haine de soi sans nuance, au nom de l’amour de Dieu, mène surtout à la haine de son prochain comme soi-même pour l’amour de Dieu et finalement à la haine de Dieu. Elle conduit facilement à son contraire, l’égoïsme. Cette morale chrétienne oublie singulièrement la générosité, sous le prétexte un peu rapide que toute générosité est suspecte. Ce thème est inépuisable chez les augustiniens. Il est déjà présent d’ailleurs chez Calvin[67]. Le pur amour du prochain étant quasi impossible, mieux vaut s’en abstenir. Cela traduit bien l’égoïsme des classes possédantes, et il n’est pas étonnant qu’on ait pu voir dans cette morale une manifestation de la bourgeoisie montante. C’est aussi la conclusion d’un fin connaisseur de la théologie protestante, Jacques Ellul, dans son analyse de l’essai célèbre de Max Weber : « Le monde existe pour servir la gloire de Dieu. La prédestination à la perdition aussi. Donc ce n'est jamais le prochain qui compte, mais seulement Dieu. L'amour du prochain est déterminé par la relation exclusive avec Dieu : ne doit être fait que ce qui sert à la gloire de Dieu, l'amour du prochain est donc très impersonnel, car tout ce qui serait personnel serait finalement une glorification de la créature. Évidemment cette impersonnalité dans la pratique économique aboutira à des conséquences de comportement capitaliste[68]. L'altruisme est ainsi le « tiers exclus » dans la dialectique des deux amours (voir Annexe 2).

III. L'HARMONIE DES INTÉRÊTS : LE CORBEAU ET LE BRASSEUR

Le texte fameux du chapitre deux du livre premier de *La Richesse des nations* d'Adam Smith sur le boulanger, le boucher et le brasseur, ne doit pas sa célébrité au seul fait de fonder la morale ou la société sur le *self-love*. On sait qu'à la différence des *vrais* utilitaristes, le professeur de philosophie morale de Glasgow voit même dans la sympathie et non dans l'égoïsme la source du lien social. On pourrait soutenir que le *self-love* est le fondement de la sympathie suivant la parole de l'Évangile « Aime ton prochain comme toi-même ». Le mépris de soi, en effet, n'est sûrement pas une bonne base pour fonder le lien social... On pourrait aussi soutenir au contraire que la sympathie smithienne *contient* le *self-love* dans les deux sens du mot contenir[69]. S'il apparaît nécessaire de distinguer à la suite de Vauvenargues et Jean-Jacques Rousseau entre un *bon* amour de soi qui nous ouvre aux autres et un *mauvais* amour-propre qui est peut-être au fond une forme de la haine de soi, c'est parce qu'il faut bien convenir que le boucher, le brasseur et le boulanger qui me fournissent mon dîner contre espèces sonnantes et trébuchantes sont animés d'un solide souci d'eux-mêmes qui n'a pas plus à voir avec la sympathie qu'avec la bienveillance et qui ressemble étrangement à de l'égoïsme pour le meilleur ou pour le pire. Quoi qu'il en soit, ce fameux texte démontre que, dans le domaine économique, le libre jeu de ce souci de soi produit le bien commun. La démonstration se trouve renforcée par les diverses évocations tant dans *La*

Richesse des nations que dans la *Théorie des sentiments moraux* de la main invisible (de Jupiter)[70]. Dès lors, se trouve posé en dogme qu'il y a une harmonie naturelle des intérêts.

1. L'origine augustinienne de la main invisible

Le dogme de la main invisible a bien une filiation augustinienne. Il résulte en effet du choc contenu des concupiscences. Toutefois, chez les moralistes, ce conflit des passions n'aboutit jamais, en tout cas à lui seul, au bien commun.

Ce thème d'une harmonie des intérêts, non pas nécessairement naturelle mais artificiellement possible, n'est pas totalement nouveau dans la pensée morale. Depuis saint Augustin au moins, de nombreux penseurs ont montré que dans un monde corrompu par le péché originel, un ordre humain cohérent, voire relativement harmonieux, pouvait résulter de l'antagonisme des passions.

L'idée, sinon l'expression, d'une main invisible est déjà présente chez l'économiste français Pierre Le Pesant de Boisguilbert. « Tout cabaretier qui vend du vin aux passants, écrit-il, n'a jamais eu l'intention de leur être utile, ni les passants qui s'arrêtent chez lui, à faire voyage de crainte que ses provisions ne fussent perdues... » Il en conclut qu'une puissance supérieure régit de manière invisible « l'harmonie de la république ». Selon J.-C. Perrot, « l'économiste normand a puisé ce thème dans la pensée janséniste[71] », peut-être même chez Pierre Nicole lui-même. « On trouve [...] partout en allant à la campagne, écrit ce dernier, des gens qui sont prêts de servir ceux qui passent [...] on leur commande et ils obéissent [...] c'est la cupidité qui les fait agir[72]. »

Il est incontestable que la théologie janséniste (et augustinienne) est amenée à développer le thème d'un ordre naturel dans le monde déchu beaucoup plus que la théologie catholique orthodoxe. Pour les thomistes, comme pour Bossuet, le désordre du monde provient certes du péché, des vices et des passions, mais la saine raison avec le concours de la grâce et des vertus chrétiennes n'est pas impuissante à faire triompher le bien commun. Il y a même en dehors de l'*amor dei* une solide sagesse fondée sur la raison *raisonnable*. Certes, le prince chrétien peut s'aider de l'équilibre éventuel des passions, mais cet équilibre reste très imparfait et tout à fait insuffisant pour engendrer le bien commun sans la pratique de la vertu, et tout particulièrement de la charité. Dans la vision pessimiste du jansénisme (et peut-être déjà de saint Augustin lui-même), il n'y a rien à attendre de la raison (« cette catin » *dixit* Luther), ni des vertus humaines qui ne sont le plus souvent que des vices déguisés. Comme le dit Étienne-François de Vernage, le « disciple » de La Rochefoucauld : « La coutume, l'intérêt et la passion conduisent la plupart des hommes, et non pas la raison[73]. » Le monde est livré aux concupiscences. Si le chaos ne règne pas totalement dans cet univers d'après la chute, c'est donc qu'il y a une certaine harmonie naturelle des vices. « Je ne veux pas priver la tromperie de son rang, ce serait mal entendre le monde, note déjà Montaigne dans les *Essais* ; je sais qu'elle a servi souvent profitablement, et qu'elle maintient et nourrit la plupart des vacations des hommes. Il y a des vices légitimes, comme plusieurs actions, ou bonnes ou excusables, illégitimes[74]. » Il suffit alors, effectivement, de renverser le jugement sur les faiblesses humaines, de voir en blanc ce que l'on voyait en noir, d'appeler vertu ce que l'on appelait vice, en invoquant le bien public, pour que le « containement » des passions par les passions devienne un merveilleux mécanisme d'équilibre optimal des intérêts. Le pessimiste s'est converti à l'optimisme, l'ascète en cynique. Ce renversement s'est bien produit historiquement. Il est parfaitement intelligible. Lorsque, las de vivre de la foi en accumulant des mérites pour la seule gloire de Dieu, le puritain ou le janséniste décide de vivre son paradis sur terre, le tour de passe-passe est accompli. Toutefois, ce renversement des dieux au profit des idoles ne va pas pour autant de soi, et La Rochefoucauld et Pascal auraient été à coup sûr bien étonnés et très choqués d'apprendre qu'ils étaient des précurseurs d'Adam Smith et plus encore de Bastiat ! Tous ces moralistes ne pensaient-ils pas dans le fond, comme La Bruyère, qu'« il y a des âmes sales, pétries de boue et d'ordure, éprises du gain et de l'intérêt, comme les belles âmes le sont de la gloire et de la vertu[75] ».

2. *L'équilibre des trois concupiscences*

« Tout ce qui est dans le monde, dit saint Jean, est concupiscence de la chair et concupiscence des yeux et orgueil de la vie[76]. » Saint Augustin va développer cette théorie de la triple concupiscence et montrer que ces trois faiblesses peuvent se neutraliser dans une certaine mesure. Or cette triple concupiscence, *libido sentiendi, libido sciendi* et *libido dominandi*, trouve sa source dans l'amour-propre. Bien que cette distinction ne recoupe pas exactement les trois passions fondamentales d'Aristote, à savoir celles de la richesse, du pouvoir et de la chair, les deux analyses tendent à se rejoindre et à se confondre chez les moralistes du XVIIe siècle, comme La Rochefoucauld ou Pascal[77]. Pascal, dans sa *Pensée* 451, exprime la neutralisation possible des passions sur un ton désabusé : « On s'est servi comme on a pu de la concupiscence pour la faire servir au bien public[78]. » Cette *composition* des passions sort de la morale, mais donne naissance à l'art politique. Comme le note Pierre Rosanvallon : « La politique n'est donc rien d'autre qu'un art combinatoire des passions. Son objet est de composer les passions de telle sorte que la société puisse fonctionner. L'arithmétique des passions devient à partir du XVIIe siècle le moyen de donner un fondement solide à l'idéal du bien commun de la pensée scolastique[79]. »

L'aboutissement en est bien la main invisible. Pour la plupart des moralistes et plus encore des politiques, les inclinaisons mauvaises des particuliers peuvent se neutraliser les unes les autres, et le législateur sage doit tenter de réaliser leur équilibre, négocier entre elles et les faire travailler au bien commun. Mme de Sablé, l'amie de La Rochefoucauld, se résigne assez bien à cette situation de la corruption de la morale en politique. « Il vaut presque mieux, écrit-elle, que les Grands recherchent la gloire, et même la vanité dans les bonnes actions, que s'ils n'en étaient point du tout touchés. Car encore que ce ne soit pas les faire par les principes de la vertu, l'on en tire au moins cet avantage que la vanité leur fait faire ce qu'ils ne feraient point sans elle[80]. »

Chez La Rochefoucauld, les passions se succèdent et se contredisent. Ainsi : « Il y a dans le cœur humain une génération perpétuelle de passions, en sorte que la ruine de l'une est presque toujours l'établissement d'une autre » (10). Ou encore : « Les passions en engendrent souvent qui leur sont contraires : l'avarice produit quelquefois le prodigue, et la prodigalité l'avarice ; on est souvent ferme par faiblesse, et audacieux par timidité » (11). Ces passions, et en particulier l'intérêt, peuvent même renforcer sinon fonder la justice. « La justice n'est le plus souvent qu'une vive appréhension qu'on ne nous ôte ce qui nous appartient ; de là vient cette considération et ce respect pour tous les intérêts du prochain, et cette scrupuleuse application à ne lui faire aucun préjudice... » (S 14). Dans ces conditions, la poursuite de nos intérêts *éclairés* peut concourir au bon ordre social. « Il en est de la reconnaissance, écrit encore le duc, comme de la bonne foi des marchands : elle soutient le commerce, et nous ne payons pas pour la justice qu'il y a à nous acquitter, mais pour trouver plus facilement des gens qui nous prêtent[81]. » Tant et si bien que « l'intérêt, que l'on accuse de tous nos crimes, mérite souvent d'être loué de bonnes actions » (305). L'amour-propre peut s'avérer ressort du bien commun. Ainsi en est-il de la victoire. « En effet, elle est produite par une infinité d'actions qui au lieu de l'avoir pour but, regardent seulement les intérêts particuliers de ceux qui les font, puisque tous ceux qui composent une armée, allant à leur propre gloire et à leur élévation, produisent un bien si grand et si général » (S41). « Tout augustinien, selon Lafond, sait reconnaître la validité d'une morale objective. » Comme le dit avec beaucoup de précision l'un d'entre eux, La Chapelle-Bessé, « la plupart des actions des hommes que le monde prend pour des vertus n'en ont bien souvent que l'image et la ressemblance. Elles ne laissent pas néanmoins d'avoir leur mérite et d'être dignes en quelque sorte de notre estime, étant très difficile d'en avoir humainement de meilleures[82] ».

3. Les limites de l'optimum des moralistes

Il est remarquable que chez La Rochefoucauld ce bien si grand et si général engendré par la compétition des intérêts particuliers n'est pas le repas quotidien cher aux économistes mais le vain triomphe des armes. Sans doute, La Rochefoucauld serait-il d'accord avec le moraliste de la fable, son ami La Fontaine. Ce n'est pas en s'adressant à la bienveillance de son corbeau que le renard attend de dîner d'un bon camembert mais bien en s'adressant à son amour-propre. Là réside toute la différence entre l'amour-propre de l'aristocrate et celui du marchand dont le philosophe de Glasgow épouse les valeurs. Seulement, avec la version du fabuliste, si en appeler à l'amour-propre permet à certains de faire un dîner à bon compte, tout le monde n'y trouve pas nécessairement son compte (c'est le cas du corbeau de la fable et très probablement de la ménagère à qui celui-ci avait chipé le camembert...). Aussi La Rochefoucauld (comme la plupart des moralistes) ne pense pas que les intérêts engendrent toujours et systématiquement l'harmonie, que ces intérêts soient de vanité ou, *a fortiori*, marchands. Tout au contraire, conformément à une vision morale anti-utilitariste qui traverse aussi les Lumières, le bien commun peut entrer en conflit avec l'intérêt particulier ; contre Voltaire et Bernard de Mandeville, La Rochefoucauld déclare : « Le luxe et la trop grande politesse dans les États sont le présage assuré de leur décadence, parce que tous les particuliers s'attachant à leurs intérêts propres, ils se détournent du bien public » (S 52). Il rejoindrait volontiers Rousseau déclarant : « Pour deux hommes dont les intérêts s'accordent, cent mille peut-être leur sont opposés, il n'y a pas d'autre moyen pour réussir, que de tromper ou de perdre tous ces gens-là [83]. »

Dans la fable smithienne du boucher, du brasseur et du boulanger, qui assurera le repas du chômeur, du clochard, de l'exclu social, sans parler de l'enfant, des vieillards, des handicapés, pris en charge par le lien social et non par les mécanismes du marché ? S'il s'adresse à leur *self-love*, le pauvre diable devra se proposer de laver leur voiture pour une pièce qui n'assurera peut-être pas même sa subsistance, et sûrement pas celle de sa famille s'il a commis l'impertinence d'en fonder une... Aura-t-il plus de chance en s'adressant à leur sentiment de fraternité humaine ? Rien n'est moins sûr. Dans l'un comme dans l'autre cas, il sera un RMIste délégitimé socialement, exclu des trois formes de la socialité normale : le *commercium*, le *convivium* et le *connubium* [84]. Les libertariens seuls ont l'aplomb d'affirmer que ces chômeurs sont volontaires et que leur existence n'entame pas le dogme de l'harmonie des intérêts, puisqu'il s'agit d'un dogme...

Pour les moralistes, l'intérêt, qui peut avoir des effets positifs en socialisant les vices, ne peut à lui seul fonder le lien social. Il est remarquable que dans la longue et profonde réflexion nº 4 de La Rochefoucauld, intitulée « De la société », il ne soit fait à aucun moment référence à l'intérêt comme ciment social. Certes, la société dont il s'agit n'est pas le lien social primaire mais cette réunion mondaine que les élites de la fin de l'Ancien Régime appelaient la *société* et qui était la source de cette douceur de vivre chère au prince de Talleyrand. Cette société mondaine n'en est pas moins une forme de notre *commerce* avec autrui. Celui-ci est posé au départ comme tout à fait nécessaire. « La société est nécessaire aux hommes ; tous la désirent et tous la cherchent. » Ce n'est pas vraiment l'amitié ou la *philia* d'Aristote qui la maintient ; et sa gestion est délicate. La recherche égoïste de son avantage, surtout de vanité, rend son bon fonctionnement difficile. Ce commerce-là ne s'adresse pas à l'intérêt matériel. Il se fonde sur l'agrément qui, pour être réciproque, ne se calcule pas. Il s'agit d'une forme de civilité[85]. Certes, La Rochefoucauld a aussi écrit : « Les hommes ne vivraient pas longtemps en société, s'il n'étaient les dupes les uns des autres » (87) et encore : « C'est l'intérêt seul qui produit notre amitié » (85). Toutefois, dans le dernier cas, il s'agit de l'amitié des puissants, et dans le premier, il est fait appel à l'illusion et non à l'intérêt.

Si notre duc, blasé et cynique, constate que la vanité mène le monde, et finalement ne le mène pas trop mal, il est loin de songer à fonder la morale sur cet amour-propre. Il fait de l'humilité « la véritable preuve des vertus chrétiennes » (358). Le sentiment vrai, pour lui, est spontané, désintéressé, ou encore fondé sur le devoir religieux plutôt que sur un humanisme profane cher aux Lumières du siècle suivant. « Je ne prétends pas détruire par ce que je dis la confiance si nécessaire entre les hommes, puisqu'elle est le lien de la société et de l'amitié. Je prétends seulement y mettre des bornes et la rendre honnête et fidèle. Je veux qu'elle soit toujours vraie et toujours prudente et qu'elle n'ait ni faiblesse ni intérêt[86]. » Il traque la fausse vertu, les fausses valeurs qui se fondent sur l'intérêt, l'égoïsme, la vanité. Il ne hait rien tant que l'hypocrisie. Seulement, le combat est presque perdu d'avance tant l'amour-propre est puissant. En effet, « la vertu n'irait pas si loin si la vanité ne lui tenait compagnie » (200). « Dieu, écrit-il encore à son amie janséniste, Mme de Sablé, a permis pour punir l'homme du péché originel qu'il se fît un Dieu de son amour-propre pour en être tourmenté dans toutes les actions de sa vie[87]. » Ainsi, loin d'être le maître de son intérêt comme le supposeront les économistes, l'homme en est-il l'esclave. Certains s'en accommodent sans doute, la plupart en souffrent.

« L'intérêt, dit-il encore, à qui on reproche d'aveugler les uns est ce qui fait toute la lumière des autres[88]. » Si la vraie morale est aux antipodes de l'intérêt et de l'utilitarisme ambiant, elle est fortement corrompue par ce dernier. « Les vertus se perdent dans l'intérêt comme les fleuves se perdent dans la mer » (171). Les vraies valeurs, comme la grandeur, l'héroïsme, l'humilité, sont foncièrement désintéressées. Seulement, « il n'y a que Dieu qui sache si un procédé net, sincère et honnête est plutôt un effet de probité que d'habileté[89].

Dans ces conditions, la vraie vertu n'a pas un grand rôle à jouer dans le monde. Elle reste cachée et presque indécelable et indécidable. À leur insu, les moralistes préparent le terrain aux partisans de la morale des apparences, tel Benjamin Franklin, pour qui ce qui compte c'est moins d'être vertueux que d'en avoir la réputation. Le piétisme des jansénistes comme celui des puritains favorise sans le vouloir le triomphe du conformisme moral. Le contresens d'Helvétius sur La Rochefoucauld, déjà préparé dès la parution des *Maximes*, est finalement fondé en quelque sorte dans la suite de l'histoire. Comme l'exprime fort bien Jean Lafond : « Les moralistes augustiniens ont fait à leurs lecteurs une confiance qui s'est retournée contre eux. Tout dualisme tend à se réduire : la pure vertu étant si difficile d'accès qu'il n'a peut-être jamais existé d'acte vertueux, le plan de l'efficacité, de l'utilité sociale est apparu aux penseurs des Lumières comme le seul finalement dont on doive tenir compte. La prise en considération de l'homme en société les a ainsi conduits à adopter un utilitarisme d'où se trouve complètement évacuée toute morale de l'intention[90]. » La tension maintenue entre morale et politique par les moralistes du XVIIe siècle va disparaître au siècle suivant grâce au renversement des valeurs qui sera d'abord un changement, puis une élimination de fait, de la morale. Ce bouleversement préparé *après coup* par nos moralistes est tout à fait étranger à leur intention et à leur conviction mais il est essentiel, sans doute, pour comprendre le développement de l'économie politique. À nos yeux, le duc de La Rochefoucauld apparaît avant tout comme un précurseur de l'anti-utilitarisme aristocratique. Cet anti-utilitarisme-là ne manque pas de lettres de noblesse, en dépit des déboires de certains de ses avatars récents. On le retrouve tout au long du XIXe siècle avec le romantisme et le socialisme utopique, ou encore avec le catholicisme social. Mme de Staël, François-René de Chateaubriand, Alexis de Tocqueville, mais aussi Jean Charles Léonard Sismonde de Sismondi, Albert de Mun en sont des représentants notoires. On le retrouve au XXe siècle ; il va se dévoyer dans une extrême droite antisémite, d'abord au temps de l'affaire Dreyfus, puis franchement fascisante. Finalement, il va se perdre avec un autre Châteaubriant et un autre Daudet dans sa compromission vichyste. Ce courant n'est certes pas une spécialité française. On le trouverait d'abord chez les penseurs contre-révolutionnaires anglais et les romantiques allemands. On en retrouve les séquelles chez un hobereau comme Ernst Jünger et chez son camarade, le philosophe Martin Heidegger...

La Rochefoucauld, comme tous les moralistes de l'âge classique, en est un précurseur. L'utilitarisme qu'il attaque et dénonce n'est pas encore l'utilitarisme vulgaire que le développement du capitalisme, l'industrialisation et l'individualisme vont répandre. Notre duc ne fait qu'annoncer cette réaction contre les valeurs bourgeoises qui travaillent la société d'Ancien Régime, en même temps qu'il illustre l'impuissance pathétique à sauver la morale antérieure et surtout à en faire le fondement du politique.

Ces moralistes témoignent de l'échec tragique de la réaction à la corruption de la morale sous l'effet de la montée en puissance des pratiques mercantiles. Par une ruse de l'histoire, la dénonciation de l'hypocrisie de la morale d'une société chrétienne rongée par les valeurs et les pratiques marchandes va, par son intransigeance même et son incompréhension de la situation historique, favoriser ce contre quoi elle se dresse : l'invasion de l'utilitarisme vulgaire. Comme l'a remarqué finement Max Weber, en privatisant excessivement la morale, le jansénisme et le piétisme, tout comme le puritanisme, font le lit de l'utilitarisme, en dépit de leur anti-utilitarisme explicite. La vie éthique est devenue un tel secret intime que rien dans l'apparence ne permet de la deviner. Le monde quant à lui ne s'en porte ni mieux ni plus mal, tout au moins jusqu'à ce que l'*omnimarchandisation* ne vienne saper les fondements mêmes du lien social.

ANNEXE 1

L'amour de soi-même et l'altruisme

À la différence des augustiniens, la position théologique de Bossuet et celle des moralistes non sensualistes, comme le marquis de Vauvenargues, restituent la morale sans pour autant la confondre avec l'économie comme le feront les Écossais. Bossuet, qui fut pourtant appelé à assister La Rochefoucauld sur son lit de mort, à la demande même du duc, n'était pas favorable aux *Maximes*. On a plusieurs témoignages de ses réserves[91]. Le *Traité de la concupiscence* est pour lui l'occasion d'une mise au point de la doctrine orthodoxe. Saint Augustin est évoqué, bien sûr, dans la dénonciation de l'amour-propre en tant que « la racine de l'orgueil ». « L'orgueil, écrit-il, est une dépravation plus profonde ; par elle l'homme, livré à lui-même, se regarde comme son Dieu, par l'excès de son amour-propre[92]. » Le titre même de son chapitre XXXII est révélateur : « De la racine commune de la triple concupiscence, qui est l'amour de soi-même. » On peut y lire en outre que par le péché d'orgueil, « nous nous sommes attachés à nous-mêmes, et que c'est dans ce malheureux et aveugle amour que consiste la tache originelle, principalement dans cet amour de notre excellence propre, puisque c'est celui qui nous fait véritablement dieux à nous-mêmes, idolâtres de nos pensées, de nos opinions, de nos vices, de nos vertus mêmes[93] ». Toutefois, cette dénonciation « classique » de l'amour-propre n'empêche pas quelque indulgence pour l'amour de soi-même s'il est fondé sur l'amour de Dieu. L'amour de soi n'exclut pas systématiquement l'amour d'autrui. Le souci d'autrui et donc aussi la préoccupation de la sociabilité sont pour l'orthodoxie du côté de l'amour de Dieu. « Quiconque n'aime pas Dieu n'aime que soi-même ; mais quiconque n'aime que soi-même, uniquement occupé de sa propre volonté et de son plaisir, n'est plus soumis à la volonté de Dieu ; et demeurant incapable d'être touché des intérêts d'autrui, il est non seulement rebelle à Dieu, mais encore insociable, intraitable, injuste, déraisonnable envers les autres, et veut que tout serve non seulement à ses intérêts, mais encore à ses caprices[94]. » Enfin, explicitement, l'amour-propre ne peut mener au bien commun. L'homme pécheur, livré à l'amour-propre, recherche « le bien particulier qu'il a préféré au bien général[95]. La reine Christine de Suède, de son côté, qui a commenté les *Maximes* du duc de La Rochefoucauld et écrit ses propres maximes, exprime assez bien le point de vue de la casuistique des jésuites dont elle subit fortement l'influence. « L'amour-propre n'est pas si criminel qu'on le dépeint, écrit-elle. Le moyen de ne s'aimer pas ! Dieu veut que nous nous aimions, puisqu'il nous ordonne de l'aimer plus que nous-mêmes, et notre prochain autant que nous. Cela suppose qu'il faut s'aimer[96]. »

Les théologiens sont, on le voit, handicapés pour sortir du dilemme augustinien, *amor Dei/amor sui*. Vauvenargues, avant Jean-Jacques Rousseau, prolongeant la réflexion de toute une série de moralistes sur l'amour-propre « bien compris », définit clairement les termes de l'opposition entre amour-propre bien compris et mauvais amour-propre. Il laïcise en quelque sorte la position de Bossuet. Le commentateur précise en note : « En établissant une distinction définitive entre “l'amour de soi” et “l'amour-propre”, Vauvenargues ruine la théorie de La Rochefoucauld. » L'amour de soi-même selon Vauvenargues est cette part altruiste de notre moi lié à l'amour tout court. « Or, dès que nous nous regardons comme la moindre partie dans le tout, écrit-il, c'est une préférence manifeste de l'objet aimé. » Cela, ajoute-t-il, « justifie la distinction que quelques écrivains ont mise avec sagesse entre l'amour-propre et l'amour de nous-mêmes. Ceux-ci conviennent bien que l'amour de nous-mêmes entre dans toutes nos passions ; mais ils distinguent cet amour de l'autre. Avec l'amour de nous-mêmes, disent-ils, on peut chercher hors de soi son bonheur ; on peut s'aimer hors de soi davantage que dans son existence propre ; on n'est point à soi-même son unique objet. L'amour-propre, au contraire, subordonne tout à ses commodités et à son bien-être ; il est à lui-même son seul objet et sa seule fin ; de sorte qu'au lieu que les passions qui viennent de l'amour de nous-mêmes nous donnent aux choses, l'amour-propre veut que les choses se donnent à nous, et se fait le centre de tout. Rien ne caractérise donc l'amour-propre, comme la complaisance qu'on a dans soi-même et dans les choses qu'on s'approprie[97] ».

On saisit comment toutes les ambiguïtés sur cet amour de soi ont permis le glissement vers l'utilitarisme des sociétés modernes alors même qu'il ouvrait la voie à une tentative d'y échapper. Les moralistes ont servi à leur insu de caution à cette manœuvre. Après coup, la conclusion de Jean-Claude Perrot devient acceptable : « L'intérêt, naguère haïssable, est maintenant admirable et il peut tout. Le Dieu caché de Port-Royal, désormais, est un Dieu perdu[98]. »

ANNEXE 2

L'altruisme guetté par l'égoïsme

Il est essentiel, si l'on veut échapper au cauchemar de la haine de soi et à l'impérialisme de l'économie utilitariste, de maintenir l'opposition de Vauvenargues et de J.-J. Rousseau entre amour-propre et amour de soi-même. Toutefois, il est non moins essentiel de donner à cette opposition une consistance qu'elle n'a ni chez Rousseau, ni, *a fortiori*, chez les théologiens et moralistes augustiniens. On a dit un peu rapidement de La Rochefoucauld qu'il était « un Freud en dentelles[99] ». Il y a cependant une grande différence entre les analyses du découvreur de l'inconscient et la perspicacité de notre misanthrope. En dépit de toute sa profondeur, La Rochefoucauld conserve au « moi » dans sa psychologie la place centrale. Il l'analyse avec clairvoyance, certes, mais il ne le déconstruit pas. On a dit de Freud, en revanche, qu'il avait fait une révolution copernicienne en psychologie en dépossédant le moi de sa centralité souveraine, en lui enlevant le privilège de régner au cœur de la personnalité. Les ruses de l'amour-propre de La Rochefoucauld ne sont pas l'inconscient freudien, tout au plus pourrait-on parler, en termes psychanalytiques, de préconscient ou de non-conscient. La conception freudienne du moi comme « bric-à-brac d'identification », ou du moi « en extériorité interne par rapport à lui-même », suivant les formules lacaniennes, est étrangère à l'âge classique. Or, peut-on concevoir l'amour de soi-même, dont l'intuition traverse la pensée classique, sans la dialectique du moi et de l'autre ? Certes, les « honnêtes » gens et Pascal, avec la référence à l'amour, en ont le pressentiment, mais ils sont impuissants à l'expliciter. Comme le suggérait Vauvenargues, l'amour de soi-même ne peut se distinguer de l'amour-propre que s'il est altruiste d'une certaine façon. Il convient d'aimer l'autre que l'on a en soi et non de le nier (amour-propre) ou de le haïr (haine de soi). Alors, si on est capable d'aimer l'autre en soi, on est capable de l'aimer hors de soi, et vice versa. Ce serait le vrai sens des paroles du Christ.

Par parenthèse, il ne dit pas qu'il faille s'aimer soi-même, il constate le fait et en prend la mesure... Damien Miton, le libertin ami de Pascal, avec son concept d'amour-propre « bien réglé », témoigne le mieux de cette intuition-là. Dans ses *Pensées* sur l'honnêteté, il écrit : « Mais pour se rendre heureux avec moins de peine, et pour l'être avec sûreté, sans crainte d'être troublé dans son bonheur, il faut faire en sorte que les autres le soient avec nous. Car si l'on prétend songer seulement à soi, on trouve des oppositions continuelles, et quand nous ne voulons être heureux qu'à la condition que les autres le soient en même temps, tous les obstacles sont levés et tout le monde nous prête la main. C'est ce ménagement de bonheur pour nous et pour les autres que l'on doit appeler l'honnêteté, qui n'est, à le bien prendre, que l'amour-propre bien réglé. » Jean Lafond commente : « Miton admet avec La Rochefoucauld la prédominance de l'amour-propre. Mais plus pragmatique que le duc, il voit dans l'honnêteté le moyen le plus sûr d'éviter la rivalité et donc le conflit des amours-propres. Le bonheur individuel exige ainsi dans notre intérêt, que nous pensions au bonheur d'autrui [100]. » L'abbé d'Ailly fera de cet amour-propre bien réglé la base de son système [101]. Jean Lafond le souligne : « L'amour-propre n'est plus chez lui systématiquement mauvais : "bien entendu", "bien réglé", il fonde une honnêteté qui n'a rien de suspecte (*Maximes* 1 à 3) [...]. La cohérence janséniste a fait place à des compromis avec un thomisme rémanent qui préfigurent le rationalisme et l'utilitarisme des Lumières. »

Si La Rochefoucauld, quant à lui, ne parle point d'amour-propre bien réglé, son disciple É.-F. de Vernage parle *a contrario* « d'amour déréglé de nous-mêmes ». « Si nous faisions une sérieuse réflexion sur les différents motifs de nos actions les plus réglées en apparence, écrit-il, nous y trouverions beaucoup de corruption, d'orgueil et d'amour déréglé de nous-mêmes. » Le commentateur ajoute en note : « Cet *amour déréglé de nous-mêmes*, c'est l'amour-propre. L'amour *réglé* serait appelé soit *amour de soi*, soit *amour-propre bien réglé* [102]. » Pascal, cependant, a le plus grand mal à sortir de la haine du moi. S'il ne va pas jusqu'à condamner l'homme dans la *Pensée* n° 24, il ne lui laisse pas beaucoup de perspective... « Je blâme également et ceux qui prennent parti de louer l'homme et ceux qui le prennent de le blâmer et ceux qui le prennent de se divertir et je ne puis approuver que ceux qui cherchent en gémissant [103]. » Reste l'étonnante *Pensée* 401 : « Pour régler l'amour qu'on se doit à soi-même, il faut s'imaginer un corps plein de membres pensants, car nous sommes membres du tout, et voir comment chaque membre devrait s'aimer, etc. [104] » Pierre Nicole lui-même utilise également cette idée d'amour-propre bien réglé, mais sous cette plume janséniste, l'ambiguïté réapparaît avec plus de force. Dans ses *Essais de morale*, il écrit : « Pour réformer entièrement le monde [...] et pour rendre les hommes heureux dès cette vie même, il ne faudrait au défaut de la charité que leur donner à tous un amour-propre éclairé, qui sût discerner ses véritables intérêts et y tendre par les voies que la droite raison lui découvrirait. Quelque corrompue que cette société fût au-dedans et aux yeux de Dieu, il n'y aurait rien au dehors de mieux réglé, de plus civil, de plus juste, de plus pacifique, de plus honnête, de plus généreux[105]. » Il y a là une étonnante prescience de l'harmonie des intérêts. On trouve d'ailleurs chez lui une illustration de la main invisible qui prépare le grand renversement des valeurs.

L'amour de soi-même, cet amour-propre bien réglé, est bien la source de la socialité dans la civilité de l'honnête homme. En revanche, on peut dire avec Durkheim que « ce serait un miracle logique si l'on pouvait déduire l'altruisme de l'égoïsme ». « La socialité, ajoute Laurent Cordonnier, ne résulte pas de l'amour de soi[106]. » S'il s'agit de l'amour-propre éclairé sur ses propres intérêts de Pierre Nicole ou du *self-love* d'Adam Smith, son successeur, cela est certain.

CHAPITRE VII

De la politisation de l'économie à l'économicisation du politique

L'institution imaginaire du marché, de Boisguilbert aux physiocrates [1]

> « Nous obéissons encore à la vue simpliste d'un laisser-faire comme pensée bourgoise – alors qu'il n'y a eu personne de plus intervenant, de plus autoritaire, de plus constructeur volontaire. Sa devise me paraît être plutôt : "Laissez-moi faire [2]". »
>
> Jacques Ellul.

Avec les mercantilistes, on assistait déjà à une certaine *économicisation* du politique, puisque le projet implicite de l'époque est de gérer l'État comme une maison de commerce pour le plus grand bien du prince. L'arithmétique politique de William Petty et de ses continuateurs formalise même, avec la balance du commerce, la transposition du bilan des marchands. Toutefois, l'économie reste le moyen, celui de l'enrichissement du Prince, d'une politique dont les objectifs sont la puissance et la grandeur de l'État. Colbert, en particulier, représente bien ce service du monarque. Qu'importe à la limite que les sujets soient pauvres, pourvu que le roi soit riche. Avec cynisme, Richelieu, dans son testament (ou bréviaire) politique, ira même jusqu'à dire que la pauvreté des sujets est préférable pour maintenir les peuples dans l'obéissance [3]. Cette pauvreté est en outre un stimulant à la mise au travail dans les manufactures. À la différence de l'Angleterre, la ruine des grands, en tout cas, est une constante de la politique royale.

L'émergence de la richesse sur la scène politique avec la naissance du capitalisme n'est pas sans poser de difficiles problèmes.

Instrument de la puissance, l'argent est le nerf de la guerre. Le bonheur du Prince et de l'État se mesure désormais à l'importance des ressources monétaires disponibles. La richesse subit dans le même temps une redéfinition. De puissance matérielle ou spirituelle sur les choses et les êtres, elle se restreint à sa définition économique et comptable d'espèces sonnantes et trébuchantes. La prospérité du Prince rejaillit, certes, sur le moindre de ses sujets. Toutefois, comment maintenir la fiction que le pauvre est riche à travers son maître et que sa fortune ne compte pas, alors que l'introduction du calcul dans les affaires manifeste l'évidence que la source de l'enrichissement du souverain n'est autre que l'escarcelle des sujets, même si les taxes portent sur le commerce extérieur et si les manufactures sont royales ?

Certes, la situation française est particulière. L'individualisme bourgeois qui éclatera en Angleterre avec Bernard de Mandeville et Adam Smith n'émergera pas, dans une France encore massivement rurale et catholique, avant la Révolution. L'idée que la richesse du Prince dépend exclusivement de celle de ses sujets ne s'y introduit que timidement, d'un ministre protestant, Sully, à un théoricien janséniste, Boisguilbert, en passant par le Vauban disgracié du *Projet de dîme royale*. Elle débouchera sur une construction grandiose mais paradoxale, celle d'un capitalisme agraire et aristocratique avec les physiocrates. Une étonnante modernité se fait ainsi jour à travers un despotisme réactionnaire étrangement éclairé. Cette « science économique » s'adosse à une vision religieuse proche du puritanisme anglo-saxon, le jansénisme, dont Mazarin disait que c'était du « calvinisme rebouilli »... De Boisguilbert aux physiocrates, un libéralisme bâtard, exaltant la loi du marché, sert avant tout de machine de guerre contre le mercantilisme, surtout sous sa forme colbertiste.

I. LE LIBÉRALISME PRÉCOCE ET PRÉCURSEUR DE BOISGUILBERT

La première forme consistante de la théorie et de la doctrine économique libérale se trouve chez un curieux individu, bourgeois gentilhomme, janséniste, assez caractéristique de la fin du

XVIIᵉ siècle, Pierre Le Pesant de Boisguilbert. Toutefois, les conceptions de ce « Jean-Baptiste de l'économie politique », comme on a pu l'appeler, restent encore confuses, au moins dans l'expression, et parfois contradictoires ; en tout cas, elles sont loin de la systémique simple (voire simpliste) et grandiose qui fera le succès des physiocrates. Personnage controversé, Boisguilbert est un peu le précurseur de tout le monde. Enfin, son incontestable libéralisme ne va pas sans limite ni sans nuance.

Il naît à Rouen en 1646. C'est un petit-neveu de Corneille, fils d'un conseiller du roi philanthrope. Il se pique lui aussi de littérature en dépit d'un style rugueux. Il est passé par les jésuites de Rouen, mais il sera surtout influencé par ses études à Port-Royal. Très proche des jansénistes, il a même des sympathies pour le protestantisme. En 1690, il devient lieutenant général du bailliage de Rouen. Propriétaire foncier, il dirige ses domaines en homme d'affaires avisé. Réformateur incompris comme Vauban avec qui il est en relation, l'interdiction en 1707 de son livre le *Factum de la France* par le Conseil du roi lui vaut un exil en Auvergne. Il meurt en 1714.

Lucide et sincère, sans doute, obstiné et opiniâtre, non moins certainement, c'est le type même du « donneur d'avis » irritant sous tous les régimes. Le titre complet de ses principaux ouvrages en témoigne : *Le Détail de la France : la cause de la diminution de ses biens, et la facilité du remède, en fournissant en un mois tout l'argent dont le Roi a besoin, et enrichissant tout le monde* (1695) et surtout *Factum de la France, ou Moyens très faciles de faire recevoir au Roi quatre vingt millions par-dessus la capitation, praticables par deux heures de travail de Messieurs les ministres, et un mois d'exécution de la part des peuples sans congédier aucun fermier général ni particulier* [...], *et l'on montre en même temps l'impossibilité de sortir autrement de la conjoncture présente* (1707). La réponse du roi au pamphétaire est immédiate : l'exil... Convaincu de la justesse de son analyse, Boisguilbert annonce le dogmatisme des physiocrates. Ainsi, il considère que le procès qu'il intente à l'ignorance et à la mauvaise foi « est le plus grand procès qui ait jamais été traité avec la plume depuis la création du monde ». Il dénonce la bêtise du peuple, « troupe aveugle et tumultueuse qui ne sait ce qui lui convient, ou ce qui lui est préjudiciable ». Il est aussi arrogant et présomptueux sur ce point que ses successeurs libéraux. Certes, il est respectueux de l'ordre établi. Il est et demeure absolutiste. Pour Boisguilbert et les jansénistes, la souveraineté vient de Dieu et non du peuple. « On peut voir là, note Gilbert Faccarello, une raison supplémentaire d'opposer, malgré un certain vocabulaire commun, la tradition janséniste aux théoriciens du contrat et du droit naturel[4]. » Toutefois, sa vision n'est pas vraiment celle des privilégiés ; l'ordre temporel hiérarchique n'est juste qu'en punition du péché originel. Tout se résume à l'équation fondamentale : avant la chute, l'état d'innocence est un état d'égalité ; après la chute, la corruption exige l'inégalité. La grandeur, selon Nicole, « est toujours au moins un effet du désordre de la nature, et une suite nécessaire du péché. Car comme l'état d'innocence ne pouvait admettre d'inégalité, l'état du péché ne peut souffrir d'égalité [...]. La raison ne reconnaît pas seulement que cet assujettissement des hommes à d'autres est inévitable, mais aussi qu'il est nécessaire et utile[5] ».

L'analyse économique de Boisguilbert anticipe le tableau de Quesnay, elle repose sur une théologie de l'ordre social naturel, mais elle annonce aussi les idées keynésiennes sur les dangers de la thésaurisation et du risque de la crise.

Beaucoup d'auteurs ont pu tirer de Boisguilbert une ébauche de circuit économique. Les richesses de la terre produites par les « laboureurs » vont au « beau monde » et au Prince sous forme de rentes et d'impôts. Les dépenses du beau monde en produits de luxe s'adressent aux « marchands » et celles en produits alimentaires aux laboureurs. Ceux-ci achètent aux marchands les outils dont ils ont besoin tandis que ceux-là leur achètent les matières premières de leur industrie. Ainsi, tout se tient dans cette économie essentiellement rurale. Le prix du blé joue un rôle fondamental. « C'est [son] prix seul qui ensemence les terres, depuis les plus mauvaises, où, de mémoire d'homme, on n'a jamais vu rien croître, jusques aux mieux partagées de la nature[6]. » Cependant, il n'a pas la vision radicale des physiocrates. La classe laborieuse, dont Boisguilbert affirme être l'avocat et même l'*ambassadeur*, est « tout ce qu'il y a de laboureurs et de commerçants dans le royaume, c'est-à-dire [...] tous ceux qui sont la source et principe de toutes les richesses de l'État, tant à l'égard du roi que des peuples ». Ce ne sont donc pas les artisans (compris dans les commerçants) qui sont la classe « stérile ». Anticipant Smith, il montre déjà du doigt une « classe oisive ». La classe oisive est formée de « ceux qui n'ont d'autre fonction que de recevoir », les traitants et financiers, certes, mais aussi les propriétaires rentiers. Elle s'est donc constituée en « se rebellant » contre le Créateur puisqu'elle ne vit pas de son travail. Sa légitimité est peut-être politique, mais non « naturelle », ni économique. Pour important qu'il soit, le travail des ancêtres ne constitue pas une légitimation naturelle des rentes comme chez Quesnay. Néanmoins, l'économie forme un domaine largement autonome dans l'ensemble des activités humaines et cette sphère fondamentale obéit à des lois *naturelles*.

Ainsi, l'ordre social naturel est bien présent chez notre auteur. L'autorégulation par le marché et l'*optimum* engendré par la concurrence sont même plus nets que chez les physiocrates. Boisguilbert affirme que le comportement égoïste et maximisateur des agents conduit automatiquement à l'équilibre et au bien-être de tous par le seul jeu des forces du marché. C'est l'état « poli et magnifique » ou l'opulence. Cet automatisme est dû à l'intérêt personnel et à la libre concurrence. « Tout le commerce de la terre, tant en gros qu'en détail, et même l'agriculture, ne se gouverne que par l'intérêt des entrepreneurs, qui n'ont jamais songé à rendre service ni à obliger ceux avec qui ils contractent par leur commerce ; et tout cabaretier qui vend du vin aux passants n'a jamais eu l'intention de leur être utile, ni les passants qui s'arrêtent chez lui à faire voyage de crainte que ses provisions ne fussent perdues. C'est cette utilité réciproque qui fait l'harmonie du monde et maintient les États ; chacun songe à se procurer son intérêt personnel au plus haut degré et avec [le] plus de facilité qu'il lui est possible[7]. » La concurrence, à la fois providence et force naturelle, va tout régler. Cette idée fondamentale d'une main invisible (à défaut de l'expression) trouve sa source chez les jansénistes, en particulier Nicole et Domat. Pour Domat, l'amour immodéré de soi-même pousse l'homme à chercher des biens sensibles à la place du « souverain bien ». Toutefois, ces biens ont « deux défauts opposés [...] aux deux caractères du souverain bien : l'un, que ces biens ne peuvent être possédés de tous ; et l'autre, qu'ils ne peuvent faire le bonheur d'aucun ». Ce « dérèglement de l'amour », poursuit Domat, est la cause du « dérèglement de la société »[8]. La solution de ce « dérèglement » se trouve dans la source même de tous les maux, à savoir l'amour-propre. « L'amour-propre, écrit-il, qui est la cause de cette guerre, saura bien le moyen de les faire vivre en paix. » Ainsi, « d'une aussi méchante cause que notre amour-propre, et d'un poison si contraire à l'amour mutuel qui devait être le fondement de la société, Dieu a fait un des remèdes qui la font subsister ; car c'est de ce principe de division qu'il a fait un lien qui unit les hommes en mille manières et qui entretient la plus grande partie des engagements[9] ». L'amour-propre se transforme donc en « *amour-propre éclairé*, qui sait connaître ses vrais intérêts[10] ». Et il précise : « L'amour-propre éclairé n'est rien d'autre que ce qu'on appelle "l'honnêteté humaine", un amour-propre intelligent et plus adroit que celui du commun du monde, qui sait éviter ce qui nuit à ses desseins, et qui tend à son but qui est l'estime et l'amour des hommes par une voie plus adroite et plus raisonnable[11]. » « Il suit de ceci, commente Faccarello, que les effets de la charité et ceux de l'amour-propre éclairé deviennent indicernables. » C'est l'harmonie naturelle des intérêts (égoïstes certes, mais éclairés). Nicole l'exprime aussi clairement que le fera Adam Smith : « Quelle charité serait-ce que de bâtir une maison tout entière pour un autre, de la meubler, de la tapisser, de la lui rendre la clef à la main ? La cupidité le fera gaiement. Quelle charité d'aller quérir des remèdes aux Indes, de s'abaisser aux plus vils ministères, et de rendre aux autres les services les plus bas et les plus pénibles ? La cupidité fait tout cela sans s'en plaindre[12]. » Boisguilbert s'en fait incontestablement l'écho : « L'ardeur de gagner était si naturelle qu'il ne fallait pas d'autres motifs que l'intérêt personnel pour les [les marchands] faire agir[13] » et les pouvoirs publics ne doivent pas s'en mêler.

Le libre jeu des passions réalise ainsi le dessein de la raison ! L'ordre social obéit donc à une mécanique naturelle. Boisguilbert partage ce mécanisme cartésien ambiant (lui aussi présent chez les jansénistes[14]) et ne met pas en doute la réversibilité des états économiques. Il est impossible de mettre sur pied par artifice une machine purement humaine, entendons un appareil bureaucratique. « Comme [...] cette contrainte générale n'est pas praticable, il faut prendre l'autre parti, savoir d'une entière liberté, qui est la seule commissionnaire de la nature[15]. » L'économie libérée de la mauvaise machinerie des rouages politiques participe de la bonne et grande horlogerie naturelle de l'Univers. Hayek ne le dirait pas mieux !

L'automatisme de l'équilibre et de l'*optimum* et le laisser-faire sont toutefois soumis chez Boisguilbert à des limites. Il y a des conditions restrictives à l'équilibre : les prix doivent résulter d'une concurrence loyale et l'égoïsme des classes oisives doit être refréné (et bien sûr il doit être éclairé pour tous...). Ces restrictions, que Smith atténue et que les physiocrates estompent, hypothèquent quelque peu le schématisme de l'analyse et débouchent sur une vision plus pertinente annonçant des vues keynésiennes. Bien qu'on fasse parfois de Boisguilbert un précurseur de Say, la loi des débouchés n'est chez lui qu'une condition d'équilibre. Il n'élimine pas, en effet, la possibilité des crises ; c'est même au contraire une menace fréquente pour l'état « poli et magnifique ». Il insiste sur la nécessité que la vente soit suivie d'un achat ; l'échangiste qui rompt la chaîne des échanges « se détruit la terre sous les pieds, puisque non seulement il [...] fera périr [son voisin] par cette cessation, mais même il causera sa perte personnelle, le mettant par là hors d'état de retourner chez lui à l'emplette, ce qui lui fera faire banqueroute et fermer sa boutique [16] ». On doit s'attendre donc à une certaine intervention de l'État pour que la lutte soit égale et que la reprise soit assurée. Il montre l'effet catastrophique des encaisses de précaution en cas d'anticipations défavorables et les effets autoréalisateurs de crise de celles-ci (« ce qui devient si contagieux qu'une première banqueroute en attire une infinité d'autres [17] »). Les processus déséquilibrants sont clairement analysés comme cumulatifs, et la crise se propage inéluctablement à toute l'économie.

En contradiction avec la prescription du laisser-faire, il est donc parfois nécessaire d'intervenir, en particulier quand la conjoncture s'écarte par trop de l'équilibre. « Il est nécessaire de faire comme à un toupin qui est excueilli, écrit-il de façon savoureuse, n'y point toucher quand il est en grand mouvement, mais lui donner du secours aussitôt qu'il paraît vouloir tomber [18]. »

Enfin, sous une apparente impartialité [19], renvoyant dos à dos les différentes classes sociales (il semble découvrir la lutte des classes...), il déplore, comme tous les libéraux, la rigidité des prix et des salaires et défend des positions franchement hostiles aux travailleurs en annonçant l'évangile de la flexibilité. « La nécessité seule, qui mène ces sortes de gens-là, a perdu l'empire qu'elle avait sur eux : s'ils gagnent la dépense de toute la semaine en une seule journée de travail parce que le blé est à rebut, loin d'en suivre le niveau pour leur salaire, cette situation les fortifie à rengréger la misère du maître en exigeant un plus haut prix par la possibilité où ils sont, en cas de refus, de se passer de travail un temps considérable. Et comme la culture de la terre n'a point de moment qui ne soit fatal, c'est-à-dire que si tout n'est fait au jour et à l'heure marqués par les saisons, tout est perdu, le laboureur n'a que le choix ou de périr en laissant tout, ou de faire une dépense dont il ne sera jamais remboursé[20]. » Il dénonce en conséquence les grèves et coalitions. Il y a « un esprit de rébellion si fort établi contre la justice dans ces occasions entre les ouvriers [...] que l'on voit, dans les villes de commerce, de sept à huit cents ouvriers d'une seule manufacture s'absenter tout à coup et en un moment en quittant leurs ouvrages imparfaits, parce qu'on leur voulait diminuer d'un sol leur journée, le prix de leurs ouvrages ayant baissé quatre fois davantage, les plus mutins usant de violence envers ceux qui auraient pu être raisonnables[21] ». Il décrit longuement des cas de coalitions refusant tel ou tel patron. Ce comportement engendre la crise dont les ouvriers eux-mêmes seront victimes.

Alors si, vis-à-vis du consommateur roi, l'amour-propre engendre les mêmes effets que la charité, peut-on dire qu'il en est ainsi dans les relations patrons-ouvriers ou dans la concurrence des entreprises ? Ruiner ses concurrents, jeter sur le pavé des milliers de travailleurs, désoler des familles, plonger dans le désarroi des régions entières, même si peut-être, à des milliers de kilomètres de là, d'autres ouvriers seront embauchés, est-ce le résultat attendu de la charité chrétienne ?

Boisguilbert construit une mécanique économique[22]. Bien que plus modernes par certains côtés que les physiocrates, le libéralisme et la science économique qu'il découvre sont pensés comme la formule d'un retour à l'âge d'or d'une ruralité mythique ou d'une société médiévale idéalisée. Bref, comme son illustre prédécesseur, ce « Christophe Colomb du monde économique » a découvert un continent, mais s'est trompé sur le sens et la portée de sa découverte[23].

II. L'AUDACE FRILEUSE DU SYSTÈME DES PHYSIOCRATES

Les physiocrates se sont assez largement reconnus dans Boisguilbert et n'ont pas manqué de lui rendre hommage. Pour Forbonnais, proche de la secte, le fond de son système est absolument le même que celui du tableau économique. Le jugement de Dupont de Nemours est tout à fait caractéristique : « L'auteur avait reconnu ce que tout le monde ignorait de son temps, la nécessité de respecter les avances des travaux utiles, et les avantages de la liberté du commerce. S'il eût vu que la terre et les eaux étaient les seules sources d'où le travail de l'homme peut retirer des richesses, et que les travaux de conservation, de fabrication, d'échange, etc., qu'on a confondus assez improprement sous le nom générique de travaux d'*industrie*, ne faisaient que s'exercer sur des richesses déjà produites, sans y rien ajouter ; s'il eût su connaître l'existence du *produit net*, et le distinguer d'avec les frais de reproduction, et s'il eût combiné ces vérités avec les autres qu'il avait senties, on lui devrait l'honneur de l'invention des Principes de la Science Économique[24]... » On ne peut mieux, à travers ces restrictions, reconnaître la supériorité même du précurseur... Au fond, Boisguilbert et les physiocrates sont d'accord sur l'essentiel. Ils sont favorables au libre-échange dans l'agriculture car ils pensent que le libre-échange, grâce aux exportations, fera hausser le prix du blé. Les libéraux anglais, paradoxalement, seront aussi favorables à ce libre-échange, pensant que par les importations, il fera baisser le prix de ce même blé. En bref, le libre-échange favorisera les gros propriétaires ruraux français, comme il favorisera les industriels britanniques.

Ce résultat sera justifié théoriquement et quasi théologiquement par la solennité du dogme de l'ordre social naturel de Le Mercier de la Rivière, étayé par le tableau économique de François Quesnay. C'est Pierre Samuel Dupont de Nemours (1739-1817) qui, dans son opuscule « *De l'origine et des progrès d'une science nouvelle* » (1768), popularise les idées de Le Mercier. « Il y a donc un *ordre* naturel, écrit-il, essentiel et général, qui renferme les lois constitutives et fondamentales de toutes les sociétés ; un *ordre* duquel les sociétés ne peuvent s'écarter sans être moins *sociétés*, sans que l'état politique ait moins de consistance, sans que ses membres se trouvent plus ou moins désunis, et dans une situation violente ; un *ordre* qu'on ne pourrait abandonner entièrement sans opérer la dissolution absolue et bientôt la destruction absolue de l'espèce humaine[25]. » Cet ordre justifie bien sûr le laisser-faire laisser-passer libéral, en même temps qu'il est en partie justifié par lui, c'est-à-dire par la concurrence. « Il faut, écrit le même auteur, qu'il y ait la plus grande concurrence possible entre ceux qui font les avances et qui essuyent la fatigue de ces travaux. Car, dans la concurrence, chacun *s'ingénie* pour économiser sur les frais de son travail, afin de mériter la préférence ; et cette économie générale tourne au profit de tous[26]. » On ne peut donc pas dire non plus que le thème de la main invisible soit étranger aux physiocrates. On en trouve trace même chez Quesnay : « Ce prix naturel du bled, écrit-il, ne peut s'obtenir que par la marche naturelle du commerce, qui par la concurrence nécessaire des vendeurs et des acheteurs, tend toujours à détruire le bas prix dans un Pays, et la cherté dans un autre, par l'appas même du gain ; appas qui ne laisse rien échapper à ses spéculations[27]. » Toutefois, comme on sait, il faut un despote éclairé. « Que l'autorité souveraine, écrit Quesnay, soit unique et supérieure à tous les individus de la société et à toutes les entreprises injustes des intérêts particuliers [...]. Le système de contre force d'un gouvernement est une opinion funeste[28]. » Ainsi, le dogmatisme d'un libéralisme d'État despotique s'oppose déjà au pragmatisme du libéralisme politique d'un Montesquieu, pourtant chantre, par ailleurs, du « doux commerce ». « Il faut donc, écrit encore Dupont de Nemours, une autorité tutélaire qui veille pour tous, tandis que chacun vaque à ses affaires. Il faut qu'elle soit souveraine [...] il faut qu'elle soit unique [...]. L'autorité souveraine n'est pas instituée pour *faire des loix*, car *les loix sont toutes faites* », mais pour veiller à leur bonne application. Quesnay n'est pas moins péremptoire : « Les hommes, ni leur gouvernement ne font les lois et ne peuvent les faire. Ils les reconnaissent comme conformes à la raison suprême qui gouverne l'univers. Ils les portent au milieu de la société[29]. » « Tel est le Précis de cette doctrine, qui, d'après la Nature de l'homme, expose les loix *nécessaires* d'un gouvernement fait pour l'homme, et propre à l'homme de tous les climats et de tous les pays ; d'un gouvernement qui subsiste depuis quatre mille ans à la Chine[30]... »

Le circuit, déjà esquissé par Boisguilbert, est le fondement de l'autonomie de l'économique qui s'accomplira avec l'équilibre général de Walras. Si la pulvérisation relative des classes sociales en atomes individuels le fait disparaître explicitement chez Smith, il reste présent en filigrane dans l'analyse de la répartition des richesses et, surtout, il a accompli de façon irréversible sa fonction d'asseoir la sphère économique. C'est le coup de génie de François Quesnay que d'avoir construit le tableau économique. Si le tableau articule plus ou moins bien les stocks (le capital), sous la forme des avances foncières et primitives, et les flux (le capital circulant ou avances annuelles, le produit net et son utilisation par les propriétaires fonciers, la classe stérile et la classe productive), il donne à voir le circuit des richesses dans le corps social comme un phénomène de *physiologie* politique. Certes, les affirmations dogmatiques et incantatoires, répétées *ad nauseam*, du caractère stérile du travail artisanal et de la productivité exclusive du travail de la terre, affaibliront beaucoup la position de la secte. Le libéralisme économique révolutionnaire est associé à une vision rurale totalement passéiste. La haine de Colbert et le mépris de l'industrie les aveuglent comme elle avait aveuglé Boisguilbert au point de leur faire voir un âge d'or agricole dans les règnes de François Ier, Henri IV et même Louis XIII, ainsi que dans une Chine ou un royaume des Incas mythique ! Des traités entiers seront écrits pour défendre l'indéfendable, la non-productivité du travail industriel, dénigrer les adversaires, voire les insulter et les traiter d'ignorants, fussent-ils parmi les meilleurs esprits du temps et fort compétents en économie comme le marquis de Graslin ou l'abbé Galiani. L'agriculture multiplie les valeurs, l'industrie ne fait que les additionner, répètent sur tous les tons les croyants de la « secte des économistes », confondant fécondité naturelle et productivité économique. Finalement, cet entêtement entraînera leur perte, mais personne ne remettra en cause la scientificité de l'économie politique. Le toilettage opéré par Turgot et Smith permettra même à la construction idéologique de tenir bon jusqu'à nos jours.

Ainsi, avec Boisguilbert apparaît pour la première fois l'idée que le marché réalise le plus grand bonheur pour le plus grand nombre. Cette idée sera reprise et amplifiée par le système physiocratique avant d'être définitivement fixée par Adam Smith. Il est bien vrai, finalement, que le bonheur, ainsi compris comme bien-être matériel pour tous, était en 1789, selon le mot de Saint-Just, une idée neuve en Europe. Les promoteurs de cette idée étaient loin d'être conscients de son pouvoir subversif.

La science économique naît donc en France aux XVIIe et XVIIIe siècles de la protestation impuissante des classes sociales jugulées par l'écrasement de la Fronde (l'aristocratie et une certaine bourgeoisie), comme affirmation qu'il est une loi naturelle plus puissante que la loi du Prince ou que les décrets du pape, et dont les effets engagent toute la vie terrestre : la loi du marché.

CHAPITRE VIII

Mandeville, ou le tournant de la philosophie morale occidentale[1]

> « Horace : – Est-il également vrai que le luxe fait la prospérité d'une nation et que les vices privés sont des biens publics, qu'il l'est que la castration préserve et fortifie la voix ?
> Cléomène : – Je crois que oui, et que ces deux cas sont exactement semblables[2]. »
>
> Bernard de Mandeville

Même si l'on peut voir à raison chez Boisguilbert et ses inspirateurs jansénistes (Nicole et Arnauld) des précurseurs du libéralisme, de la main invisible, de l'harmonie naturelle des intérêts, et donc de la possibilité de concevoir l'*optimum* social en congédiant l'éthique chrétienne, Bernard de Mandeville représente bien le tournant de la philosophie morale et politique occidentale. Affirmer dans une société encore officiellement chrétienne (voire, pour la France, *très* chrétienne) que « les vices privés font la richesse publique », même si tout un chacun est à même de le constater chaque jour un peu plus dans l'Angleterre marchande et capitaliste du XVIIIe siècle, ne pouvait que choquer. L'industrie naissante se développait sur le luxe, dans la croissance des inégalités sociales, avec son cortège de crimes et de délits (ceux des pauvres désespérés et ceux des riches avides et sans scrupule). Dans ce contexte, Mandeville porte à son paroxysme dans sa vie et dans son œuvre la tension entre exigence morale et bonheur terrestre. L'ambiguïté extraordinaire du personnage et celle non moins problématique de son message expliquent sans doute le succès de scandale auquel son livre principal, *La Fable des abeilles*, a donné lieu. En dépit (et peut-être plus encore en raison) des malentendus qu'elle autorisait, cette œuvre constitue un moment décisif dans l'institution de l'économique dans l'imaginaire social et dans la pratique.

I. LE DIABOLIQUE DOCTEUR DE PARADOXES

S'agissant de Bernard de Mandeville, il est impossible d'entrer dans l'intelligence de l'œuvre sans connaître peu ou prou l'homme étonnant qui l'a produite. Hollandais par sa naissance en 1670, mais sans doute d'ascendance française, Bernard Mandeville, comme il se désigne lui-même en laissant tomber la particule, est le descendant d'une dynastie de médecins. Médecin à son tour, il s'installe en Angleterre en 1694, semble-t-il, année de son mariage à Londres. Spécialiste des maladies nerveuses, il publiera en 1711 un *Traité des passions hypocondriaques et hystériques*. Il maîtrise l'anglais en un temps record (moins de trois mois), au point de traduire dans cette langue et en vers les principales *Fables* de La Fontaine en 1703.

En 1705, il publie *La Ruche contente ou les coquins devenus honnêtes*, une fable de 433 octosyllabes qui constitue le premier noyau de sa thèse sur la prospérité du vice et l'infortune de la vertu. En 1714, cette première version est incorporée dans son grand ouvrage, *La Fable des abeilles ou les vices privés font le bien public*. Un second tirage de la même année porte un sous-titre additionnel plus explicite encore sur le contenu : *Les défauts des hommes, dans l'humanité dépravée, peuvent être utilisés à l'avantage de la société civile et on peut leur faire tenir la place des vertus morales. Lux e tenebris*.

Ce n'est qu'en 1723, avec la deuxième édition, que commence véritablement le scandale. Celui-ci est déclenché par l'ajout d'un essai sur la charité dans lequel le moraliste dénonce les écoles pour les enfants des pauvres, instituées par de riches bienfaiteurs philanthropes. Ces écoles, selon Mandeville, sont nuisibles à la prospérité publique car elles constituent une entrave aux lois du marché. De plus, les vertus des bonnes âmes qui les financent sont suspectes. Le désir de gloire, la vanité terrestre et l'ostentation y ont plus de part que la véritable charité chrétienne.

Condamné par le grand jury du Middlesex, puis à nouveau en 1728, Mandeville, qui bénéficie de puissantes protections, persiste et signe. Les rééditions nombreuses de son essai témoignent d'un succès croissant que les traductions élargissent au continent[3].

En 1729, il publie la seconde partie de la fable, sous forme d'un dialogue entre Cléomène, l'auteur lui-même, et Horace, un ami admirateur du système optimiste et béat de Shaftesbury, le maître de Hutcheson, lui-même inspirateur d'Adam Smith[4]. Il y entreprend l'explication et la justification de ses thèses. Notons qu'il introduit une distinction entre l'amour-propre (*self-liking*, néologisme dont il revendique la discutable paternité) et l'amour de soi (*self-love*) proche de l'instinct de conservation. « L'amour de soi le conduirait [l'homme], écrit-il, d'abord à amasser tout ce dont il a besoin pour sa subsistance, à se préserver des injures de l'air et à tout faire qui assure sa sécurité, à lui et à ses petits. L'amour-propre lui ferait chercher des occasions de montrer [...] l'estime qu'il a pour lui-même[5]... » Cette distinction, appelée à devenir célèbre avec Jean-Jacques Rousseau, n'a pas chez Mandeville une grande portée. L'amour de soi est tout aussi opposé à la véritable vertu que l'amour-propre, seulement il est utile et peut ainsi, en tant qu'intérêt « éclairé » ou « bien compris », engendrer le bien-être général. « L'instinct de s'estimer à grand prix, qui est en tout individu, écrit-il, est une passion fort utile ; mais c'est bien une passion, et s'il est vrai que je pourrais démontrer que sans elle nous serions de misérables créatures, il n'en reste pas moins que, quand elle est excessive, elle produit souvent des maux sans fin[6]. »

Le « diabolique » docteur, suivant le sobriquet dont on l'affuble et auquel son nom se prête (*man-devil*), poursuit sa carrière de grand pourfendeur d'hypocrisie et de la fausse morale en publiant une apologie des maisons de joie en 1729. Une prostitution réglementée et organisée serait source de nombreux bienfaits. Dans le même esprit, il préconise une réforme des systèmes criminel et pénitencier dans un sens utilitariste qui annonce Bentham.

On a souvent présenté ce moraliste ambigu comme étant lui-même un tartufe. Benjamin Franklin, qui le rencontre en 1715, le décrit, en effet, comme « le compagnon le plus facétieux et le plus amusant ». Pourtant, il semble bien que cet augustinien aussi extrême que Pascal soit un rigoriste authentique, dans la lignée de ces moralistes français qu'il traduit, imite et répand en Angleterre (en particulier le duc de La Rochefoucauld). Il s'élève fortement contre l'usage de gin et d'alcool, source d'immoralité ; mais, toujours paradoxal, il souligne, certes à regret, les bénéfices que le commerce retire de ce vice. « Le blasphème et l'ivrognerie sont des péchés scandaleux parmi les marins, et ce serait à mon avis, écrit-il, une bénédiction pour la nation, et bien désirable, si c'était possible, de les en corriger. Mais tout ce temps il nous faut des marins ; et si on ne devait pas admettre à bord des navires du roi personne qui eût juré plus de mille jurons ou qui eût été saoûl plus de dix fois dans sa vie, je suis bien sûr que la marine aurait beaucoup à souffrir de cette règle pleine de bonne intention[7]. » Pour comble, cet intégriste anti-alcool n'en est pas moins un bon vivant dont chacun se plaît à souligner la gaieté. En bref, ce fanatique de l'austérité vit en véritable épicurien... Toutefois, cela n'exclut pas un fort sentiment de culpabilité ; il se sent maussade, irrésolu, et pour tout dire *heautontimoroumenos* (c'est-à-dire masochiste).

Incontestablement cynique, il pousse la lucidité et l'acuité d'un regard pascalien à son point extrême dans une Angleterre que le capitalisme industriel naissant plonge dans une prospérité inouïe et anarchique, à la différence de la France ruinée de la fin du règne de Louis XIV.

II. L'INSOUTENABLE TENSION DU SYSTÈME

En poussant à l'extrême un augustinisme rationnel, Mandeville rend la morale chrétienne établie insoutenable, assurant ainsi, peut-être à son insu, la prospérité du vice. De là à le présenter comme un apologiste de ce vice particulier qu'est l'amour de soi bien compris, c'est-à-dire un égoïsme éclairé, il n'y a qu'un pas.

L'augustinisme radical de Mandeville aboutit, en effet, à démontrer les infortunes terrestres de la vertu. L'homme déchu est totalement livré à l'esclavage de son amour-propre (d'ailleurs commun aux hommes et aux bêtes !). « Que l'amour de soi ait été donné à tous les animaux, dit-il, du moins aux plus parfaits, pour qu'ils assurent leur préservation, cela n'est disputé par personne ; mais comme aucune créature ne peut aimer ce qui lui déplaît, il est en outre nécessaire que chacune ait une véritable affection pour son propre être, supérieure à celle qu'elle a pour aucun autre. [...] Les raisons qui font que cette affection de soi [*self-liking*], cet amour-propre, si vous me permettez de l'appeler ainsi, ne se remarque pas aussi visiblement dans tous les animaux du même degré de perfection, sont nombreuses[8]. » La recherche de son intérêt, de son plaisir, la satisfaction de ses passions passent avant toute autre considération, et en particulier la raison. Chez l'homme, les « vertus » ne sont le plus souvent que des vices déguisés, selon la leçon de son maître La Rochefoucauld. Dès lors, la morale établie, celle des bons sentiments à la Shaftesbury, n'est qu'un tissu de mensonges et d'hypocrisie. Ce système de Shaftesbury, dit de la *sociabilité* (la présupposition d'un instinct moral qui deviendra chez Smith la sympathie), ne suppose pas une abnégation de soi. La vertu véritable exige au contraire, pour Mandeville, une lutte impitoyable contre soi-même et c'est de l'hypocrisie de considérer la mondanité comme vertueuse. « Si vous voulez laisser de côté ce qui devrait être notre premier souci et notre plus grand intérêt, écrit-il, et si les hommes ne veulent accorder aucune valeur à cette félicité et à cette paix de l'esprit qui ne peuvent venir que de la conscience d'être juste, il est certain que dans une grande nation et chez un peuple prospère, dont le vœu suprême semble être l'aise et le luxe, la partie la plus élevée ne pourrait, sans ces arts, jouir autant du monde que cela le lui permet ; et que nul n'en a plus grand besoin que les hommes de talent et voluptueux, qui désirent joindre la prudence de ce monde avec la sensualité, et faire leur principale préoccupation de raffiner leurs plaisirs[9]. » La tyrannie des passions qui domine l'homme de Mandeville étant quasi totale, sauf chez les natures d'exception, ce qu'on appelle communément moralité n'est pas du tout la maîtrise de ces passions par une raison quasi impuissante, mais un équilibre « heureux » de ces passions mêmes. Il dirait volontiers comme Detœuf, se référant lui-même à La Rochefoucauld : « Il y a trois espèces d'hommes : les orgueilleux, les vaniteux et les autres. Je n'ai jamais rencontré les autres[10]. » « Si l'orgueil ne peut être détruit par la force, écrit-il, il peut être gouverné par stratagème et la meilleure façon d'en venir à bout, c'est de jouer cette passion contre elle-même. De là vient que dans une éducation faite avec art il est permis de mettre autant d'orgueil qu'on voudra dans son habileté à le dissimuler[11]. » Paulette Carrive, grande spécialiste de notre auteur, résume son argumentaire ainsi : « L'éducation consiste dans un bon usage de la honte et de l'orgueil ; elle parvient à faire jouer la passion contre elle-même, à faire qu'on mette son orgueil à dissimuler l'orgueil [...]. L'orgueil permet d'obtenir le courage des soldats et la chasteté des femmes[12]. »

La dénonciation des fausses vertus, thème favori des augustiniens, illustrée par le frontispice de la première édition des *Maximes* de La Rochefoucauld représentant l'amour de la vérité arrachant le masque aimable d'un Sénèque horriblement grimaçant, est aussi l'obsession du docteur diabolique. Il vilipende inlassablement la « rouerie », les stratagèmes secrets, la dissimulation, le travestissement des vices. Les ruses de l'amour-propre sont telles que le sujet peut de bonne foi ignorer les motifs *impurs* de ses bonnes actions et se leurrer lui-même. « C'est une chose possible qu'il en arrive avec le temps à oublier son principe de départ, et qu'il devienne ignorant, ou du moins inconscient, de la source cachée qui donne la vie et le mouvement à toutes ses actions. [...] L'orgueil aveugle l'entendement chez les hommes de sens et de grand talent comme chez les autres[13]. » Ce qu'on peut espérer de mieux, finalement, pour l'humanité déchue, c'est que l'amour-propre soit « éclairé ». Alors, l'anarchie difforme et monstrueuse du jeu des passions débridées sera remplacée par un ordre naturel prospère et, somme toute, satisfaisant, même si la motivation des agents reste impure[14]. Ainsi, est assurée la prospérité de la ruche, c'est-à-dire le plus grand bonheur pour le plus grand nombre recherché par Hutcheson.

Les Églises instituées, et au premier rang l'Église catholique romaine, sont les propagateurs intéressés de cette gigantesque escroquerie de la morale du semblant. Celle-ci est tout simplement « la progéniture politique que la flatterie et l'orgueil ont engendrée à eux deux[15] ». La simulation est omniprésente. Dans le style pascalien des lettres des *Provinciales*, il dénonce « l'hypocrisie de tous ces théologiens qui, sous prétexte de prêcher l'Évangile, accordent aux autres et prennent pour eux-mêmes des tolérances qui sont incompatibles avec celui-ci et tout à fait contraire à ses préceptes[16] ». La traque de l'amour-propre implique celle de la fausse charité et la lutte contre l'assistance aux pauvres, mais la poursuite de la vertu ne rétablit pas une vraie charité. Il faut laisser les pauvres subir les lois naturelles dans leur intérêt bien compris et surtout se flatter de l'abondance des enfants des pauvres méritants élevés dans la résignation car ce sont « le plus grand et le plus étendu des bienfaits qui viennent de la société ». La dénonciation de l'hypocrisie tourne ici à une nouvelle hypocrisie dont l'Angleterre de la Pamela de Richardson semble ne pas pouvoir sortir... Un extrait du dialogue d'Horace et de Cléomène est significatif à cet égard :

« Horace : – Rien, dit l'auteur, ne pousse les pauvres au travail que leurs besoins ; à ces besoins il est sage de subvenir, mais il serait fou de porter remède[17].

« Cléomène : – Je crois que cette maxime est juste, et qu'elle n'est pas moins faite pour le réel avantage des pauvres qu'elle ne l'est visiblement pour le bien des riches. Car parmi les travailleurs, ceux-là seront toujours les moins malheureux en soi, comme ils seront les plus utiles au bien public, qui, étant de naissance et d'éducation vile, se résigneront de bon cœur à leur situation, et, se contentant de voir leurs enfants leur succéder dans la même condition vile, les endurciront dès la petite enfance au travail et à la soumission, ainsi qu'à la nourriture et au vêtement les meilleur marché ; tandis que, au contraire, cette espèce de travailleurs sera toujours la moins utile aux autres et eux-mêmes seront les plus malheureux, qui mécontents du travail qu'ils ont à faire, passent leur temps à murmurer et à se plaindre de la bassesse de leur condition, et qui, sous prétexte de prendre un vif intérêt au bien-être de leurs enfants, cherchent à les faire instruire par la charité des autres ; et on constate que, dans cette dernière classe de pauvres, la plupart sont des gens paresseux et ivrognes qui, menant eux-mêmes une vie de dérèglement, ne s'occupent pas de leur famille et ne demandent, autant qu'il est en eux, qu'à débarrasser leurs épaules du fardeau de fournir aux besoins de leurs marmots[18]. »

En outre, serait-elle possible, cette vertu aurait sur la vie matérielle des individus et des États les conséquences les plus fâcheuses. Un véritable désintéressement, un altruisme authentique, une charité chrétienne vraie, fondée sur la renonciation à ses passions, seraient la ruine de l'industrie et du commerce. Le luxe péricliterait ; le chômage se développerait. Dans le meilleur des cas, régnerait un équilibre frugal très spartiate. Le respect scrupuleux de l'éthique évangélique ne donne que « le contentement et l'honnêteté », mais pas l'abondance matérielle.

Mandeville, en soulignant la prospérité naturelle du vice, se fait le propagandiste de fait de ce qui sera la main invisible. Si le gouvernement reste nécessaire, il devient quasi automatique quand la machine sociale est bien rodée. « Mais vous verrez aussi qu'une fois qu'ils sont amenés à toute la perfection que peuvent leur donner l'art et la sagesse humaine, on peut laisser la machine jouer toute seule, sans y mettre plus de talent qu'il n'en faut pour remonter une pendule, et que le gouvernement d'une grande ville, une fois bien ordonné, et sans que les magistrats fassent autre chose que d'aller droit devant eux, ira fort bien pendant longtemps, quand même il ne s'y trouverait pas un seul sage, pourvu que le soin de la Providence continue à la garder de la même manière que par le passé[19]. » Il n'y a donc pas chez lui de critique de la bureaucratie. Le mieux c'est « que personne ne s'en mêle. Ceci nous apprend que la sagesse à courte vue de gens qui peut-être veulent bien faire, peut nous faire perdre une félicité qui découlerait spontanément de la nature de toute vaste société, si personne ne venait en détourner ou en interrompre le cours[20] ».

L'observation de l'opulence anglaise illustre bien cette prospérité de l'égoïsme bien compris. La convoitise et la vanité en sont les ressorts. Si le gouvernement reste encore nécessaire, il devient quasi automatique une fois la machine sociale bien en place. Ce n'est pas seulement la recherche anxieuse du profit par des agents économiques égoïstes, calculateurs mais respectueux des lois civiles qui est source de dynamisme économique, ce sont tout autant les vices les plus crapuleux et même les crimes. Ici se marque la *démesure* du démoniaque docteur qui embarrassera tant ses continuateurs libéraux. L'ivrognerie et la débauche font marcher le commerce et l'industrie. Il n'est pas jusqu'aux meurtres qui n'aient leur utilité dans la perspective du bien-être matériel de la ruche. L'incendie de Londres, ce terrible fléau, n'a-t-il pas été à l'origine d'une expansion sans précédent de l'activité économique ?

Bien sûr, notre Machiavel de l'économie déplore hautement cette situation, mais l'objectivité scientifique oblige à constater que la richesse des nations obéit à d'autres lois que la morale des particuliers. Ne faut-il pas alors se résigner aux desseins insondables de la Providence ?

En vérité, quel que soit le degré de sincérité de Bernard de Mandeville dans ses protestations vertueuses, l'Angleterre de son temps a déjà choisi, en attendant que ce choix soit ratifié après par l'Occident dans son ensemble, et enfin la planète entière à l'heure de la mondialisation... La réussite mondaine l'emporte sur les exigences de l'éthique. Il ne reste plus, conformément à la théorie de la simulation de Mandeville lui-même, qu'à habiller ce choix des oripeaux de la morale pour lui donner une allure acceptable. C'est à ce travail que s'emploieront avec succès Hutcheson, Hume et Smith. L'action qui « procure le plus grand bonheur à un plus grand nombre de personnes », affirme le premier, ne peut être mauvaise. Puisque l'utilité est au fondement de la vertu, comment qualifier de vice ce qui est utile, s'interrogera le second dans son essai sur le raffinement dans les arts ? Enfin, noyant le *self-love* dans l'eau de rose de la sympathie, Smith exclura habilement la morale de l'économie. Les affaires sont les affaires. L'homme scrupuleux peut s'y adonner sans crainte puisqu'il contribue ainsi à l'objectif éminemment moral du bien commun et qu'il a encore à sa disposition toute la sphère de la vie privée pour déployer ses bons sentiments. Il reste que Mandeville a déjà dénoncé par avance cette trahison de son message : « Quiconque, dit-il, compte une tempérance, une frugalité et un désintéressement généraux au nombre des bénédictions nationales, et qui en même temps demande au ciel l'aisance et l'abondance et l'accroissement du commerce, celui-là me semble bien mal comprendre son affaire [21]. »

CHAPITRE IX

Le luxe guillotiné

ou comment un concept disparaît du discours économique dans la tourmente révolutionnaire[1]

> « Telle est la puissante influence du luxe, que souvent il suffit seul pour détruire la liberté, même chez les peuples qui en sont le plus jaloux[2]. »
>
> Jean-Paul Marat

Pendant la période 1766-1803, entre les *Réflexions sur la formation et la distribution des richesses* de Turgot et la première édition du *Traité d'économie politique* de Jean-Baptiste Say, la politique et les analyses politiques dominent en France par rapport aux réflexions purement économiques. Les ouvrages de « publicistes » prennent le pas sur les publications économiques[3]. Les projets de société volontaristes voire utopiques l'emportent sur la recherche de lois objectives du mécanisme des richesses. Toutefois, l'économie politique en sortira transformée. L'économie reste une préoccupation importante des politiques pendant cette période. De quelle économie s'agit-il ? Quels sont les enjeux ? Les physiocrates sont passés de mode, les classiques ne règnent pas encore ; l'approche est plus pragmatique ; les débats portent sur des sujets anciens autant que sur des problèmes d'actualité. La question du luxe est un bon exemple du premier type de préoccupation. La « querelle » du luxe s'était ouverte avec *La Fable des abeilles* de Bernard de Mandeville à l'aube du XVIIIe siècle (1714) et se déchaîne en France avec *Le Mondain* de Voltaire (1736). Elle traverse le siècle avec David Hume (*Du raffinement dans les arts*, 1741) et les célèbres discours de Jean-Jacques Rousseau de 1750 et 1755[4]. Elle constitue, selon l'expression de Jean-Claude

Perrot, une des lignes de partage « qui fracturent la pensée économique en paradigmes opposés[5] ».

La théorie économique du XIXe siècle ne conserve plus trace, ou presque, du luxe. On chercherait en vain des développements importants sur le sujet en tant que tel dans les Dictionnaires d'économie politique de la période. Le « Ganilh » de 1826, le « Sandelin » de 1846-1847, le « Coquelin et Guillaumin » de 1853, le « Léon Say » de 1892 sont muets ou anecdotiques. Le luxe qualifie une catégorie de biens, les biens de luxe, sans plus. Utiles, ni plus ni moins que les autres, ils ne font l'objet d'aucun ostracisme ni d'aucun privilège. Si l'on veut trouver encore quelque écho très affaibli de cette grande « querelle du luxe » dans l'économie contemporaine, c'est dans les théories du développement qu'il faut chercher. Or ce domaine périphérique, comme l'économie politique naissante, n'a pas éliminé toute considération morale de ses préoccupations et concerne le *démarrage* de la croissance, comme le mercantilisme touchait la naissance du capitalisme.

De la science « normale », il y a longtemps que le luxe, comme concept, a été proprement expulsé. L'économie classique serait plus volontiers austère, laborieuse, économe, bref « puritaine ». Il faut un sérieux effort de mémoire pour se souvenir de la place centrale tenue par le luxe dans la réflexion économique, quand celle-ci, non émancipée totalement de la morale, interpellait encore les philosophes. Une autocritique de la pensée économique montre que la tourmente révolutionnaire constitue dans cette évolution, qui participe de la « disciplinarisation » de la discipline, un tournant décisif. Le drame se joue à la fois sur la scène historique et sur celle de la pensée. Il n'est pas sans péripéties ni rebondissements. On tentera d'en cerner les étapes et les modalités dans ce chapitre.

I. DU TRIOMPHE À LA CONTESTATION PRÉ-RÉVOLUTIONNAIRE : LE LUXE INCONTOURNABLE

Il n'est pas excessif de prétendre que le luxe est à l'origine même du jeu économique. Si l'on fait remonter l'archéologie économique aux étranges spéculations paléomonétaires des Trobriandais de la *kula* ou des Kwakiutls du *potlatch*, on voit se nouer de subtils calculs, ludiques, festifs, ostentatoires, mais aussi sanglants ou tragiques, autour de « biens de prestige » qui sont tout sauf des denrées de nécessité et qui présentent les caractères du « précieux ». Tout naturellement, le luxe sera une catégorie clé de l'économie politique naissante parce qu'il est au centre de la vie économique de la Renaissance, voire de la vie urbaine médiévale depuis le XIIe siècle. Tout aussi naturellement, il sera le point de mire des critiques et l'objet favori de la contestation des réformateurs sociaux.

1. L'apothéose du luxe chez les mercantilistes

Tous les textes du XVIe au XVIIIe siècle qui touchent à l'économie font au luxe une place qui ne permet pas de le considérer comme une notion descriptive et accidentelle, mais bien comme un concept aussi central de la pensée, et dans la pensée, que sa réalité dans la vie économique. Les Dictionnaires de commerce, ancêtres de nos Dictionnaires d'économie, sont là pour en témoigner. Le Dictionnaire de Savary des Bruslons et celui de Morellet soulignent explicitement l'importance du luxe[6]. On serait tenté de soutenir qu'avec la richesse, et en opposition avec la pauvreté et le besoin, il fait système, et constitue ainsi un des quatre concepts fondamentaux de la pensée économique mercantiliste. Tandis que le travail et la production sont encore à inventer ou entrent tardivement dans le corpus comme des notions descriptives, le luxe est le pilier central sur lequel repose la richesse du Prince, en même temps qu'il la manifeste. Il est le signe et la cause de l'état civilisé ou « policé » comme on dit à l'époque, la marque et le moteur des progrès et même des Lumières.

Cela repose, d'abord, sur une évidence pratique. Le luxe est sinon le principal stimulant du démarrage économique de l'Occident, sans conteste le plus visible. La soif immémoriale des épices et des produits d'Orient (soieries, parfums, laque, etc.), qui travaille l'Europe dès la chute de l'Empire romain d'Occident, prend son essor avec les croisades. Les parfums de l'Arabie et les curiosités de l'Asie mettent en mouvement guerriers et marchands vers Byzance, vers Le Caire, la Babylone d'Égypte, et le long des routes de la soie. Cette soif ouvre la voie des grandes découvertes. Le luxe connaît son apogée quand Portugais et Hollandais forcent l'accès du poivre des Moluques, des batiks et indiennes, des laques et porcelaines de Chine. Tout l'or et l'argent raflés aux Amériques vont s'enterrer dans cet Orient fabuleux. Mais ce luxe, que le commerce ne suffit pas à satisfaire tant est insatiable la demande des princes et bientôt des bourgeois qui veulent les imiter, engendre aussi les manufactures de toutes sortes ; il anime tous les secteurs de l'économie, depuis l'agriculture, avec la culture du ver à soie, des plantes tinctoriales et les vins fins, jusqu'à l'industrie, avec l'exportation des colifichets de Paris, les porcelaines de Sèvres, les tapisseries des Gobelins et les meubles Boule.

L'analyse économique en rend compte. Dans l'arithmétique politique, le luxe est ce qui fait vendre, ce qui féconde le commerce, ce qui stimule l'exportation, fait rentrer l'or dans les caisses, et donne des balances commerciales positives comme le sont les soldes des bilans des marchands. Le luxe scelle l'« alliance de classes », comme on dirait dans le jargon marxiste, entre les aristocrates et les marchands. Les uns le consomment, les autres le produisent, et leurs intérêts sont à ce point confondus que les marchands se font aristocrates à Venise ou à Gênes, et que les aristocrates se font marchands en Hollande ou en Angleterre... Moins limité que le *faste* des grands qui n'implique pas toujours une dépense pécuniaire, le luxe n'est pas seulement le fait des « bourgeois gentilshommes », il est aussi celui des seigneurs marchands et des chevaliers d'industrie... Est-il permis de douter que le luxe ne fasse partie de la science de l'économie ? N'en déplaise aux moralistes, la science n'a que faire des prêches des puritains, elle n'a qu'à constater que « les vices privés font la richesse du prince ». La querelle du « bon » et du « mauvais » luxe remonte aux origines de la vie économique moderne et du discours économique. Tandis que Calvin, renouant avec l'austérité tentée à Florence par Savonarole, prononce pour l'Occident un « interdit de jouissance », le discours économique naissant délivre aux possédants un message hédoniste libérateur du type : « Jouissez sans entraves. »

2. *Le luxe controversé chez les physiocrates et les philosophes*

Sans être rejeté en bloc, le luxe est « réévalué » par les physiocrates. Selon l'expression de Jean-Claude Perrot, le « luxe de subsistance » passe avant le luxe de « décoration »[7]. Incontestablement, les physiocrates y sont moins sensibles que les mercantilistes. Toutefois, si la préoccupation de la terre tourne leur intérêt surtout vers la consommation nécessaire, l'agriculture, en engendrant un surplus qui se reproduit à chaque période, l'autorise. Cet excédent justifie l'heureuse activité de la classe stérile qui fait écho à la prodigalité des propriétaires rentiers. La richesse que donne la fécondité de la terre est faite pour être dépensée. L'obsession du « accumulez, accumulez, c'est la loi et les prophètes » n'est pas encore présente. Si les propriétaires fonciers doivent investir une partie du surplus dans l'amélioration des terres, ils peuvent raisonnablement dépenser somptueusement l'autre. S'il n'est plus central, le luxe reste l'horizon de la vie économique. La superfluité est loin d'être encore superflue, même si l'oisiveté commence à être un vice. Les physiocrates, philosophes eux-mêmes et partie prenante dans la querelle du luxe, arbitrent volontiers entre les thèses en présence. Les vices et les extravagances des grands ne sont pas favorables à l'agriculture. Mirabeau père, marquis de Riquetti et « l'ami des hommes », le voit avec méfiance car il détourne les producteurs de la terre[8]. Toutefois, la liberté du commerce est favorable à la croissance en même temps qu'à la civilisation. Loin d'être corrupteur, le *doux commerce* n'a que des effets positifs. Nuisible quand il prive la terre des investissements nécessaires à sa plus grande fécondité et lui enlève les bras nécessaires, le luxe est bénéfique quand il stimule la circulation et donne du travail au surplus de la population.

Beaucoup plus radicale sera la critique des philosophes. Les progrès de la civilisation, et le luxe en est le signe le plus manifeste, n'ont-ils pas dégradé les mœurs ? À la suite de Jean-Jacques Rousseau, la controverse sur le luxe ne porte plus sur son rôle plus ou moins favorable à l'économie, mais sur la corruption des mœurs[9]. Pour Condillac, il est immoral et nuit au plus grand bonheur[10]. Pour Morelly[11], comme pour Jean-Paul Marat ou Gracchus Babeuf, ses excès ruinent l'égalité et menacent la liberté. Toutefois, ces condamnations extrêmes, fondées sur un véritable anti-économisme, sont encore exceptionnelles à la veille de la Révolution. Le luxe reste un des fondements du progrès, et l'idéologie du progrès compte peu de véritables adversaires chez les esprits « progressistes ». Helvétius voit dans le luxe, au contraire, un remède à l'inégalité des fortunes et un stimulant de la demande effective [12]. Il rétablit les équilibres sociaux en enrichissant les pauvres et en ruinant les riches. Pourtant, l'hostilité au luxe n'est pas une nouveauté, il s'en faut. Il s'agit d'une attitude de la sagesse classique (au sens de prémoderne) dont Rousseau se fait simplement l'écho. Pour cette tradition, le développement excessif des besoins est un mal car, en développant ceux-ci, l'homme s'en rend esclave et, ce faisant, cherche à asservir les autres hommes. « On a longtemps cru, note Bertrand de Jouvenel, que le rôle du gouvernement était de s'opposer à l'intrusion du luxe et de conserver dans le peuple l'austérité des mœurs, tandis que le rôle des intellectuels était d'adresser l'appétit ailleurs qu'aux biens temporels [13]. »

Toutefois, la pensée mercantiliste reste encore très forte au XVIIIe siècle, mais pas toujours aussi favorable au luxe que dans la période précédente. Le néomercantiliste adversaire des physiocrates, Forbonnais, voit dans le luxe un frein à l'accroissement de la population, plus parce qu'il détourne les producteurs de la terre et favorise l'immoralité que parce qu'il stimule les cultures non vivrières [14]. À l'inverse, dans son ouvrage sur les finances de la France de 1784, Necker considère le luxe comme nécessaire au progrès. À ses détracteurs, il réplique que le luxe n'est pas la cause de l'inégalité des fortunes, mais seulement sa conséquence [15]. L'article « Luxe » de la grande *Encyclopédie*, attribué à Diderot, mais qui est dû à la plume de Saint-Lambert, un néomercantiliste, fait la part entre un bon luxe qui stimule le commerce et un mauvais luxe qui mène les États à la corruption.

Ainsi, vilipendé ou magnifié, le luxe n'en est pas moins omniprésent dans la pensée économique prérévolutionnaire, comme par ailleurs dans la vie de l'Ancien Régime.

II. DE L'ÉLIMINATION TERRORISTE À LA BANALISATION : LE LUXE REFOULÉ

La disparition du luxe comme concept économique ne s'explique pas seulement par la progression d'un débat d'idées et comme l'aboutissement d'une controverse théorique. Le changement de « paradigme » évoqué dans l'introduction suppose des ruptures extradiscursives, un changement des mentalités, voire un bouleversement des mœurs.

L'élimination concrète du luxe par la Terreur va entraîner des effets durables, malgré les restaurations politiques ultérieures. La pensée économique n'aura plus de raison d'attacher au luxe une importance spécifique. Elle aura toutes sortes de bons motifs pour l'« oublier ».

1. Le procès historique du luxe : condamnation, exécution et réhabilitation partielle

Les idées de Jean-Paul Marat – médecin comme Quesnay – nous paraissent représentatives du moment où la pensée rejoint l'action. *The Chains of Slavery* (*Les Chaînes de l'esclavage*) paraissent à Londres en 1774, deux ans avant la *Richesse des nations* (mais les principales idées en sont déjà ébauchées entre 1762 et 1765). La condamnation du luxe annonce l'élimination physique de la classe de loisir et l'exécution de tous les adversaires de la frugalité spartiate (spéculateurs, agioteurs) posée en idéal révolutionnaire vers l'an II. L'ouvrage, comme on s'en doute, n'est pas un traité d'économie. Il annonce ce primat du politique qui va dominer la scène révolutionnaire. Le commerce et le luxe n'y sont abordés que dans leur rapport avec la liberté.

L'absolutisme de la liberté politique conduit à un anti-économisme radical. Certes, le commerce adoucit les mœurs et rapproche les nations. La poursuite de l'intérêt stimule le progrès des richesses. Marat ne méconnaît ni les *bienfaits* du doux commerce, ni même les lois *naturelles* de la concurrence. Toutefois, ces arguments sont retournés. Le commerce entraîne, en effet, la perte du sentiment patriotique et généralise le vice. L'émulation de l'intérêt fait perdre tout esprit civique. « Il [le commerce] détruit, reconnaît-il, bien des préjugés utiles. » Et Marat, prenant en quelque sorte le contre-pied de Turgot presque mot pour mot, précise : « Bientôt les manières, les usages, la police, le culte se mêlent et se confondent : peu à peu on se réconcilie avec tous les gouvernements, et on oublie celui sous lequel on a reçu le jour. Le marchand, habitué à vivre avec des étrangers, regarde du même œil ses compatriotes et finit par ne plus les connoitre. Un Européen qui a voyagé n'est plus ni anglois, ni hollandois, ni allemand, ni françois, ni espagnol : mais un peu de tout cela.

« Le commerce ne confond pas seulement les usages et les manières ; mais les mœurs de tous les pays : l'ivrognerie, le luxe, le faste, la passion du jeu, la débauche viennent de mode et chaque peuple joint à ses vices plus d'un vice étranger[16]. »

Cette critique est bien dans la tradition de Jean-Jacques Rousseau. « Les peuples se portent les uns aux autres leurs vices et non leurs vertus[17] », écrivait ce dernier. L'esprit mercantile et le développement du commerce polarisent les conditions engendrant la misère pour les uns, le superflu pour les autres. L'égalité nécessaire à un État vertueux et libre est détruite. La nation est déchirée entre les « indigens » et les « opulens », et ces derniers oppriment nécessairement les premiers. « C'est ainsi que le commerce métamorphose les citoyens opulens et indignes en instruments d'oppression ou de servitude[18]. »

L'antilibéralisme du révolutionnaire est poussé à l'excès ; la frugalité doit être imposée et maintenue. Marat, l'ami du peuple, dénonce la société de consommation, la course effrénée au confort matériel qui créent de nouvelles chaînes d'esclavage en assujettissant à de nouveaux besoins par la corruption des « plaisirs du luxe ». « Même chez les hommes les plus honnêtes, l'esprit mercantile avilit l'âme, et détruit l'amour de l'indépendance. À force de tout soumettre au calcul, le marchand parvient par degré à évaluer chaque chose : pour lui tout est vénal[19]... » Le citoyen doit être libéré de toutes les contraintes de l'utilitarisme dans une cité dont le modèle est emprunté à la République de Platon. La liberté fondée sur une vertu rigide justifie l'extrême de la dictature : la Terreur. En appelant aux massacres de Septembre, Marat ne fait qu'appliquer sa doctrine et sa médecine.

La Terreur va effectivement guillotiner non seulement les aristocrates vivant dans le faste, mais aussi « des maltotiers, des financiers, des publicains, des concussionnaires, vampires insatiables qui ne vivent que de rapines, d'extorsions, de brigandages, et qui ruinent la nation pour se charger de ses dépouilles[20] ». Ces nouveaux riches, au luxe insolent et tapageur, sont les vraies bêtes noires de Marat.

Cette purge sanguinaire n'est pas sans effets. Si la disparition physique des aristocrates consommateurs des produits de luxe est limitée, la classe en tant que telle est quasi éteinte et ne se relèvera jamais. La grande noblesse a émigré. Les biens fonciers, source de la richesse fastueuse, sont confisqués, vendus et partagés. Les manufactures d'articles de luxe et les branches de l'artisanat qui travaillaient pour le superflu somptueux périclitent... Les exportations qui constituaient un des débouchés essentiels de cette production disparaissent momentanément. Lyon et la soierie sont quasi sinistrés[21]. Les voies du commerce sont coupées et les Cours d'Europe qui vivaient à l'heure de Versailles commencent une cure d'austérité et deviennent un peu moins « frivoles ». Les guerres de l'Empire et le Blocus continental prolongeront en partie cette conversion forcée jusqu'en 1815.

Cependant, la réaction thermidorienne va voir le triomphe insolent de ces nouveaux riches dénoncés par Marat. Les rescapés de la guillotine se vautrent dans une luxure crapuleuse. Le commerce de luxe se rétablit timidement. La Révolution aurait duré quelques années de plus, a dit Brillat-Savarin, et la recette de je ne sais quel plat savoureux eût été irrémédiablement perdue[22]. Le savoir-faire des artisans n'a pas été tout entier emporté, sans doute, par la tourmente révolutionnaire, mais un certain art de vivre a définitivement disparu. « Qui n'a pas vécu les dernières années de l'Ancien Régime, disait Talleyrand, ne sait point ce que c'est que la douceur de vivre. »

Dans son cours éphémère d'économie politique, Alexandre Vandermonde est interpellé, en 1975, par des étudiants inquiets des « problèmes posés en économie, par la "vertu", les besoins factices et leurs liens avec la morale ». Il dénonce le terrorisme des adversaires du luxe, donc implicitement Marat : « Demandez-vous que leurs moyens de bonheur soient non seulement égaux mais qu'ils soient semblables ? Cherchez-vous à les délivrer des besoins factices et à dissoudre les liens de leur dépendance mutuelle à cet égard ? Ayez de la suite, conseillez franchement de brûler les bibliothèques, de briser les statues, de déchirer les tableaux, de détruire les manufactures[23]... » En conséquence, il plaide pour un libéralisme susceptible de provoquer l'enrichissement de la nation. Cet état d'esprit est partagé par d'autres auteurs « thermidoriens » comme Germain Garnier ou Pierre Louis Roederer[24].

Avec l'empire, le luxe tapageur mais limité des Incroyables et des Merveilleuses est remplacé par un nouveau faste plus décent. Déjà, de nouvelles couches intermédiaires ont émergé des bouleversements sociaux et politiques ; l'économie devient la science des classes moyennes. « Entre la richesse et la pauvreté, déclare Roederer, est placée la médiocrité où se trouvent réunies toutes les vertus désirables dans un empire[25]. »

La Restauration ne détruira pas le règne de la « médiocrité ». Louis de Bonald et Joseph de Maistre ont interprété la Révolution comme un châtiment de la Providence pour l'inconduite des classes dirigeantes. La nouvelle noblesse sera austère et, d'ailleurs, elle ne retrouvera jamais ses anciens moyens. La nouvelle Cour sera bourgeoise avant même l'avènement d'un roi bourgeois en la personne de Louis-Philippe Ier. Sous le manteau de la monarchie politique restaurée, le capitalisme industriel se développe. Balzac, témoin lucide, hostile et impuissant, s'en désole. Guizot énoncera le nouveau crédo avec cynisme : enrichissez-vous ! Avec une certaine insolence, Claude-Henri de Saint-Simon dénonce l'inutilité d'une classe aristocratique parasite (voir sa fameuse parabole parue en 1819 dans *L'Organisateur,* qui lui valut des poursuites en cours d'assise).

Le luxe en ressort marqué d'une tache d'infamie. Il n'y a de luxe que dans l'ostentation. « On ne jouit du luxe qu'en le montrant[26] », écrivait finement J.-J. Rousseau. Dans une société qu'Alexis de Tocqueville analyse de façon pénétrante comme rongée par l'égalitarisme, l'ostentation est une provocation, une incitation à la révolte. La débauche se fera secrète et honteuse, et un vent de puritanisme se généralisera sur l'Europe victorienne. La réaction religieuse en France se traduit par un renouveau du piétisme, voire du jansénisme, et par un rapprochement avec les conceptions protestantes, achevant ainsi la « révolution » des mœurs commencée en Angleterre à la mort d'Élisabeth, avec la fermeture des théâtres.

Est-ce la revanche posthume de Marat ? Point du tout. Le libéralisme et l'industrialisation naissante mettent à la portée des classes moyennes, sinon de tous, les productions de masse des premières fabriques. Suivant la phrase célèbre de Ricardo : « Il y a bien des choses qui constituent aujourd'hui le bien-être du paysan anglais, et qu'on aurait regardées comme des objets de luxe à des époques reculées de notre histoire[27]. » Cela doit être tempéré par la judicieuse remarque de Bertrand de Jouvenel : « Ce qui est offert [...] ce n'est pas le luxe ni même l'aisance d'autrefois, c'est l'abondance d'aujourd'hui, un faste d'éclairage, une rapidité de locomotion que la famille aisée ou riche d'autrefois ne pouvait obtenir[28]. » La banalisation du luxe qui est devenue une réalité avec la société de consommation au cours des Trente Glorieuses est déjà anticipée par sa réalisation au niveau des classes moyennes dès le début du capitalisme industriel. Dans son roman *Au bonheur des dames,* Zola le décrit de façon saisissante. Les grands magasins démocratisent le luxe de la femme dans une frénésie vertigineuse.

Le superflu est devenu besoin factice, nouveau besoin. À côté du luxe tapageur et vulgaire de petites minorités jouisseuses qui se perpétue de façon honteuse et insignifiante, le confort et la consommation de biens durables se généralisent, effaçant les signes de la distinction. En se fondant dans la production de masse, le luxe disparaît, tout à la fois réalisé et refoulé.

2. Le refoulement théorique : la clôture de la loi de Say

Parallèlement à l'élimination du luxe princier et à la banalisation du luxe bourgeois, on assiste à une exclusion théorique du luxe dans les schémas triomphants de David Ricardo et de Jean-Baptiste Say. Le rôle de la loi des débouchés est sur ce point décisif. Le luxe devient inutile pour le bon fonctionnement de l'économie de marché ; dans une société industrielle, n'ayant plus de place dans la pratique, il n'en a donc plus dans la théorie.

Il s'agit bien d'une exclusion pure et simple. Cette exclusion peut apparaître comme le résultat d'un procès historique perdu par l'une des parties. Ce procès est celui qui opposera Thomas Robert Malthus et Jean Charles Léonard Sismonde de Sismondi *versus* David Ricardo et Jean-Baptiste Say, dans les années 1820. En effet, en reprenant la loi de Say, Ricardo éliminait des principes de l'économie politique la dernière séquelle mercantile : l'utilité de la dépense somptuaire pour stimuler l'activité économique. Si les produits (quels qu'ils soient) s'échangent contre les produits, leur nature est indifférente. Le « sinistre pasteur », Malthus, tente de défendre les dernières traces du luxe des aristocrates britanniques, soutenu en cela par le rejeton d'une famille de vieille noblesse italienne réfugiée à Genève. Le jugement officiel, provisoire, de l'histoire se prononce en faveur des deux représentants de la bourgeoisie industrielle et renvoie les deux esprits chagrins à la poussière du passé. On sait que Marx et Lénine ne les en feront pas sortir (malgré ou à cause des tentatives des populistes russes, qualifiés de « sismondistes », et de Rosa Luxemburg), mais cela est une autre affaire... Les combats de Malthus et Sismondi ont été des combats d'arrière-garde. Ces deux esprits moralisateurs ne défendent le luxe qu'à leur corps défendant, afin d'éviter la crise économique en offrant un débouché aux profits et aux rentes. Cette « scientifisation » de l'économie politique par élimination de l'immoral luxe se confirme par l'intégration de l'utile démoralisé. Le même Malthus s'était déjà efforcé d'enlever à l'utile toute connotation éthique et Jean-Baptiste Say, John Stuart Mill et Léon Walras pousseront à son terme la fonctionnalité du concept[29].

L'économie assure sa fermeture – c'est-à-dire sa constitution en sphère coupée du reste du social – en évacuant la nécessité du superflu. Cette clôture se fait sur un utilitarisme qui exclut toute morale autre que lui-même. La dépense *non fonctionnelle* devient irrationnelle. La consommation n'est que production (en particulier, des travailleurs) pour la reproduction de la production. La production elle-même n'a pour horizon que l'accumulation illimitée. L'esprit d'abstinence l'emporte sur la générosité au niveau théorique et pratique. Par un curieux renversement de son destin, le luxe, réduit à qualifier une classe de biens, deviendra même responsable du sous-développement. Les couches sociales dominantes du tiers-monde, par leur consommation de biens de luxe (importés), sont accusées d'appauvrir leur pays en « extravertissant » son économie au lieu de l'aider à décoller en investissant. La consommation somptuaire et mimétique est un gaspillage irrationnel.

Cette affirmation de l'inutilité de l'inutile, dans le temps même où on affirme l'utilité éventuelle du nuisible[30], fait contraste avec les considérations du XVIIIe siècle sur le thème voltairien du « superflu, chose très nécessaire[31] ». Elle n'est pas sans lien avec la proscription de la « classe oisive ». Dans la tourmente révolutionnaire, l'économie est devenue travailliste. Selon l'analyse éclairante de Michel Foucault, l'analyse des richesses a fait place à la science de la production[32].

La Révolution française a joué un rôle comparable au puritanisme anglo-saxon et en a radicalisé les conséquences. Ce dernier avait embourgeoisé l'aristocratie britannique, la transformant progressivement en classe de capitalistes ; il avait imposé la morale du travail et une certaine austérité des mœurs. La Révolution française éliminera la noblesse et proscrira l'oisiveté.

Pour réaliser ce programme, la France n'a pu faire l'économie de la Terreur. L'élimination du luxe participe, en effet, de la réduction utilitariste des passions. La poursuite de l'intérêt personnel, le calcul des plaisirs et des peines qu'engendre l'émergence de l'individualisme mènent nécessairement à l'anarchie et au chaos. Il se produit une « déliaison » sociétale ; du fait de l'absence de communication entre les sujets (le fameux *no-bridge* de Hume), il ne se dégage aucune harmonie naturelle. Avec une implacable logique, Sade développe cet « anti-économique » qui résulte du jeu du déchaînement des passions débridées. Dans *Justine, ou les malheurs de la vertu*, en particulier, il construit avec une rigueur quasi mathématique une algèbre du plaisir des sens, au moment précis où Jeremy Bentham élabore son *Arithmétique des plaisirs*[33]. Toutefois, dans l'anti-économique des passions, il n'y a pas de main invisible. À la différence du revenu monétaire, mon plaisir n'a pas de commune mesure avec celui des autres. Tant que les passions ne sont pas réduites à la seule passion du gain, le plaisir du boucher ne réalise en rien celui du boulanger. Tout au contraire, il y a des chances que pour atteindre le niveau le plus élevé de satisfaction, chacun s'efforcera d'instrumentaliser l'autre comme objet de jouissance sous la forme la plus immédiate : la sensualité. Le viol, le crime, les délices du sadisme, avec sa savante gradation minutieusement décrite dans *Les Cent Vingt Journées de Sodome*, forment les courbes de préférence qui résultent de l'avènement de l'individu calculateur dans un monde non encore économiquement dompté par la morale des affaires.

Le luxe s'inscrit dans la démesure des passions. Le triomphe exclusif de l'intérêt matériel sous sa forme d'accumulation illimitée – et donc de renonciation à la jouissance – épargnera au monde les débordements sanglants des tyrannies infernales, des Sodome et des Gomorrhe que Pasolini a situés précisément dans la République « sociale » nazie-fasciste de Salo. Cette victoire de la passion du profit sur le profit des passions (ou, pour le dire comme Marx, des « plaisirs de l'accumulation sur l'accumulation des plaisirs ») permettra aussi de sortir du terrorisme de la vertu par lequel Marat (le double de Sade) et les révolutionnaires veulent interdire les excès de l'hédonisme tout en conservant la base individualiste.

Par une ironie dont l'histoire a le secret, la conjuration du dérèglement des passions par la Terreur conventionnelle aboutit à des résultats voisins du dévergondage sadique...

L'exclusion théorique du luxe constitue un véritable refoulement car le luxe travaille triplement l'économie. Premièrement, sous la forme « castrée » du gadget, il est à la base de la société de consommation. L'inutile se venge en devenant l'impératif programmé de la consommation quotidienne. Seulement, il a été délesté au passage de toute charge symbolique. Le faste a disparu avec les princes, la ludicité avec Venise et son carnaval sous les coups de la rapacité napoléonienne, l'ostentation avec le prêt-à-porter et à consommer. Dans l'intervalle, les suites princières ont été licenciées. Le véritable luxe, celui de la manière noble de vivre, est définitivement mort. La montée actuelle des services ne peut rien y faire. Le service ne sera jamais plus ce qu'il était... La magnificence et la munificence sont mortes. Le président Clinton a même congédié le cuisinier français de la Maison-Blanche au profit des pizzas et hamburgers, préférés par Hillary. Le besoin factice est devenu un devoir triste à remplir et non une turpitude sensuelle.

Deuxièmement, le luxe des « *happy few* » travaille aussi l'économie de façon honteuse. La nécessité de la nouveauté suppose une classe disponible, avide d'achats et de distinction. La menace d'insuffisance de la demande effective, que Keynes a justement soulignée, redonne au luxe une place spécifique. Sa dégradation et sa vulgarisation continue, dans un procès mimétique généralisé, et sa banalisation, rendue possible par une fantastique dévalorisation due au progrès technique et à la prédation illimitée de la nature, supposent aussi sa réinvention obsessionnelle. Toutefois, ce luxe-là d'innovation et de mode éphémère a-t-il encore quelque chose de luxueux ?

Enfin, le gaspillage frénétique et ostentatoire fait retour de la façon la plus perverse dans les gigantesques *potlatchs* militaires qui se déroulent sous nos yeux, dans les milliards (700 ou 800 par année) qui partent en fumée ou dans la stratosphère, suivis de près par ceux de la gabegie publicitaire (500), dans les usines clés en main qui rouillent avant de servir, dans une orgie inouïe de constructions monstrueuses et de projets pharaoniques aberrants au milieu de la misère la plus sordide. Ce « luxe » sanguinaire ne donne que la jouissance morbide du spectacle de son absurdité.

Le luxe, problème central d'une réflexion économique non encore enfermée dans le paradigme de la science, se trouve refoulé dans l'ombre de la science « normale », à la suite d'une série de phénomènes et d'événements dont la tourmente révolutionnaire a été sans doute un élément décisif. Ce refoulement a fait partie du « prix à payer » pour réaliser la clôture de l'économique. La conséquence du procédé est que le refoulé tend à faire *retour*, selon la loi freudienne bien connue. Ce retour, du dehors, en particulier sous la forme de la remise en cause de la base utilitariste de la construction économique, contribue à agrandir les fissures de l'édifice.

CHAPITRE X

L'autodestruction de l'humanisme libéral

Le paradoxe de la « synthèse » smithienne, ou Dr. Adam & Mr. Smith

> « L'honnête homme tient le milieu entre l'habile homme et l'homme de bien, quoique dans une distance inégale de ces deux extrêmes [1]. »
>
> La Bruyère

Il est pour le moins paradoxal de parler de *synthèse* à propos d'Adam Smith. L'historiographie allemande a appelé, en effet, « *das Adam Smith problem* » la question posée par le contraste frappant entre la première et la troisième partie du cours de philosophie morale de l'illustre professeur de Glasgow, publiées respectivement sous les noms de *Théorie des sentiments moraux* en 1759 et *Enquête sur la nature et les causes de la richesse des nations* en 1776. L'opposition, pour ne pas dire la contradiction, entre le contenu des deux œuvres est telle qu'on pourrait penser avoir affaire à deux auteurs différents. Les critiques allemands évoquent alors, contre toute évidence, un *revirement* du grand penseur pour expliquer ce hiatus.

Les économistes anglo-saxons, et en particulier les libéraux, ont surtout retenu le second livre. Celui-ci constitue, encore aujourd'hui, une bible du libéralisme et l'un des plus vibrants et subtils plaidoyers en faveur d'un laisser-faire total fondé sur les affirmations les plus vigoureuses d'une harmonie naturelle des intérêts. C'est ce Smith-là que j'ai choisi de retenir dans l'optique d'une invention de l'économie. Il est tout à fait conforme à celui des membres de l'Adam Smith Society, cette annexe britannique de la société hayékienne du Mont Pèlerin dont les adeptes portent une cravate ornée du portrait du professeur de Glasgow. Le système ultra-libéral résulte assez logiquement de certaines formulations du maître. En revanche, un historien peut et doit se poser la question de savoir si le brave Dr. Adam était smithien. Ma réponse serait qu'il l'était ni plus ni moins certainement que Marx était marxiste. Il y a beaucoup à parier que le « bonhomme » Smith serait horrifié par ce que sont devenues l'économie mondiale et la science économique. La domination des marchés financiers, le jeu monopolistique des firmes transnationales, l'utilisation même de ses formules pour justifier les pires injustices feraient sans aucun doute horreur à celui qui voyait dans une manufacture d'épingles dont le personnel n'atteignait pas dix personnes le prototype de la firme économique. Mr. Smith était certes un individualiste et préconisait une forte concurrence mais dans un monde qui restait encore proche du village d'Astérix[2]. L'interdépendance de voisinage des « districts industriels » de l'Angleterre et de l'Écosse du XVIIIe siècle n'avait pas grand-chose à voir avec l'anonymat généralisé du marché walrassien à l'échelle mondiale. Il était vraisemblable qu'introduire un peu de rationalité dans ce petit monde chaotique ne pouvait qu'apporter un peu plus de bien-être à tous. En revanche, il n'est pas du tout sûr qu'il aurait adhéré à l'article premier du credo néolibéral : le marché est juste parce que invisible et anonyme. La conception sentimentale de la communauté à laquelle semble mener sa théorie de la sympathie, proche de celle du second Rawls, même si elle ne remet pas en question son individualisme, en tempère fortement les conséquences radicales[3]. Il appelait de ses vœux une « république philosophique » que l'économie avait pour objectif de permettre grâce à la satisfaction des besoins fondamentaux.

Adam Smith, en effet, considérait la *Théorie des sentiments moraux* comme son œuvre essentielle. À la veille de sa mort encore, il travaillait à son amélioration et préparait une édition augmentée. Or dans cet ouvrage, il rejette explicitement l'utilitarisme et les positions audacieuses et scandaleuses de Bernard de Mandeville dont il qualifie le système de « licencieux », de même qu'il rejette le jansénisme dont il est issu[4]. Il ajoute cependant de façon plus ambiguë : « Il était cependant facile au docteur Mandeville de prouver, 1° que cette victoire absolue sur les passions ne pouvait jamais avoir lieu parmi les hommes ; 2° que si elle avait lieu, elle serait funeste à la société, puisqu'elle ruinerait l'industrie et le commerce[5]... » Pour Adam Smith, en dépit de la fascination exercée par l'heureux effet de l'égoïsme, l'amour-propre (*self-love*) et même « l'amour de soi », compris comme souci de ses intérêts (fussent-ils légitimes), ne pouvaient être le fondement d'une vie morale. Celle-ci repose, comme l'avait montré son maître Hutcheson, sur la sympathie. C'était affirmer qu'à la base de la vie morale et donc du lien social, on trouve un sentiment *altruiste*.

On a tenté de sauver la cohérence d'Adam Smith en échappant à la contradiction par les deux bouts, si l'on peut dire : soit en réduisant la sympathie à l'amour-propre, soit en asservissant l'amour-propre à la sympathie. La première tentative consiste à montrer que la sympathie smithienne est une forme rhétorique vague et vide permettant d'échapper à la position sulfureuse de Mandeville. Le noyau dur de construction smithienne resterait tout de même l'amour-propre. Tel est, me semble-t-il, le point de vue de Jean-Claude Perrot[6]. Cette position est bien argumentée par une analyse des filiations intellectuelles, mettant en particulier en relief le rôle clé des moralistes augustiniens français. La présence, dans la *Théorie des sentiments moraux* elle-même, du thème de la *main invisible* et de formulations justifiant la poursuite de fins égoïstes plus fortes encore que celles de la *Richesse des nations* est plus que troublante[7].

La deuxième position a été défendue avec brio par Jean-Pierre Dupuy[8]. Prenant très au sérieux la sympathie, l'auteur s'appuie sur l'importance, dans l'œuvre de Smith, du thème de la *mimésis* (la recherche du prestige, du paraître) comme déterminant ultime de l'action, y compris dans la *Richesse des nations*. Il retrouve ainsi les analyses qui lui sont familières de René Girard[9]. Suivant sa propre formule, la sympathie *contient le self-love* dans les deux sens du terme « contenir[10] ». Étant entendu que le *self-love* tient plus de « l'amour de soi » au sens de Rousseau que de l'amour-propre au sens de La Rochefoucauld[11]. Pour Jean-Pierre Dupuy, le *self-love* n'est plus même qu'un bon amour de soi.

Quoique ces deux éminents auteurs mettent en évidence, chacun de leur côté, des aspects importants et souvent méconnus de la pensée d'Adam Smith, il nous semble que tous deux vont trop loin dans leur démonstration. Adam Smith n'est pas aussi cynique que le soutient implicitement Jean-Claude Perrot, mais il n'est pas aussi « girardien » que le donne à voir Jean-Pierre Dupuy. S'il n'y a pas non plus « revirement » dans la problèmatique smithienne, comme le soutenaient les historiographes allemands, reste à affronter la présence d'une véritable contradiction dans l'ensemble de l'œuvre. Celle-ci tiendrait, semble-t-il, à l'impossibilité de faire tenir ensemble l'individualisme ontologique et méthodologique (hérité de Locke), et qui est dominant dans sa conception, avec l'anthropologie de la sympathie qui y tient une place non moins considérable. Toutefois, pour intéressante qu'elle soit, la problématique de la sympathie chez Smith (dont on montrera qu'elle implique nécessairement une dimension holiste) se trouve en fin de compte condamnée par l'individualisme et le naturalisme, et subordonnée à eux. Elle s'avère impuissante à empêcher le triomphe d'une vision libérale, au sens économique du terme, au sein de l'œuvre, en dépit des intentions mêmes de l'auteur.

I. LA SYMPATHIE ÉTOUFFÉE PAR L'INDIVIDUALISME

La présence et l'importance de la sympathie dans la *Théorie des sentiments moraux* est une évidence qui n'a pas à être discutée. L'enjeu est de cerner son rôle, sa nature et sa portée et, bien sûr, ses limites. Il y a dans la vision morale du Dr Adam à la fois une véritable utopie de la cité harmonieuse et une sorte de réalisme hypocrite.

1. L'anthropologie de la sympathie et la cité harmonieuse

Le livre s'ouvre par la remise en question de la toute-puissance de l'amour-propre. « Quelque degré d'amour de soi qu'on puisse supposer à l'homme, il y a évidemment dans sa nature un principe d'intérêt pour ce qui arrive aux autres, qui lui rend leur bonheur nécessaire, lors même qu'il n'en retire que le plaisir d'en être témoin[12]. » Si une part de la sympathie peut être fondée sur l'amour de soi comme le soutient Sophie Grouchy dans ses lettres sur la sympathie[13], il est impossible de l'y ramener toute. L'importance de la sympathie dans la vie morale est abondamment marquée tout au long du premier livre[14]. « La sympathie ne peut, dans aucun cas, être regardée comme un effet de l'amour de soi. Quand je sympathise avec votre chagrin ou avec votre indignation, on peut dire, à la vérité, que l'émotion que j'éprouve est fondée sur l'intérêt personnel, puisque cette émotion a lieu lorsque je me mets en imagination à votre place, et que par là je conçois ce que vous devez sentir vous-même ; mais ce changement imaginaire n'est point supposé arriver dans ma propre personne ou dans mon caractère, mais dans la personne de vous-même, avec qui je sympathise. [...] Le système qui déduit toutes nos passions et tous nos sentiments de l'amour de soi, système qui a fait tant de bruit dans le monde, mais, qu'on n'a, ce me semble, jamais bien développé, n'est que le système de la sympathie pris dans un sens contraire au sens véritable[15]. »

Notons, néanmoins, que si l'utilitarisme exclusif est banni, il n'est jamais très loin. « La nature paraît avoir si heureusement adapté nos sentiments d'approbation et de désapprobation à l'avantage de l'individu et de la société, qu'après un examen réfléchi, nous sommes fondés à croire que l'utilité détermine généralement nos jugements[16]. »

Toutefois, la sympathie smithienne – et c'est là la juste découverte de Jean-Pierre Dupuy – suppose une anthropologie plus complexe que celle qu'un individualisme strict laisserait prévoir. Le sujet smithien se définit dans un jeu de miroir avec autrui. « La nature, en formant l'homme pour la société, écrit-il, l'a doué du désir de plaire à ses semblables et de la crainte de les offenser. Elle lui fait trouver un plaisir ou une peine dans les regards d'autrui, selon qu'ils sont favorables ou défavorables. Elle a voulu que l'approbation des autres lui fût, en elle-même, agréable et flatteuse, et leur désapprobation désagréable et offensante[17]. » Ce sujet serait mimétique, vivant constamment « sous le regard d'autrui ». « Nos premières idées de beauté et de difformité sont tirées de la vue des formes des autres hommes, et non de la connaissance des nôtres. Nous sentons bientôt qu'à cet égard, les autres nous jugent comme nous les jugeons. Nous aimons qu'ils approuvent notre figure, et nous sommes peinés lorsqu'elle les repousse. Nous sommes inquiets de savoir jusqu'à quel point notre extérieur est loué ou blâmé par eux. Nous nous examinons, pour ainsi dire, trait par trait ; et, nous plaçant devant un miroir, nous cherchons à nous voir à la même distance à laquelle les autres nous voient[18]. » C'est une relation spéculaire de soi à soi médiatisée par le regard d'autrui.

« Toujours enclin à se perdre dans les miroirs que lui tendent les autres », selon Dupuy, le sujet smithien n'aurait rien à voir avec l'*homo œconomicus*[19]. Sa fonction de préférence ne peut en aucun cas être indépendante de celle des autres sujets. En effet, « le grand objet de l'émulation et de l'ambition, écrit Smith, est de mériter le respect et l'admiration des hommes, et de l'obtenir et d'en jouir. Deux routes différentes se montrent devant nous pour arriver à ce but désiré : l'une est l'étude de la sagesse et la pratique de la philosophie ; l'autre, l'acquisition des richesses et de la grandeur[20]. » « C'est la vanité, précise-t-il encore, non le bien-être, ni le plaisir, qui nous intéresse. Mais la vanité toujours repose sur la conviction que nous sommes l'objet de l'attention et de l'approbation des autres[21]. » Même dans la *Richesse des nations*, ce motif de l'approbation des autres ou de leur regard envieux n'est pas absent : « Pour la majorité des gens riches, la principale jouissance des richesses consiste à en faire étalage, jouissance qui n'est jamais à leurs yeux aussi complète que lorsqu'ils paraissent posséder ces marques décisives de l'opulence qu'à part eux, personne ne peut posséder[22]. »

Là s'arrête l'analyse girardienne de Smith. L'exégèse du tragique de l'envie à laquelle se livre Jean-Pierre Dupuy va très au-delà de la pensée explicite du professeur de Glasgow pour atteindre, à travers la critique de Hayek, les limites du libéralisme, sinon de l'économie politique. En effet, « l'imitation débouche sur l'envie, et, selon Dupuy, cette envie a des effets fortement ambivalents : elle est d'un côté la cause d'une grande souffrance (la "corruption des sentiments moraux"), mais de l'autre, elle donne à la société marchande une énergie inouïe, une force d'expansion potentiellement illimitée[23] ». Cependant, il n'y a pas chez Smith d'analyse lucide de la spéculation comme celles qu'affectionne J.-P. Dupuy (et A. Orléan) et qu'il est bien près de lui prêter. « L'imitation généralisée, écrit Dupuy, a le pouvoir de créer des mondes parfaitement déconnectés du réel : à la fois ordonnés, stables et totalement illusoires. C'est cette capacité "mythopoiétique" qui la rend si fascinante. Efficacité et capacité de révéler des informations cachées : ce sont là deux propriétés que les économistes attribuent volontiers au marché idéal. La distance entre celui-ci et le processus mimétique semble infranchissable[24]. » « Entre l'équilibre et la représentation autoréalisatrice, poursuit-il, il n'y a pas de différence *formelle*. Un abîme sépare cependant ces deux mondes pour ce qui est de leur sens[25]. » « Ce narcissisme collectif, conclut-il, est source de comportements aberrants alors même qu'il repose, insistons-y, sur des stratégies individuelles de recherche et d'utilisation de l'information parfaitement rationnelles[26]. » Autrement dit, pour attribuer une analyse girardienne à Smith, il faudrait que l'économie politique soit analysée dans son œuvre comme un mythe. Le mythe économique représente une reproduction et une inversion des mythologies traditionnelles. Comme dans celles-ci, on part d'une situation de désordre violent (le tohu-bohu, la guerre des Dieux et des Titans, ou celle des grands féodaux...) et on aboutit à l'ordre. Seulement, dans les grandes mythologies, ce résultat est engendré par la rupture de l'indifférenciation première et l'exercice de la violence mimétique en désignant une victime sacrificielle. Dans le mythe économique, au contraire, la paix (le doux commerce) est le résultat de l'indifférenciation marchande par la concurrence et l'exacerbation de la *mimésis*. Il y a certes un bouc émissaire mais il est occulté, c'est la nature dont on se rend maître et dominateur. Cela, sans parler de la liquidation de l'aristocratie (y compris physiquement avec la Terreur) et du sacrifice réel et quotidien du prolétariat derrière l'égalité-identité juridique et marchande. L'exacerbation de la *mimésis* dans la concurrence et la spéculation aboutissent à une nouvelle crise, économique et financière cette fois. Toutefois, celle-ci aussi est occultée dans le mythe, et par exemple chez Adam Smith, derrière la fiction de l'équilibre et de l'*optimum*. Jamais, bien évidemment, Smith ne porte un tel regard sur l'économique.

À la différence des augustiniens, le désir d'approbation des autres, chez Smith (et Dupuy), n'est pas nécessairement condamnable. « Quelques philosophes mélancoliques, écrit Smith [il pense à La Rochefoucauld et à Bernard de Mandeville], en jugeant la nature humaine se sont conduits, pour ainsi dire, comme les hommes de mauvaise humeur, qui veulent juger les autres : ils ont imputé à l'amour de la louange, à ce qu'ils appellent *vanité*, toutes les actions qui devaient être attribuées au désir d'une louange méritée[27]. » Il faut distinguer le cas où cette louange est justifiée de celui où elle ne l'est pas. Alors « rien ne prouve autant de faiblesse et de légèreté, que d'être flatté des éloges qu'on ne mérite pas. C'est ce qu'on appelle proprement *vanité*. Elle est la source des vices les plus ridicules et les plus méprisables[28] ». Tandis que « l'amour de la célébrité, l'amour de la vraie gloire, pour la gloire même, et indépendamment des avantages qui peuvent la suivre, n'est pas indigne du sage[29] ».

Ce thème du jugement d'autrui comme miroir de nous-mêmes revient constamment. Cette présence de l'autre en soi est fondamentale, elle est à la base de la vie morale, c'est le « spectateur impartial ». Le spectateur ou témoin impartial (parfois noté « éclairé », « indifférent » ou « désintéressé »[30]), intervient à chaque page ; c'est le « tribunal de la conscience ». Le spectateur impartial est étranger à l'esprit partisan. « Un véritable homme de parti hait et méprise la sincérité, et, en effet, cette vertu le rend, plus qu'aucun vice, incapable d'agir comme homme de parti. Le spectateur impartial est donc, dans toutes les circonstances possibles, à une très-grande distance de ceux qu'entraînent la violence et la rage des factions ennemies[31]. » L'intériorisation de l'estime de l'autre est donc quelque chose d'essentiel. « Nous nous supposons spectateurs de nos propres actions, et nous travaillons à concevoir quel effet elles produiraient sur nous, envisagées de ce point de vue. C'est le seul miroir à l'aide duquel nous puissions examiner la convenance de notre propre conduite ; si elle nous plaît dans ce miroir, nous sommes jusqu'à un certain point satisfaits : nous devenons moins sensibles aux applaudissements, et nous méprisons presque les censures du monde ; assurés que, quoique nous soyons mal connus de lui, ou que nous lui ayons été infidèlement représentés, nous sommes des objets réels d'estime et d'approbation. Mais si nous éprouvons quelque doute à cet égard, nous n'en sommes que plus inquiets d'obtenir l'approbation des autres ; et leur censure nous frappe et nous affecte doublement, à moins qu'une corruption invétérée ne nous ait rendus tout-à-fait indifférents à l'opinion des hommes[32]. »

C'est à un véritable dédoublement de personnalité que nous convie le tribunal smithien. « Lorsque j'examine ma propre conduite, lorsque je veux la juger, et que je cherche à la condamner ou à l'approuver, il est évident que je me divise en quelque sorte en deux personnes et que le *moi appréciateur et juge* remplit un rôle différent que cet autre *moi* dont il apprécie et juge la conduite. La première de ces deux personnes (réunies un instant en moi-même) est le *spectateur* dont je cherche à prendre les sentiments, en me mettant à sa place, et en considérant de là ma conduite. La seconde est l'*être* même qui a agi, celle que j'appellerai précisément *moi*, et dont je cherchais à juger la conduite sous le rôle de *spectateur*. En un mot, l'une était le juge, et l'autre la personne jugée : mais on sent qu'il est des rapports sous lesquels le juge et celui qui est jugé ne peuvent pas plus être une seule et même personne, que la cause et l'effet qu'elle poursuit ne peuvent être une seule et même chose[33]. » Ainsi, les autres en chair et en os ont un rôle important, mais l'Autre fictif, *introjecté* dans le moi, en est un relai fondamental. Cela suppose une structure « feuilletée » du sujet (l'*ichspaltung* de Freud), plus complexe que le moi souverain et autonome de l'individualisme traditionnel et tout particulièrement de l'*homo œconomicus*. Bien sûr, on retrouve la tradition stoïcienne et chrétienne de l'examen de conscience, reprise par les puritains, et qui joue un rôle très important dans une certaine vision individualiste. Toutefois, chez Smith, la rivalité avec l'autre et la présence de l'autre, plutôt étrangère à la tradition piétiste, sont beaucoup plus marquées.

Le spectateur impartial, aidé, il est vrai, par le sens de la justice et la raison, permet à la sympathie de devenir *active* et de juger même contre nos intérêts. « Il en est de même à l'égard des passions originelles de l'homme, de celles qui tiennent à l'amour de soi. En effet, la plus petite perte ou le plus petit gain que nous faisons, a plus d'importance pour nous, nous cause plus de peine, ou plus de joie, que ce qui arrive de plus considérable aux personnes avec lesquelles nous ne sommes pas étroitement liés : tant que nous ne jugeons pas de leur place ce qui les touche, leurs intérêts ne peuvent balancer les nôtres ; et jamais la crainte de leur nuire ne nous empêche de rechercher ce qui peut nous être avantageux. Il faut donc que nous changions de position, pour comparer les intérêts opposés : nous ne devons les voir, ni de notre place, ni avec nos yeux, ni de la place ni avec les yeux de la personne en opposition avec nous, mais de la place et avec les yeux d'un tiers impartial et désintéressé. [...] et alors aussi, il faut quelque réflexion et quelque philosophie pour nous persuader combien l'intérêt que nous prendrions à ce qui regarde les autres, serait faible, si le sentiment de la justice et de l'équité ne rectifiait l'inconséquence, et si l'on peut exprimer ainsi, l'inégalité naturelle de nos sentiments, selon qu'ils ont pour objet, ou les autres, ou nous-mêmes[34]. »

Dr. Adam nous présente alors une vision quasi idyllique d'une cité morale. « L'intérêt de notre propre bonheur nous porte à la prudence ; l'intérêt du bonheur des autres nous porte à la justice et à la bienfaisance : la justice nous éloigne de tout ce qui peut nuire au bonheur d'autrui, et la bienfaisance nous fait rechercher tout ce qui peut y concourir. La première de ces trois vertus nous est originellement recommandée par l'amour de nous-mêmes, et les autres par nos affections bienveillantes, indépendamment d'aucune attention à ce que sont, à ce que doivent être ou à ce que peuvent être, dans certaines situations, les sentiments des autres [...]. Il n'y a point d'homme qui n'ait principalement eu en vue dans sa conduite les sentiments qu'elle pouvait inspirer à un spectateur supposé impartial, et à ce témoin intérieur, à ce juge, à cet arbitre suprême qui habite dans nos cœurs. Si, dans le cours de la journée, nous nous sommes écartés des règles qu'il nous prescrit, si nous avons été au-delà de la tempérance, de l'activité, ou si nous sommes restés en deçà ; si nous avons blessé les intérêts ou le bonheur d'autrui par passion, par inadvertance, si nous avons négligé les occasions de la servir, c'est ce juge intérieur qui nous demande compte le soir de toutes ces fautes et de toutes ces omissions, et ses reproches nous font souvent rougir en secret de notre inattention à notre propre bonheur, et de notre trop constante indifférence pour celui des autres[35]. » La sympathie active fonde une cité quasi idéale, dominée par la recherche du bien commun. « On ne peut douter, écrit-il, ainsi que je l'ai déjà observé, que cette propriété de la vertu de maintenir la société, et que cette propriété du vice de la troubler, lorsqu'on la considère d'un œil philosophique, ne répande une très-grande beauté sur l'une, et une très-grande difformité sur l'autre. La société humaine, considérée d'une manière abstraite, est semblable à une immense machine dont les mouvements harmonieux et réguliers produisent une foule d'effets agréables. Comme, dans les machines qui sont l'ouvrage de l'homme, tout ce qui tend à rendre leurs mouvements plus doux et plus faciles, ou plus embarrassés et plus confus, a par cela même, à nos yeux, une beauté ou une difformité particulière ; de même, dans la grande machine de la société, la vertu nous plaît, parce qu'elle en perfectionne les rouages[36]. » En tout état de cause, la « morale » de l'égoïsme de Mandeville doit être répudiée dans la vie en société. Rien n'y semble plus opposé que cette vision du bon Dr. Adam. Toutefois, arrivé à ce point de triomphe de la morale où l'humanisme né de la sympathie s'aide de la raison et d'un sentiment pur de la justice, Mr. Smith commence à percer sous Dr. Adam, et sape sournoisement le bel édifice du premier.

2. Le réalisme moral hypocrite

« Qu'est-ce qui porte constamment les hommes généreux et qu'est-ce qui détermine quelquefois ceux qui ne le sont pas, à sacrifier leur intérêt propre à l'intérêt de leurs semblables ; tandis que naturellement nous sommes toujours si profondément affectés de ce qui nous regarde, et si peu de ce qui regarde les autres ? Le doux pouvoir de l'humanité, cette faible bienveillance placée par la nature dans le cœur de l'homme pour son semblable, ne saurait étouffer l'impression presque irrésistible de l'amour de soi-même. Un pouvoir plus puissant et qui s'exerce, pour ainsi dire, indépendamment de nous, nous entraîne alors : mais c'est la raison, c'est la conscience, c'est cette espèce de divinité que nous portons en nous, qui est le juge et l'arbitre suprême de notre conduite [...]. C'est notre conscience seule qui nous apprend [...] la véritable valeur de ce qui a rapport à nous, et qui corrige les illusions naturelles de l'amour-propre[37]. » On est encore dans la cité de rêve. Seulement, l'exemple qu'il en donne par cette belle tirade jette le trouble, car il ne s'agit en fait que d'éviter que les pauvres agissent conformément à leurs intérêts ! « Un homme ne doit jamais se préférer aux autres, au point de leur nuire, pour son propre avantage, quoique cet avantage dût être beaucoup plus grand que le tort qu'il leur causerait. Le pauvre ne doit jamais, ni voler, ni tromper le riche, quoique alors ce qui est acquis soit beaucoup plus important pour lui, que ce qui est perdu n'est important pour l'autre. La conscience du pauvre lui rappelle, dans cette circonstance, qu'il ne vaut pas mieux qu'un autre, et que, par l'injuste préférence qu'il se donne, il se rend l'objet du mépris et du ressentiment de ses semblables, comme aussi des châtiments qui les suivent, puisqu'il a violé ces lois sacrées, d'où dépendent la tranquillité et la paix de la société[38]. » Il semblerait là qu'il ne s'agisse que de renforcer la morale bourgeoise. N'est-on pas en face d'un exemple de ce que Marx appelait « philistinisme[39] » ? Certes, le fait de ne pas être un adepte de la « reprise individuelle » préconisée par certains anarchistes ne suffit pas à faire de Smith un sycophante. Toutefois, n'aurait-il pas été moins suspect en affirmant qu'un patron ne doit jamais préférer ses intérêts à ceux de ses ouvriers, de ses fournisseurs ou de ses clients ? Mais alors, c'est toute *La Richesse des nations* qui s'effondrait...

Il ne faut surtout pas pousser la sympathie trop loin ! « La compassion, [...] cette sympathie exagérée, pour des infortunes qui ne nous sont pas connues, renferme d'abord quelque chose d'absurde et de déraisonnable [...]. Cette commisération factice n'est pas seulement absurde, elle semble même impossible[40]. » À transmettre au président Bush Junior qui a fait de la compassion l'axe social de son programme libéral. Cette condamnation de l'excès de sympathie vise à éviter que la compassion n'amène à créer des institutions philanthropiques favorables aux pauvres et aux contemplatifs et qui seraient contraires à la « loi naturelle », c'est-à-dire à la lutte économique pour la vie. On ne peut sympathiser avec des personnes éloignées et on ne peut rien pour elles. Donc inutile de s'empoisonner l'existence. À cela s'ajoute la condamnation classique chez les puritains de la vie contemplative et le plaidoyer pour l'activité : « L'homme était destiné à agir et à produire, par l'exercice de ses facultés, dans le mode extérieur de son existence et de celle des autres, tous les changements nécessaires à l'ordre et au bonheur général. Il ne doit donc pas se contenter d'une indolente bienveillance, ni se croire l'ami de ses semblables, parce qu'au fond de son cœur il fait des vœux pour leur prospérité. » Toutefois, l'existence de la triple obligation du don (donner, recevoir, rendre), fondement du *lien social primaire* et qui n'a rien à voir avec l'altruisme béat et désintéressé que Smith prête à la bienveillance active, est totalement absente de son schéma. L'amour de soi, certes conditionné par l'estime d'autrui dans une relation spéculaire, suffit le plus souvent à diriger notre conduite dans la vie terrestre même s'il ne l'embellit pas. Il arrive que l'égoïsme conforme « au cours naturel des choses » soit plus avantageux à la société. « Un fripon industrieux cultive son champ ; l'honnête homme indolent laisse le sien sans culture : qui est-ce qui doit recueillir la moisson ? qui est-ce qui doit mourir de faim et vivre dans l'abondance ? Le cours naturel des choses décide, dans ce cas, pour le fripon, et le sentiment naturel des hommes, en faveur de l'honnête homme. (Ce n'est fort heureusement plus le cas aujourd'hui, en partie grâce à Mr. Smith !) Nous trouvons que l'activité de l'un a été trop récompensée par les avantages qu'elle lui a procurés, et que la négligence de l'autre serait trop punie par les malheurs qui la suivraient naturellement ; les lois humaines, qui sont fondées sur les sentiments des hommes, ôtent donc la vie au fripon industrieux qui entretient l'abondance, et accordent des récompenses signalées au citoyen honnête, que son insouciance rend presque inutile à la société. C'est ainsi que l'homme est porté par la nature à rectifier, en quelque manière, l'ordre des choses qu'elle avait elle-même disposé dans d'autres vues[41]. » Comme on le voit, on a insensiblement viré de bord pour se retrouver tout près de Mandeville. D'autant que « le cours naturel des choses ne peut pas être entièrement dirigé par ses efforts impuissants [à l'homme] ; leur mouvement est trop rapide et trop fort pour être arrêté par lui ; et quoique les lois qui dirigent ce mouvement semblent avoir été choisies dans les vues les plus utiles et les plus sages, elles peuvent amener des effets qui blessent tous nos sentiments naturels. [...] Tout cela paraît être conforme à une règle immuable, nécessaire, et même utile et propre à exciter l'activité et l'attention des hommes[42] ». Ce plaidoyer pour l'activité est à relier à la condamnation classique, chez les puritains, de la vie contemplative et à leur conception du travail comme vocation et prière.

Certes, il est alors tentant de réduire ce rapport d'extraversion du moi en simple forme de l'amour de soi et de rabattre ainsi la *Théorie des sentiments moraux* sur la *Richesse des nations*. Adam Smith, bien sûr, s'y prête. « L'émulation, ce désir inquiet de surpasser les autres, a son origine dans l'admiration que leur mérite nous inspire. Notre satisfaction n'est pas complète en pensant seulement que l'on nous admire : nous avons besoin de ne nous croire admirés que parce que nous sommes dignes d'admiration ; mais pour parvenir à éprouver ce plaisir, nous voulons devenir le spectateur impartial de notre propre conduite. Nous cherchons à l'envisager avec les yeux des autres, et comme ils voient probablement[43]. » Mais alors, le jeu de miroirs narcissique se referme, faisant disparaître la figure du spectateur impartial du sentiment de justice et de raison, pour ne mettre à leur place qu'une plate sagesse conformiste.

Toutefois, c'est là proprement annuler toute l'originalité smithienne. Comment, en effet, ne pas voir que fonder le *self-love* sur la sympathie aboutit à l'inverse comme le montre J.-C. Perrot, à réduire la sympathie au *self-love*. L'altruisme a été mis en scène et agité sous les yeux éblouis des naïfs, et puis finalement il passe à la trappe. Certes, nous dit J.-P. Dupuy, « le narcissisme n'est qu'une illusion, il n'y a jamais que du « pseudo-narcissisme » au sens où l'on ne peut s'aimer soi-même que dans la mesure où les autres vous aiment ». On tiendrait là la vérité du *self-love* de Smith[44]. « On ne sympathise avec soi-même, écrit-il encore, que dans l'exacte mesure où les autres sympathisent avec vous. Disons encore, on ne s'aime soi-même que dans l'exacte mesure où les autres vous aiment. L'amour de soi (*self-love*) coïncide avec la recherche de l'amour des autres, *ce n'est qu'un cas particulier du principe de la sympathie active redoublée*[45]. » Jean-Pierre Dupuy appuie cette analyse sur une référence à Freud. Dans les *essais de psychanalyse*, à propos du sacrifice de l'individu dans la foule, Freud écrit en effet : « Pareille restriction du narcissisme ne peut résulter que de l'action d'un seul facteur : de l'attachement libidinal à d'autres personnes. L'égoïsme ne trouve une limite que dans l'amour des autres, dans l'amour d'objets[46]. » Toutefois, cette exégèse est trompeuse. Certes, le texte de Freud souligne les limites objectives de l'égoïsme et des théories sociales (dont l'individualisme et le libéralisme) qui se fondent sur lui. Il n'exonère en rien Adam Smith, mais tout au contraire met le doigt sur ses contradictions et non sur sa lucidité. Adam Smith n'est ni Freud ni Dupuy. S'il a bien l'intuition de la structure en miroir du moi, il ne pousse pas son analyse jusqu'aux conséquences de la psychanalyse, c'est-à-dire la démystification de l'individualisme. Tout au contraire, le détour par la galerie des miroirs ne sert finalement qu'à mieux nous égarer pour nous ramener à l'égoïsme sacré.

Et après ? Pour complexe qu'il soit, ce *self-love* qui fait agir le brasseur, le boulanger et le boucher du chapitre II du Livre Ier de la *Richesse des nations*, ou les spéculateurs du Livre IV, n'est-il pas ce que les clients ou les victimes (et Smith lui-même dans un autre passage) appellent « principe de gagne-petit[47] » ou plus simplement « l'appât du gain » ?

Adam Smith dit-il autre chose dans un admirable passage de la *Théorie des sentiments moraux ?* « Tous les membres de la société humaine, commence-t-il, ont besoin de secours mutuels, et sont exposés également aux injures réciproques. Quand les secours sont donnés par l'affection mutuelle, par la reconnaissance, par l'amitié, par l'estime, la société fleurit et est heureuse. Tous ses membres sont liés ensemble par les doux nœuds de l'amour et de la bienveillance, et sont, pour ainsi dire, attirés vers un centre commun de bienfaisance réciproque. » On a là le tableau de la société de rêve évoquée précédemment et, presque, celui de la cité aristotélicienne unie par la *philia*.

« Mais, poursuit Adam Smith, lors même que les secours nécessaires ne sont pas accordés par des motifs si généreux et si *désintéressés*, lors même que, parmi les différents membres de la société, il n'y a ni amour, ni bienveillance mutuelle, la société n'est pas, pour cela, essentiellement dissoute. Elle peut alors subsister entre les hommes, comme elle subsiste entre des marchands, par le sentiment de son utilité, sans aucun lien d'affection : quoiqu'alors aucun homme ne tienne à un autre, par les devoirs ou par les nœuds de la gratitude, la société peut encore se soutenir, à l'aide de l'*échange intéressé* des services mutuels, auxquels on a assigné une valeur convenue[48]. » Réveil brutal : on est passé sans transition du paradis terrestre au supermarché de Milton Friedman où on obtient ses commandes sans le moindre sentiment, ni même politesse. Le marché ne coordonne-t-il pas les activités de millions de personnes « sans qu'il soit nécessaire que les gens se parlent, ni qu'ils s'aiment[49] » ? Mais, cher docteur Adam, croyez-vous vraiment que cela fasse société ? À moins que vous ne pensiez, comme Mme Thatcher, que la société n'existe pas ! Un monde où les gens ne se parleraient plus et ne s'aimeraient plus serait-il encore vivable ? La société de marché qui s'installe n'est-elle pas une contradiction dans les termes ? Peut-on passer ainsi du boucher au médecin de famille dont on n'attend tout de même pas seulement des soins tarifés mais aussi de la sollicitude et de la bienveillance sans entrer dans cet autre univers non marchand qu'est celui des rapports amoureux, de parenté ou d'amitié[50] ?

Prendre la sympathie au sérieux suppose nécessairement de sortir du carcan de l'anthropologie individualiste. Et donc d'une certaine façon de l'individualisme ontologique et méthodologique. C'est poser d'emblée que le moi, suivant la formule de Lacan, est « en extériorité interne par rapport à lui-même » et cela parce qu'il est « l'effet du discours de l'autre », qu'il est « un bric-à-brac d'identifications » et non le sujet autonome, souverain et sûr de lui, donné par la nature, que le XVIIIe siècle a imaginé. C'est ainsi et ainsi seulement qu'on peut penser échapper à la tyrannie de l'*homo œconomicus*.

Faute de penser la construction du sujet, l'extranéité du moi impliquée dans la sympathie se rétrécit alors à l'approbation des gens bien-pensants. « Le soldat qui prodigue sa vie [...], par son dévouement, il cherche à obtenir des applaudissements, et à faire partager à un spectateur impartial les motifs de sa conduite, il sent que pour tout autre que pour lui-même, sa vie n'est rien en comparaison de celle d'un de ses chefs, et que, quand il la leur sacrifie, il ne fait qu'agir conformément à ce qu'un spectateur impartial attend de lui[51]. » En ce qui concerne les actions héroïques, l'utilité peut ajouter à l'estime, « mais [...] ce n'est pas cette qualité qui les rend recommandables au commun des hommes[52] ». C'est bien plutôt l'importance du « sentiment de la convenance d'un choix si courageux, par la certitude qu'il nous attirera l'estime et l'approbation de tout le monde, et qu'un choix contraire nous exposerait peut-être au ridicule et au mépris[53] ». En de nombreux passages, la tyrannie du qu'en-dira-t-on semble ainsi au fondement de l'ordre moral[54]. Les règles de conduite engendrées par l'éducation sont donc reconnues. « La nature, cependant, ne nous a pas absolument abandonnés aux illusions de l'amour-propre, et n'a pas voulu laisser sans remède de si grandes sources d'erreurs[55]. » « Les règles générales, au contraire, se sont établies en reconnaissant, par l'expérience, que les actions d'une certaine nature et composées de certaines circonstances, sont généralement approuvées ou désapprouvées[56]. » « Ces règles générales, une fois gravées dans notre esprit par des réflexions habituelles, nous servent à corriger les rapports infidèles de notre amour-propre, sur ce que nous devons faire dans notre situation particulière[57]. » « Un certain degré d'observation de ces devoirs est heureusement nécessaire à l'existence de la société, qui s'anéantirait bientôt si l'on n'avait soin d'inspirer généralement aux hommes du respect pour ces importantes règles de conduite[58]. »

Les lois morales (règles de conduite), ainsi fondées sur l'approbation des gens de bien sauf pour des bagatelles, sont commes les lois juridiques destinées à régler la conduite des sujets mais en matière économique, la convenance coïncide exactement avec le laisser-faire... Dans tout cela, en effet, c'est de convenances qu'il s'agit, convenances qu'il faut respecter dans la vie sociale, tandis que les convenances de la vie des affaires exigent la stricte économie. En effet, « un négociant est regardé par ses associés comme un imbécile, lorsqu'il ne se remue pas pour faire ce qu'on appelle un *bon coup*, ou pour obtenir quelque gain extraordinaire. C'est cette adresse et cette activité qui distinguent l'homme capable et entreprenant, de celui qui ne l'est pas[59] ». Le jeune Franck Riboud, en fermant une usine Danone pas très rentable pour faire grimper le cours des actions, se révèle un habile homme. S'il s'était abstenu par souci du bien commun, il aurait été un incapable sanctionné comme tel par les actionnaires.

Le spectateur impartial sert alors à renforcer l'individualisme de la morale en bannissant le recours à toute autorité extérieure. « En nous mettant à la place d'un spectateur impartial, en prenant sa manière de voir, en écoutant sa voix, nous ne nous tromperons jamais, et nous n'aurons pas besoin des préceptes des casuistes pour nous conduire[60]. » Qui plus est, l'amour-propre peut alors souvent suppléer à la sympathie comme ressort de l'action morale. On n'est pas loin du conformisme. « L'amour-propre lui-même peut être souvent un motif vertueux d'agir [...] le désir de faire ce qui est honorable et noble, de nous rendre les objets propres de l'estime et de l'approbation, ne mérite pas, à parler exactement, le nom de *vanité*. L'amour d'une réputation bien fondée, le besoin d'obtenir l'estime par ce qui est vraiment estimable, ne doit pas porter ce nom[61]. » « Comme de tous les malheurs qui peuvent accabler directement un homme honnête, il n'en est pas de plus grand que la perte de la réputation, une extrême sensibilité à ce malheur n'est jamais inconvenable[62]. » Notons encore : « Ce bon vieux proverbe, *l'honnêteté est la meilleure politique*, est donc presque toujours vrai à l'égard des classes moyennes de la société[63]. » Par une sorte de ruse de la raison, dans la sphère économique, la concurrence, fondement de la loi morale, se trouve coïncider presque exactement avec l'intérêt, et l'exploitation la plus féroce des femmes et des enfants du capitalisme naissant n'entache point le maître de fabrique honnête et habile qui fait de bonnes affaires en remplissant ses devoirs sans compassion, mais avec une sympathie mesurée qui le guide dans la recherche de l'approbation de ses semblables, c'est-à-dire de ses confrères de la chambre de commerce locale. Il est difficile d'habiller de façon plus respectable un égoïsme bourgeois et hypocrite.

Il est remarquable qu'il n'y ait pas, chez Smith, de milieu entre une société morale idéale et une société civile de marchands. L'entre-deux du don intéressé, de la dette morale, du sujet endetté, au fondement du lien social qu'il s'agisse de la famille ou de la patrie, nécessaire également au fondement de l'État, est étrangement absent. Certes, il y a un beau morceau de bravoure sur la reconnaissance, mais l'obligation « naturelle » de rendre n'est pas liée à une obligation non moins naturelle de donner. « Un bienfaiteur sera mécontent si celui qu'il a obligé lui rend un bon office, seulement pour obéir au froid sentiment du devoir, et sans aucune affection pour lui-même. Un mari sera peu satisfait de sa femme, s'il a lieu de croire que sa sagesse n'a pas pour principe l'affection naturelle et nécessaire dans le lien qui les unit. Quoiqu'un fils ne manque à rien de ce que la piété filiale exige, ses parents se plaindront de son indifférence, s'il ne leur témoigne pas la tendresse et le respect qu'il lui siérait si bien de sentir pour eux. [...] Nous nous plaisons à voir un père obligé de modérer sa tendresse pour ses enfants, un ami forcé de modérer sa générosité naturelle pour un ami, une personne qui a reçu un bienfait, obligée de mettre des bornes aux mouvements naturels de sa reconnaissance. [...] Nous devons récompenser par générosité et par une reconnaissance naturelle, sans avoir besoin de réfléchir que la reconnaissance est un devoir [64]... »

« La reconnaissance est peut-être de toutes les vertus, celle dont les règles générales sont les plus précises, et qui admet le moins d'exceptions. Il n'y en a point en effet, au premier abord, à la loi naturelle qui nous prescrit de rendre les bienfaits que nous avons reçus, dès que nous le pouvons, et de les rendre, s'il se peut, au-delà [65]. » Toutefois, ce beau couplet sur la reconnaissance ne fait-il pas partie des morceaux de style obligés, depuis Sénèque, de tout professeur de morale ? Smith, en l'introduisant, obéit sans doute lui aussi à la règle de convenance de son état. On est alors dans l'univers de la « bienfaisance », mais on glisse rapidement de la loi naturelle de la sympathie à l'ordre non moins naturel et beaucoup moins sympathique de la guerre de tous contre tous. L'hypothèse de Hobbes, d'un contrat social entre atomes, est reprise purement et simplement. « Selon Hobbes et plusieurs de ses partisans [Puffendorff et Mandeville], l'homme aime la société, non par amour naturel pour ses semblables, mais parce que, sans leur secours, il ne pourrait vivre commodément et avec sûreté [66]. » L'homme est un sujet de besoin, il redevient l'*homo œconomicus* [67]. Naturalisme, individualisme et utilitarisme sont au rendez-vous. Dès lors, se pose le problème de la justice. Cependant, « la société ne peut subsister longtemps, parmi ceux qui sont toujours prêts à se blesser et à se nuire les uns les autres. Au moment où les offenses commencent, l'animosité et les mutuels ressentiments commencent aussi : la société se divise, et les différents membres qui la composent sont comme désunis et dispersés loin les uns des autres, par la violence et l'opposition de leurs affections et de leurs intérêts discordans. Quoiqu'il n'existe point de société véritable entre des voleurs, néanmoins, suivant l'observation commune, ils ne se volent, ni se tuent réciproquement. La bienveillance et l'affection sont donc moins essentielles à l'existence de la société que la justice. Privée de ces premiers sentiments, elle ne peut fleurir, mais elle peut subsister ; tandis que le triomphe de l'injustice finirait par la détruire entièrement.

« [...] Les vertus bienfaisantes embellissent l'édifice de la société, mais n'en sont pas la base ; il suffisait de les recommander, et il n'était pas nécessaire d'y contraindre : la justice, au contraire, est le fondement principal de cet édifice. Si elle est violée, l'immense fabrique de la société humaine, que la nature s'est plu à élever et à cimenter, s'écroule en un moment, et est réduite en poussière[68] ». La dette (en particulier celle des générations) est totalement absente du fondement du lien social. Il est remarquable que tous les auteurs, de Locke à Rawls, qui construisent la société sur la base individualiste du contrat, rencontrent la justice au fondement du lien social, alors même que le lien social (nécessaire en outre pour le jeu du miroir smithien) est nécessaire antérieurement pour que le problème puisse même être posé. « Quoique naturellement susceptibles de sympathie, les hommes sont si faiblement sensibles pour les autres, et le sont tant pour eux-mêmes ; [...] que si le principe de justice ne veillait à leur conservation, et les frappait de respect par sa pureté et par son importance, ils seraient à tout moment prêts à l'oublier, comme les bêtes féroces, et un homme craindrait d'approcher des hommes rassemblés, comme il craint d'entrer dans une caverne de lions[69]. » Cette justice est, nous le verrons, bien problématique. Elle est fondée sur la loi du talion et l'intérêt bien compris. « La nature, écrit Smith, [...] a gravé dans le cœur humain en caractères ineffaçables, une approbation en quelque sorte d'instinct, de la loi nécessaire et sacrée du *talion*[70], [...] cette peine, précise-t-il par après, dont l'indignation naturelle des hommes prononce la justice[71]. »

Au total, on ne peut échapper à un doute terrible. Le bon docteur Adam ne nous aurait-il pas menés en bateau, avec tout ce pathos de la sympathie, pour donner bonne conscience à tous les Smith de la bourgeoisie montante ?

II. LE TRIOMPHE DES INTÉRÊTS INTÉRESSÉS : LE *PANÉCONOMISME* UTILITARISTE

Richesse des nations a été retenue non sans raison comme le livre fondateur de l'économie politique, sinon de la science économique, et cela, en dépit des efforts de son auteur même pour ancrer la vie morale hors des intérêts économiques, dans la *sympathie.* Cette fondation est à bien des égards paradoxale. Dans un essai brillant, Murray N. Rothbard, le chef de file des libertariens ou anarcho-capitalistes, a montré qu'avec sa théorie de la valeur travail et son moralisme récurrent, Adam Smith avait plutôt fait régresser la « science économique » et représentait un véritable recul par rapport à Richard Cantillon, aux sensualistes français comme Condillac, et surtout par rapport au physiocrate dissident Anne-Robert Jacques Turgot[72].

Pourtant, en se revendiquant de Mr. Smith, la *tradition* économique anglo-saxonne a fait preuve d'un instinct sûr, oubliant totalement au passage les élucubrations du Dr. Adam... C'est que si l'analyse proprement économique est, en effet, incertaine (théorie des prix très floue, théorie du commerce international sommaire, distinction embrouillée entre travail productif et improductif, etc.), la métaphysique propre à la vision *économiciste* du monde n'est nulle part exposée avec une aussi forte assurance et telle qu'on la retrouve aujourd'hui chez les tenants de l'utralibéralisme économique comme Milton Friedman et Friedrich Hayek d'une part, et dans les philosophies sous-jacentes aux plaidoyers pour la mondialisation des marchés (*Reaganeconomics*, thatchérisme et leurs séquelles), à savoir : l'affirmation d'un ordre spontané, la croyance en la main invisible – l'*indivisible hand* devenue la *hidden hand* des manuels américains – et ses conséquences libertariennes, libre-échange total, concurrence absolue, flexibilité sans limites des salaires, État minimal. Ces différents points méritent d'être soulignés.

1. La main invisible

L'expression « main invisible » ne se rencontre qu'une fois, à ma connaissance, dans la *Richesse des nations*[73]. Toutefois, le thème est récurrent dans toute l'œuvre et se retrouve déjà dans la *Théorie des sentiments moraux* et dans les écrits antérieurs.

Il s'agit, en effet, de la croyance en un *ordre social naturel* (thème largement développé par les physiocrates et à l'origine de leur slogan du « laisser-faire »), mais d'un *ordre social naturel* fondé sur une vision individualiste de la société. Autrement dit, ce qui est postulé n'est autre qu'une *harmonie naturelle des intérêts particuliers*. De ce point de vue, le passage le plus important de la *Richesse des nations* est sans conteste le très célèbre apologue du boucher, du boulanger et du brasseur, et cela bien que l'expression « main invisible » n'y soit pas utilisée. En revanche, le *self-love*, le souci de soi, y occupe une place centrale, puisque c'est à lui et non à la bienveillance de mes fournisseurs que je dois de faire un bon repas.

Il y a ainsi deux volets dans le thème de la « main invisible » : celui de l'*ordre social naturel* et celui de la concordance des intérêts particuliers. Le premier, l'*ordre social naturel*, trouve sa source dans l'*épistémè* de l'époque. Empiristes et rationalistes se rejoignent dans une vision *mécaniste* du monde ; c'est la grande *machine*. L'univers est une gigantesque horloge avec des rouages et des ressorts. On connaît la fameuse réplique de Laplace à Napoléon, l'interpellant sur le rôle de Dieu dans son système : « Sire, je n'ai pas eu besoin de cette hypothèse. » Tout est là ! Grand architecte ou grand horloger, Dieu ou la Providence n'ont nul besoin de se mêler de la création une fois les ressorts montés. On trouverait des antécédents anciens à une telle vision, en particulier chez les philosophes stoïciens. Il semble d'ailleurs que ce soit à Cicéron (*De divinatione*, livre II) qu'Adam Smith ait emprunté l'expression « main invisible de Jupiter » qui constitue dans son traité d'astronomie, la première occurrence du thème dans son œuvre[74]. Au XVIIIe siècle, l'idée d'un ordre naturel est partagée quasiment par tous.

Pourquoi la société y échapperait-elle ? L'homme, même raisonnable, n'est-il pas d'abord un animal ? Or, l'animal, selon Descartes, assez largement suivi, n'est qu'une machine. La Mettrie n'aura guère de mal à étendre cette vision à l'homme lui-même. Vaucanson, avec ses automates, proposera des illustrations qui fascineront ses contemporains... « On veut que l'univers ne soit en grand que ce qu'une montre est en petit, déclare Fontenelle exposant la conception cartésienne, et que tout s'y conduise par des mouvements réglés, qui dépendent de l'arrangement des parties [75]. » Adam Smith affectionne particulièrement la métaphore de la machine sociale. « Comment on peut faire pour que tous les ressorts de la machine du gouvernement agissent avec plus de souplesse et d'harmonie, sans se heurter les uns les autres, et sans se nuire mutuellement dans leurs mouvements [...]. Mettre en mouvement une machine si complète et si bien ordonnée [76]. » Voilà ce à quoi se résume l'art de la politique, dont l'économie est le noyau à l'époque moderne.

Et puis, ajouteront les non-cartésiens, est-il si raisonnable que cela, cet homme ? Pascal en doute. Les moralistes augustiniens, dont Adam Smith se fait l'écho, voient plutôt en lui le *jouet* des passions. Ainsi, le monde social n'attend plus que son Galilée et son Newton [77]. La force de gravitation de l'univers social ou le ressort de la mécanique politique n'est autre que l'intérêt. Et celui-ci ne peut se comprendre, se percevoir et s'évaluer qu'à partir de l'individu. De là l'importance du deuxième volet : la concordance des intérêts particuliers. Chez les physiocrates, il fallait encore un despote éclairé pour présider au bon fonctionnement de la machine. Le grand perfectionnement apporté par Adam Smith réside précisément dans l'octroi d'une totale autonomie aux différents rouages. Ceux-ci sont mis en mouvement par cette force *naturelle* dont chacun est doté : l'intérêt. Smith signale explicitement son apport sur ce point [78] : « M. Quesnay, qui était lui-même médecin, et un médecin très spéculatif, écrit-il, [...] ne semble pas avoir pensé que dans le corps politique, l'effort naturel que fait constamment chaque homme pour améliorer sa propre condition, est un principe de conservation capable de prévenir et de corriger à bien des égards les mauvais effets d'une économie politique dans une certaine mesure à la fois partiale et oppressive [79]. » On reconnaît là les attaques contre « le système mercantile » de ses prédécesseurs qui, tel Colbert, préconisaient l'intervention de l'État et un protectionnisme offensif – attaques qui seront renouvelées par les libéraux jusqu'aux actuels partisans de la mondialisation heureuse. Si l'on présuppose une société naturellement individualiste, une association contractuelle à but lucratif d'atomes individuels, le libre jeu des intérêts particuliers engendre le bien-être de tous. Et pour tout dire, l'objectif même des utilitaristes : le plus grand bonheur pour le plus grand nombre. La concurrence qui, au XIXe siècle, trouvera son fondement naturaliste dans la loi de la jungle (la concurrence des espèces de Darwin), est élevée au rang de providence. Ce point de vue révolutionnaire n'est nouveau que par sa radicalité. Il est l'aboutissement de la réflexion ancienne sur l'équilibre des passions des moralistes, laquelle trouve son origine chez saint Augustin. Le coup de force du Dr. Smith, c'est qu'il n'y a plus qu'une seule passion qui rassemble toutes les autres et les domine : l'intérêt. L'intérêt smithien est la version matérielle et quasiment monétaire de l'amour-propre (*self-love*) des moralistes. Il est quantifiable, évaluable, calculable, monnayable et pour tout dire *ontologiquement* économique (et non pas par accident).

L'originalité d'Adam Smith cependant, n'est pas tant dans ce coup de force, car celui-ci avait été largement préparé avant lui, et tout particulièrement par Helvétius, mais dans la fusion entre cette vision proprement utilitariste et la problématique de l'*ordre social naturel*. Déjà, l'ordre collectif, selon Fergusson, cité et repris par Hayek dans sa conception de l'ordre spontané, est « le résultat de l'action des hommes mais non de leurs desseins[80] ». Anticipant même le grand mythe contemporain du développement pour tous, Adam Smith règle la question sociale par un *trickle down effect* ou effet de « retombées » dû à la main invisible. « Et tous ceux qui satisfont [au riche] à ses plaisirs et à son luxe, tirent de lui cette portion de choses nécessaires à la vie qu'ils auraient en vain attendu de son humanité ou de sa justice. [...] Une main invisible semble les forcer à concourir à la même distribution des choses nécessaires à la vie qui aurait eu lieu si la terre eût été donnée en partage[81]. » Il est remarquable que ce soit la « main invisible » qui exonère explicitement les possédants de tout souci de justice. La leçon n'a jamais été si bien entendue qu'aujourd'hui par les dominants rapaces qui versent des larmes de crocodile *compassionnelles* sur les milliards d'hommes vivant au-dessous du seuil de pauvreté.

2. *Le mythe naturaliste*

Si l'utilitarisme a pu être défini comme « une théorie économique de la morale », l'importation dans le système de Smith de l'*intérêtisme* d'Helvétius explique la domination ultime de l'économie sur le social[82]. L'adoption, contradictoire avec la morale de la sympathie, d'une anthropologie de l'*homo œconomicus* rend compte de l'individualisme de la conception smithienne, qui elle-même s'adosse à un naturalisme impénitent. Un véritable fétichisme du naturel transparaît à chaque page de la *Richesse des nations*. Ce modèle, il l'expose incidemment au livre IV : « Tous les systèmes soit de préférence soit de restriction, écrit-il, étant ainsi complètement éliminés, le système évident et simple de la liberté *naturelle* s'établit donc de lui-même. Tout homme, tant qu'il ne viole pas les lois de la justice, est laissé parfaitement libre de poursuivre son propre intérêt à sa guise, et de mettre tant son industrie que son capital en concurrence avec ceux de n'importe quel autre homme ou ordre d'hommes. Le souverain est complètement déchargé d'un devoir, dont la tentative d'exécution l'exposera toujours à d'innombrables désillusions, et pour l'exécution convenable duquel aucune sagesse humaine ni savoir humain ne saurait jamais suffire[83]. » De là, l'exaltation du libre jeu des forces naturelles fondée sur le présupposé que le modèle de la concurrence pure et parfaite constitue la forme *naturelle* de l'économie. De là, la condamnation de principe impitoyable de toute intervention de l'État (même si elle admet quelques exceptions...) et les violentes diatribes contre le « système mercantile », dont les arguments ne sont jamais analysés avec sympathie... De même, le monopole qu'il soit légal ou de fait, est toujours, pour Smith, une rupture de l'*équilibre naturel*. « Le monopole du marché intérieur et du marché colonial ont artificiellement élevé [les prix] à un niveau *contre nature*[84]... » Cela détruit « cette proportion *naturelle*, saine et convenable que la liberté parfaite établit nécessairement et qu'elle seule peut préserver[85] ». « Tels sont les malheureux effets de tous les règlements du système mercantile ! Non seulement ils introduisent des désordres très dangereux dans l'état du corps politique, mais ils introduisent aussi des désordres auxquels il est souvent difficile de remédier sans provoquer, pendant quelque temps au moins, des désordres encore plus grands.

Il faut donc laisser à la sagesse des hommes d'État et des législateurs futurs le soin de déterminer de quelle façon ouvrir peu à peu le commerce colonial, quelles restrictions supprimer en premier et lesquelles en dernier, ou de quelle façon rétablir peu à peu le *système naturel de la liberté et de la justice parfaites*[86]. » On peut se demander ce que la justice a à voir dans cette affaire... Eh bien, il s'agit de « cette administration égale et impartiale de la justice qui rend les droits du plus humble sujet britannique respectable au plus grand, et qui, en assurant à tout homme les fruits de sa propre industrie, donne l'encouragement le plus grand et le plus efficace à toute sorte d'industrie[87] ». Ainsi, le *spectateur impartial* n'est pas totalement absent de la *Richesse des nations*. Toutefois, il n'a plus qu'à laisser faire un ordre naturel juste, non pas parce que fondé sur la sympathie, mais parce que fondé sur les convenances et utile à tous. « Selon le système de la liberté *naturelle*, le souverain n'a que trois devoirs à remplir... Premièrement, le devoir de protéger la société de la violence et de l'invasion d'autres sociétés indépendantes ; deuxièmement le devoir de protéger, autant que possible, chaque membre de la société de l'injustice ou de l'oppression de tout autre membre [...] et troisièmement, le devoir d'ériger et d'entretenir certains travaux et institutions publics qu'il ne peut jamais être de l'intérêt d'un individu, ou de quelques individus d'ériger et d'entretenir, parce que le profit ne pourrait jamais en rembourser la dépense à un individu ou à quelques individus, quoiqu'il puisse souvent faire plus que la rembourser à une grande société[88]. » Avec la mondialisation actuelle, résultat des vœux d'Adam Smith, le premier et le troisième devoir n'ont plus d'objet. Il n'y a presque plus de sociétés indépendantes dans le « village global » et les firmes transnationales ont plus de moyens que les États pour faire les nécessaires dépenses d'infrastructure et pour *sponsoriser* les biens collectifs qu'elles n'ont pas déjà privatisés. Reste le deuxième devoir au contenu bien problématique, mis à part la sécurité des personnes et des biens (l'État veilleur de nuit). Un organisme du genre de l'OMC chargé de veiller au respect des règles de la concurrence devrait faire l'affaire. On touche là le cœur de l'insoluble contradiction de l'utopie *libériste*. Il faut des institutions pour imposer les *lois naturelles* du laisser-faire...

« Le gouvernement civil, dans la mesure où il est institué pour la sûreté de la propriété, est en réalité institué pour la défense des riches contre les pauvres, ou de ceux qui ont quelque propriété contre ceux qui n'en ont point[89]. » Marx ne dira pas autre chose, mais il se gardera bien de qualifier un tel ordre de juste ! La condition effroyable que Smith décrit et qui est « l'état dans lequel tomberont nécessairement les pauvres laborieux, c'est-à-dire la grande masse du peuple, à moins que le gouvernement ne s'efforce de le prévenir » est-elle conforme à la justice[90] ? Sans le dire explicitement, il ne fait pas de doute que Mr. Smith opte pour l'affirmative en dépit des récriminations du bon Dr. Adam.

Dès le début de la *Richesse des nations*, le ton est donné ; « L'homme a presque constamment besoin du secours de ses frères, et il est vain pour lui de ne l'attendre que de leur bienveillance. Il aura plus de chance de l'emporter, s'il peut intéresser leur amour-propre en sa faveur, et leur montrer qu'il est de leur avantage de faire pour lui ce qu'il exige d'eux[91]. » C'est d'autant plus probable, en effet, que Mr. Smith, dès « la *Théorie des sentiments moraux* », en condamnant la compassion, à détruit toute vélléité d'État social. Ce passage, d'ailleurs, précède immédiatement l'apologue du boucher. Ce besoin de l'homme résulte d'abord de la présupposition de son isolement. L'enfant a certes besoin de sa mère, mais outre qu'il n'en est pas conscient, il ne peut guère intéresser son amour-propre... On est d'emblée dans une société individualiste, celle de l'État de nature de Hobbes, Locke et Hume. Hume, en particulier, présente l'Homme comme « l'animal de désir qu'exaspèrent les ressources limitées de son environnement ». Mandeville explicite les choses dans la même veine : « Le besoin où les hommes sont de boire et de manger est le lien de la société civile[92]. » On est en face de l'*homo œconomicus* à l'état pur. L'échange selon la valeur travail des chasseurs du chapitre VI du Livre I s'explique dans ce contexte. « Si dans une nation de chasseurs, par exemple, il coûte habituellement deux fois plus de travail pour tuer un castor que pour tuer un cerf, un castor devrait *naturellement* s'échanger contre deux cerfs ou valoir deux cerfs. Il est *naturel* que ce qui est habituellement le produit de deux jours ou de deux heures de travail vaille le double de ce qui est habituellement le produit d'un jour ou d'une heure de travail[93]. » Cette anthropologie naturaliste donne la main à un ethnocentrisme sans faille et sans état d'âme. Les nombreuses références aux « sauvages » l'illustrent. Bien évidemment, chez Smith, les lois économiques étant *naturelles*, elles s'appliquent aussi pleinement aux autres sociétés et aux périodes antérieures. Ainsi, les redevances féodales sont purement et simplement assimilées à la rente foncière capitaliste. Toutefois, cette vision, habituelle chez les économistes postérieurs, va d'autant moins de soi chez Smith qu'il possédait dans sa bibliothèque un grand nombre de récits de voyages, forme de la paléoethnographie du XVIIIe siècle, et les connaissait. La tradition, représentée par les corporations et les règlements publics, est condamnée, comme les us et coutumes des sauvages, au nom de la raison, selon l'idéologie des Lumières. Ici, la raison se dévoile clairement comme étant le modèle d'une société de marché fondée sur une concurrence pure et parfaite. Raison égale rationalité économique occidentale et capitaliste. La coutume qui *contrevient aux lois du marché* est présentée de façon caricaturale et sans nuance : « La police doit être aussi violente (dans une société avec des corporations) que celle de l'Indoustan ou de l'ancienne Égypte (où un principe religieux obligeait chaque homme à poursuivre la profession de son père, sous peine de commettre le sacrilège le plus horrible s'il en changeait) qui peut, dans un emploi particulier et durant plusieurs générations d'affilée, faire baisser le salaire du travail ou les profits au-dessous de leur taux *naturel*[94]. » À moins qu'au contraire cela ne permette au salaire de se maintenir à un niveau décent... (Ce que se garde bien d'envisager Mr. Smith.) Toutefois, ce salaire *naturel* de référence n'est *naturel* que par un coup de force smithien. « C'est du contrat qui se fait habituellement entre ces deux parties, dont les intérêts ne sont nullement les mêmes, que dépend partout ce qu'est le salaire ordinaire du travail. Les ouvriers désirent obtenir autant que possible, les maîtres donner aussi peu que possible. Les premiers sont portés (naturellement ?) à se coaliser pour faire hausser les salaires du travail, les seconds pour les faire baisser[95]. » Les coalitions cependant sont implicitement considérées comme contraires à l'ordre naturel, parce que contraires à l'atomisation de l'individualisme ; comme les règlements, cela contrevient à « l'égalité *naturelle* qui aurait lieu sans cela dans le commerce existant entre eux[96] ». L'homme n'échappe pas et ne doit pas échapper aux « mécanismes » *naturels*. « C'est ainsi que la demande d'hommes, comme celle de n'importe quelle autre denrée, règle nécessairement la production d'hommes[97]... » On trouve ici en germe l'idée ultra-*libériste* du capital humain. « On peut comparer, écrit-il, à l'une de ces machines onéreuses, un homme formé au prix de beaucoup de travail et de temps à l'un des emplois qui exigent une habileté et un savoir-faire extraordinaire[98]. » Il ajoute plus loin : « La différence entre le salaire du travail qualifié et celui du travail courant, est fondée sur ce principe. » « Dans les capacités acquises et utiles de tous les habitants ou membres de la société, l'acquisition de tels talents, par l'entretien de celui qui les acquière au cours de son éducation, de ses études, ou de son apprentissage, coûte toujours une réelle dépense, qui constitue un capital fixé et réalisé, pour ainsi dire, dans sa personne. De même que ces talents font partie de sa fortune, de même ils font partie de celle de la société à laquelle il appartient. On peut considérer l'habileté améliorée d'un ouvrier sous le même jour qu'une machine ou un instrument qui facilite ou abrège le travail, et qui, quoiqu'il coûte une certaine dépense, rembourse cette dépense avec un profit[99]. »

Le taux de l'intérêt est de la même façon déterminé selon les lois *naturelles*, un peu au-dessus du prix du risque. « S'il n'était pas supérieur, il n'y aurait que la charité ou l'amitié qui pourraient inciter à prêter[100]. » La nature a même prévu pour chaque pays le « degré d'opulence auquel il semble *naturellement* destiné[101] ».

3. *Le plaidoyer pour une politique libérale*

La conséquence est un appel à l'abolition de toutes les entraves contraires à l'ordre *naturel*. « Qu'on casse les privilèges exclusifs des corporations, et qu'on abolisse le statut d'apprentissage, qui constituent tous deux de véritables empiètements sur la liberté *naturelle*[102]. » Les impôts et les taxes, objet d'une part importante des développements de la *Richesse des nations*, doivent tendre non pas « à détruire, mais maintenir, ce qu'il convient presque toujours de maintenir, la division et la répartition *naturelles* du travail dans la société[103] ». C'est la recherche de l'impôt *neutre* (par rapport aux mécanismes *naturels* de l'économie). Le laisser-faire implique naturellement l'éloge de la spéculation. Les spéculateurs, explique Mr. Smith, ne sont pas cause de disette (phénomène naturel), mais bien plutôt, comme le diront les libertariens, des bienfaiteurs de l'humanité. Il dénonce aussi les vaines craintes du peuple contre la spéculation sur les grains et préconise la liberté du commerce. « On peut comparer, écrit-il, la crainte populaire du monopole et de l'accaparement aux terreurs et aux soupçons populaires de sorcellerie. Ceux que l'on a accusés du premier crime n'étaient pas plus coupables que les malheureuses personnes l'étaient du second. La loi qui mit fin à toutes les persécutions contre la sorcellerie, qui mit hors du pouvoir de tout homme de satisfaire sa propre méchanceté en accusant son voisin de ce crime imaginaire, semble avoir mis efficacement fin à ces peurs et ces soupçons, en supprimant la grande cause qui les encourageait et les soutenait. La loi qui restaurerait entièrement la liberté du commerce intérieur des grains, s'avérerait probablement aussi efficace pour mettre fin aux craintes populaires du monopole et de l'accaparement[104]. » En revanche, l'intervention publique provoque la famine comme l'Inquisition fabrique des sorcières ! « Je crois qu'une disette n'a jamais été l'effet d'une coalition entre les revendeurs intérieurs de blé, ni d'aucune autre cause qu'une rareté réelle [...] et [on] trouvera qu'une famine n'a jamais été l'effet d'aucune autre cause que la violence des moyens impropres par lesquels le gouvernement a tenté de remédier aux inconvénients d'une disette[105]. » Il s'agit d'un acte de foi ; les historiens sont beaucoup plus nuancés. Si on trouve effectivement des exemples de mauvaises politiques contre les famines, bien des souffrances ont été évitées par de sages réglementations. La Bible, avec Joseph, en fournit un exemple que le brave puritain Smith n'aurait pas dû oublier.

L'attaque contre les régulations sociales, qualifiées d'oppressives, est impitoyable. Héritage de Locke, la propriété privée est sacrée, et empêcher l'employeur ou l'ouvrier de contracter librement « est une violation évidente de cette propriété la plus sacrée ». « Il est tellement de l'intérêt des employeurs de discerner s'il [l'ouvrier] est apte à être employé qu'on peut assurément s'en remettre à eux à cet égard. L'anxiété affectée du législateur à l'idée qu'ils pourraient employer une personne impropre, est à l'évidence aussi déplacée qu'elle est oppressive[106]. » Donc, toute protection du travail des femmes et des enfants, par exemple, est à proscrire. « Les commerces, les arts, les métiers, y perdraient tous [à cet abandon des normes]. Mais le public y gagnerait, car l'ouvrage de tous les artisans viendrait de cette façon à bien meilleur compte sur le marché[107]. » C'est déjà la thèse de l'intérêt des consommateurs rois au détriment des travailleurs citoyens. « L'argument que les corporations sont nécessaires pour mieux gouverner le commerce, est sans fondement[108]. » La régulation *naturelle* est bien meilleure et seule efficace. Comme il est dit à propos des mines : « Les droits sacrés de la propriété privée sont sacrifiés aux intérêts supposés du revenu public[109]. » De lois réglementant les professions, il écrit encore : « Les deux lois étaient des atteintes évidentes à la *liberté naturelle* et étaient donc injustes, et elles étaient également toutes les deux aussi impolitiques qu'elles étaient injustes. » En fait, il en profite pour affirmer que la meilleure politique, c'est bien le laisser-faire et qu'elle seule est conforme à la justice. « La loi devrait toujours confier aux gens le soin de leur propre intérêt, puisque dans leur situation locale, ils sont généralement capables de mieux en juger que le législateur ne le peut[110]. » C'est ainsi que, de fil en aiguille, on aboutit à la déréglementation de l'aviation civile par Reagan, à la privatisation des chemins de fer britanniques par Thatcher, et aux catastrophes aériennes et ferroviaires subséquentes...

Certes, Adam Smith met parfois des bornes à ces droits sacrés, retenue que certains montent en épingle pour faire pièce aux chantres de l'ultralibéralisme, mais ces entorses ne vont jamais sans rappeler le caractère quasi inviolable des lois naturelles et de façon, d'ailleurs, bien problématique. Ainsi : « On peut dire qu'empêcher les particuliers d'accepter en payement les billets à ordre d'un banquier, pour une somme grande ou petite, quand ils sont eux-mêmes prêts à les accepter, ou empêcher un banquier d'émettre de tels billets, quand tous ses voisins sont prêts à les recevoir, est une atteinte manifeste à la liberté *naturelle* que la loi a normalement pour but, non d'enfreindre, mais de soutenir. On peut, sans conteste, considérer de tels règlements comme à certains égards une atteinte à la liberté *naturelle*. Mais les lois de tous les gouvernements, du plus libre au plus despotique, empêchent, et devraient empêcher, les usages que font quelques individus de la liberté *naturelle*, qui risquent de mettre en danger la sûreté de l'ensemble de la société. L'obligation de construire des murs mitoyens, pour empêcher le feu de se communiquer, est une atteinte à la liberté *naturelle* exactement du même genre que les règlements du commerce bancaire qui sont proposés ici[111]. » De même, la sécurité nationale commande des tempéraments circonstantiels. « Cependant, comme la défense est beaucoup plus importante que l'opulence, la loi sur la navigation est, peut-être, le plus sage de tous les règlements commerciaux de l'Angleterre[112]. »

Il tempère donc la concordance naturelle des intérêts par des observations de bon sens sur la propension non moins naturelle aux abus. « Tout pour nous, rien pour les autres, semble avoir été, en tout temps, la vile maxime des maîtres de l'humanité[113]. » Ce triomphe de l'intérêt mal compris explique, par exemple, les abus de la conquête des Amériques. « L'injustice sauvage des Européens rendit ruineux et destructeur à plusieurs de ces pays infortunés un événement, qui aurait dû bénéficier à tous[114]. » Toutefois, avec le triomphe *naturel* des marchands, « une révolution de la plus grande importance pour le bonheur public fut accomplie par deux ordres différents de personnes, *qui n'avaient pas la moindre intention de servir le public*. Le seul motif des grands propriétaires était de satisfaire la vanité la plus puérile. Beaucoup moins ridicules, les marchands et les artisans agirent simplement dans leur propre intérêt et en suivant leur propre principe de gagne-petit qu'un sou est un sou. Ni les uns ni les autres n'eurent la conscience ni la prescience de la grande révolution qu'accomplirent peu à peu la folie des uns, et l'industrie des autres[115] ». Texte remarquable, où l'amour-propre qui domine les féodaux vaniteux et les marchands rationnels se démasque pour ce qu'il est, et où toute sympathie semble bien absente. L'énoncé du dogme est d'ailleurs donné peu après dans le livre IV : « Chaque individu s'efforce continuellement de trouver l'emploi le plus avantageux à tout le capital qu'il peut commander. Certes, c'est son propre avantage qu'il a en vue, et pas celui de la société. Mais la recherche de son propre avantage le conduit *naturellement*, ou plutôt nécessairement, à préférer l'emploi qui est le plus avantageux à la société[116]. »

« Certes, poursuit-il, il n'entre généralement pas dans son intention de faire avancer l'intérêt public, il ne sait généralement pas non plus combien il le fait avancer. En préférant soutenir l'activité domestique que l'activité étrangère, il ne vise que sa propre sécurité ; et, en dirigeant cette industrie de façon que son produit puisse être de la plus grande valeur, il ne vise que son propre gain. Et il est en ce cas, comme en bien d'autres, conduit par une *main invisible* pour faire avancer une fin qui ne faisait point partie de son intention. Et ce n'est pas toujours le pire pour la société qu'elle n'en fît point partie. En poursuivant son propre intérêt il fait souvent avancer celui de la société plus efficacement que s'il y visait vraiment[117]. » Sur cet intérêt public, Smith se garde de s'expliquer. Est-ce l'intérêt de la classe dominante ? Celui de tous sans exception, ou, plus probablement, celui du plus grand nombre ?

Nouvelle profession de foi au livre IV : « L'effort *naturel* que fait chaque individu pour améliorer sa condition, quand on souffre qu'il s'exerce librement et en toute sécurité, est un principe si puissant qu'il peut à lui seul, et sans autre aide, non seulement mener la société à la richesse et à la prospérité, mais aussi surmonter cent obstacles absurdes dont la folie des lois humaines embarrasse trop souvent ses actions, quoique l'effet de ces obstacles soit toujours plus ou moins d'empiéter sur sa liberté, ou d'amoindrir sa sûreté [118]. » Plutôt que de s'interroger sur les bonnes ou mauvaises *raisons* des lois humaines, Smith se sert de la *Raison* pour les taxer d'emblée de folie et d'irrationalité. C'est le procédé favori de la science économique de prendre appui sur le rationnel pour disqualifier le raisonnable.

4. Les accommodements avec le ciel

Il y a chez Adam Smith une scission entre le domaine de la morale et celui de l'économie, voire un double étalon moral fondé sur l'ambiguïté de l'amour de soi, mais cette incohérence est soigneusement masquée [119]. « L'amour de soi est un principe qui ne peut jamais être vertueux, à quelque degré qu'il se trouve, et quelque direction qu'il donne à nos actions. Il devient vicieux quand il devient contraire au bien général. Tant qu'il n'a d'autre effet que d'inspirer à chaque homme le soin de son propre bonheur, il est purement innocent [120]. » L'économie, sphère de l'activité humaine dominée par le soin que chacun prend de son bonheur, est ainsi hors morale. Du moins de prime abord.

En revanche, dans le domaine de la vie domestique ou privée, en dehors de l'activité productive et marchande, règne la morale fondée sur la sympathie qui exalte les valeurs traditionnelles du désintéressement. Cette morale *naturelle* doit être encouragée par le sage législateur et renforcée par les enseignements de la religion. Toutefois, ces derniers ne doivent pas non plus perturber l'ordre naturel (attaque qui vise en particulier le catholicisme). Or comme dans le domaine des affaires, on utilise un autre étalon de valeur, la justice, même issue de la morale de la sympathie, ne doit pas se mêler des affaires de l'économie.

Celles-ci obéissent aussi à un ordre spontané, mais d'une autre nature, fondé sur l'utile. Elles ont donc *leur* justice, mais cette justice-là est d'un autre ordre, d'un ordre « objectif » qui échappe aux sentiments moraux et que la sagesse et la prudence commandent de ne pas troubler. Dans le fond, l'utilité collective, l'intérêt du public tiennent lieu de morale dans le domaine *matériel.* « Personne n'a jamais douté que ce qui tend au bonheur du genre humain ne fût moralement bon[121]. » Seulement, comme l'économie est « l'essence même de la modernité[122] », c'est le monde de l'économie qui tend à occuper tout l'espace et à éliminer de ce fait toute vie morale au sens de la *Théorie des sentiments moraux*[123]. Dans l'univers mondialisé, les détenteurs de capitaux échappent à toute régulation et à toute loi. La loi de la jungle devient l'ordre *naturel* juste. « Le propriétaire des fonds est proprement un citoyen du monde, écrit déjà Mr. Smith, et n'est pas nécessairement attaché à un pays particulier. Il aurait tendance à abandonner le pays où il serait exposé à des investigations vexatoires pour le charger d'un impôt écrasant, et il déplacerait ses fonds dans quelque autre pays où il pourrait faire ses affaires ou jouir de sa fortune plus à son aise. En déplaçant ses fonds, il mettrait fin à toute l'industrie qu'il avait entretenue dans le pays qu'il a quitté. Ce sont les fonds qui cultivent la terre, qui emploient le travail. Un impôt qui tendrait à les faire quitter un pays particulier, tendrait fort à tarir toutes les sources de revenu, tant du souverain que de la société. Leur déplacement diminuerait nécessairement plus ou moins non seulement les profits des fonds, mais encore la rente de la terre et le salaire du travail[124]. » Voilà tout le secret de la prospérité des paradis fiscaux et de la prolifération des zones franches ! Il est donc illusoire de vouloir moraliser le monde des affaires. C'est bien ce que pensent tous les gouvernements actuels. Et c'est pourquoi ils ne songent pas vraiment à freiner la voracité du capital quand celui-ci réclame ses 15 %.

Ainsi, le laisser-faire est tantôt conforme à la morale, tantôt immoral mais bénéfique, parfois même nuisible et immoral : dans tous les cas, il est inéluctable. S'il n'est pas toujours le bien, il est toujours le moindre mal...

CONCLUSION

Le crépuscule de l'économie

> « Pourquoi ne pourrions-nous pas émettre l'hypothèse que les crises dites économiques que nous vivons sont en fait des crises culturelles liées à la sortie de l'économique ? Il est tellement difficile d'organiser des rapports sociaux et de produire une culture de l'au-delà du travail dans une société d'abondance qu'on peut vraisemblablement penser que des sociétés recréent artificiellement des conditions de pénurie et de pauvreté, replaçant ainsi la question de la subsistance et du travail au cœur du lien social[1]. »
>
> Patrick Viveret.

Les mots naissent, vivent et meurent comme les hommes et les civilisations qui leur ont donné le jour. Nous avons assisté à la naissance des notions et des concepts, tant les signifiants que les signifiés, qui construisent le discours économique en liaison avec l'émergence du marché autorégulateur, de la monnaie et de l'économie capitaliste. Nous avons tenté de montrer comment, prise dans le magma du social et en particulier du moral et du politique, une pratique économique s'est autonomisée tandis que se dégageait peu à peu un vocabulaire technique et spéculatif spécifique. Des significations imaginaires sociales sont apparues, porteuses à la fois des discours et des usages de la modernité. Tout cela ne s'est pas fait en un jour. Nous avons même proposé un bornage approximatif, mais non arbitraire, de cette genèse entre Aristote et Adam Smith ; soit un instant à l'échelle de l'horloge cosmique, mais tout de même une bonne vingtaine de siècle à la nôtre ! L'aurore aura largement dépassé le temps de la journée proprement dite, si l'on songe que le soleil ne se serait vraiment levé qu'au XVIIIe siècle pour se coucher à la fin du XXe...

Certes, nous vivons encore le temps de l'apothéose de l'ère économique. Postmodernité pour certains, mais plus sûrement hypermodernité, surmodernité, modernité tardive pour la plupart des analystes. Nous ne sommes plus à l'âge des Lumières, mais nous baignons toujours pour l'essentiel dans le même univers de sens. Le système capitaliste est toujours là, et bien là. Le monde moderne dont Marx nous disait qu'il s'annonçait par une immense accumulation de marchandises est plus que jamais présent, avec le marché et la monnaie. Il n'y a même pratiquement plus que lui sur la planète. La lutte des classes est terminée, et c'est le capital qui en est sorti vainqueur. Il a pratiquement raflé toute la mise et nous avons assisté impuissants, voire indifférents, aux derniers jours de la classe ouvrière occidentale. Nous vivons l'acmé de l'*omnimarchandisation* du monde. Non seulement l'économie s'est émancipée du politique et de la morale, mais elle les a littéralement phagocytés. Elle occupe toute la place. Il en va de même dans la sphère de la représentation. Une pensée unique monopolise l'espace de la créativité et colonise les esprits. La rationalité triomphe partout et le calcul coût-bénéfice s'insinue dans les recoins les plus cachés de l'imaginaire tandis que les rapports marchands s'emparent de la vie privée et de l'intimité.

Le discours publicitaire, qui envahit tout, banalise la vision *panéconomique* du monde et la pousse à l'absurde en la déréalisant. En prétendant donner sens à la vie, il en manifeste le nonsens. Les mots ne servent plus qu'à faire vendre. Quand ils visent à faire rêver dans l'univers des médias, ce n'est pas pour nous plonger dans l'euphorie poétique mais bien plutôt dans le délire consumériste ; les objets de consommation de masse ne sont plus l'instrument et l'objectif d'un art de vivre, mais le combustible d'une pulsion obsessionnelle dont nous devenons toxico-dépendants. La rationalité dévoile son irrationalité fondamentale. Il est tout aussi irrationnel d'être rationnel (par exemple, en perdant sa vie à la gagner) que rationnel d'être irrationnel (par exemple, en dépensant sans compter). La rationalité n'était rationnelle que de l'existence d'un monde irrationnel ou hors rationalité. La religion, l'art, la politique, la morale, la vie privée, bref l'essentiel de la culture au sens fort, échappaient au corset de fer du calcul économique tout en lui donnant un sens. On pouvait économiser pour réaliser des objectifs incalculables tirés d'ailleurs. Arbitrer entre les fins et les moyens. Quand l'économie envahit toutes ces autres sphères, plus rien ne peut donner sens au calcul. Faire de l'argent et toujours plus, voire faire de l'argent avec de l'argent, sans limites. C'est ce qui est proposé à tous et que peu peuvent accomplir, sans meubler beaucoup l'âme des uns et des autres. Peut-être cela aide-t-il les gagnants à oublier la mort, mais celle, massive, de leurs victimes est là pour leur rappeler à tout moment la vanité de ce divertissement. Ce totalitarisme de l'économie débouche à terme sur la mort de l'économie et peut-être celle de l'humanité elle-même. L'absurdité d'une vie dont l'économie est à la fois le moyen et la fin se démasque, et se démasque par là même le vide fondamental de la vie. Autant se suicider et en finir tout de suite. C'est ce que font de plus en plus de jeunes pourtant promis au monde des gagnants. Ultime et dérisoire hommage à l'*éros* perdu, c'est par Internet qu'ils se connectent pour tenter dans un dernier soubresaut de rompre la solitude d'un monde désenchanté et décomposé. Le vide ontologique de notre présence sur la terre ne se soutient que de l'illusion du sens. Les préjugés de la morale et de la religion, les phantasmes de la puissance, les mirages de la beauté et les séductions de l'empire des sens n'échappent à la vanité dénoncée par le sage désabusé sur son trône que par l'enchantement que tisse leur complexe et subtile intrication. La vie ne vaut que tant que la monnaie est impuissante à en dire le prix. Le monnayage de tout et de n'importe quoi auquel nous assistons provoque l'effondrement des significations. Ces significations que nous avons vues se mettre en place laborieusement, dans la sphère autoréférentielle où s'inscrivait le tétraède des présuppositions anthropologique, sociologique et physicotechnique de la vie et du discours économique, se défont. Nous l'avons vu pour cette signification économique centrale qu'est le travail. Je l'ai longuement montré ailleurs en ce qui concerne le développement et la croissance[2]. D'autres l'ont montré pour les concepts de richesse et de pauvreté. On pourrait aisément le mettre en évidence pour la production, la consommation, le besoin, la rareté.

Le soleil de la modernité et de l'économie a rejoint son occident, c'est-à-dire le lieu de son coucher. Toutefois, l'éclat persistant d'un jour crépusculaire nous empêche de nous en apercevoir.

Ce jour aura duré entre trois et quatre siècles, pendant lesquels le temps fut d'un certain point de vue comme suspendu. Il semble que les significations se soient figées pour toute cette durée. Cette apparence de suspension du temps donne quelque créance à l'illusion réaliste. On a pu disserter sur l'essence et la substance de l'économie, du travail, de la production, de la richesse, des besoins, de la rareté, etc. Affirmer dogmatiquement leur statut d'invariants et leur universalité ontologique. C'est que, malgré l'histoire et le perpétuel changement des contenus et des expériences, le champ sémantique de l'économie demeurait quasi immuable. Les choses, certes, bougeaient, mais les mots demeuraient fixes. Toute culture a ainsi tendance à se prendre pour la nature des choses. Cette invariance des concepts rejaillissait même sur la dynamique des choses et en freinait le mouvement. L'histoire, elle aussi, semble s'en trouver quelque peu ralentie. Elle retient son souffle. Les premières formulations de l'imaginaire économique atteignent, en effet, aux audaces ultimes de l'actuelle mondialisation ultralibérale et des positions libertariennes. L'impérialisme de l'économie et de l'économique apparaît total dès l'origine. Il est posé comme tel par les physiocrates, voire par les mercantilistes, alors même que le socle de la société y échappe largement et que l'Occident ne comprend encore qu'une partie du petit promontoire de la vieille Europe ! Nous avons présenté Adam Smith comme le point de départ en même temps que l'aboutissement de la construction sémantique de l'économie. Tout ce qui a suivi n'est qu'une glose toujours plus subtile, mais de plus en plus stérile sur le texte smithien. Il n'est que de voir comment les facultés d'économie se sont transformées en *business schools* d'où l'enseignement de l'histoire de la pensée a été banni. Les dictionnaires techniques, les *textbooks* ignorent les grands classiques et n'attachent d'importance qu'à l'éphémère et à l'insignifiance qui affirment toujours plus leur dictature. Cette situation paradoxale tient à cette grande et troublante particularité du sens mise en évidence par Ferdinand de Saussure : le signifié est une masse (une feuille de papier) que chaque langue, chaque culture, chaque époque découpe à sa façon et à son usage en taillant les unités signifiantes. Elles pensent que ce découpage va de soi et vaut pour l'éternité. Pendant ce temps, le référent poursuit sa vie avec plus ou moins d'autonomie jusqu'au moment où l'on s'aperçoit que les mots se sont, comme on dit, vidés de leur sens.

La prise de sens économique, condition de l'*économicisation* du monde, s'est faite en Occident avec les Lumières. En réalisant son phantasme de marché total, l'économie a commencé à détruire le socle même qui lui permettait d'exister. La perte du *référent*, du monde réel, à son tour, vide le signifié de toute pertinence. Le jeu des signifiants ne se poursuit plus que comme un rituel vain et un verbiage creux.

Ce crépuscule verra-t-il l'envol de la chouette de Minerve annonçant un monde de l'après-économie, de l'après-développement, une authentique postmodernité ? Le temps des nouveaux prophètes est revenu. L'un, Michel Maffesoli, annonce le retour des « tribus » et à des formes orgiastiques de micro-socialité jubilatoire[3]. Un autre, Alain Touraine, pronostique une forme de réenchâssement de l'économique dans le social sous l'effet même de l'abolition de leur séparation avec un retour au socle « culturel »[4]. D'autres (et nous en faisons partie) appellent de leurs vœux la construction d'une société conviviale plurielle libérée de la religion de la croissance et de l'économie. Tout cela est possible, et même souhaitable peut-être, pour célébrer de nouveau la joie d'être en vie et redécouvrir la beauté de l'univers, mais il s'agit de toute façon d'une autre histoire...

NOTES

Avant-propos. L'invention de l'économie

1. Cité par M. Heidegger in *Qu'appelle-t-on penser ?*, PUF, 1973, p. 36.
2. Voir en particulier le chap. 5 de *La Mégamachine*, La Découverte, 1995, 2004 ; « Le progrès et l'imaginaire de la modernité », paru antérieurement dans la *Revue européenne des sciences sociales* sous le titre plus explicite : « Le progrès comme signification imaginaire sociale fondatrice de l'économie » (*Les Cahiers Wilfredo Pareto*, n° 82, Genève, Droz, 1988).
3. *L'invenzione dell'economia*, Bologne, Arianna Editrice, 2001.
4. Sans prétendre, loin s'en faut, à l'exhaustivité, citons : I. Illich, *L'Histoire des besoins* (1988), repris dans *La Perte des sens*, Fayard, 2004 ; J.-J. Goux, *Frivolité de la valeur. Essai sur l'imaginaire du capitalisme*, Blusson, 2000 ; J. Ellul, *L'Idéologie du bonheur*, in *Métamorphose du bourgeois*, Calmann-Lévy, 1re éd. 1967, rééd. La Table ronde, 1998. A. Gorz, *Métamorphoses du travail. Quête du sens*, Le Seuil, 1988 ; D. Meda, *Le Travail. Une valeur en voie de disparition*, Alto-Aubier, 1995. Fr. Gollain, *Une critique du travail. Entre écologie et socialisme*, La Découverte, 2000 ; Fr. Rouvillois, *L'Invention du Progrès*, éd. Kimé, 1996 ; R. Salais, *L'Invention du chômage*, PUF, 1999 ; P. Watzlawick, *L'Invention de la réalité*, 1re éd. (1981), Seuil, 1988.

Introduction. Que signifie « inventer l'économie » ?

1. Dans « Une nouvelle source d'espoir : les marginaux », *Interculture* n° 2, printemps 1993, cahier n° 119, Montréal, p. 16.
2. La voie de l'histoire de l'analyse a été celle de Schumpeter qui va jusqu'à écrire : « L'analyse économique n'a, à aucun moment, été modelée par les opinions philosophiques que les économistes pensent avoir. » En dépit de ce parti pris, l'ouvrage magistral du grand économiste autrichien, que sa mort nous a malheureusement laissé dans un état inachevé, reste une contribution inégalée, y compris dans l'optique qui est la nôtre. Le terme *élu* par nous dans nos enseignements, « pensée économique », autorise à ne pas trancher vraiment entre ces diverses conceptions. Il en va de même avec l'*Histoire des idées économiques* (Nathan, 1982) et explicitement avec l'*Histoire de la pensée et de l'analyse*

économique d'A. Barrère (Cujas, 1994). En particulier, ce choix permet d'escamoter la question redoutable : l'économie est-elle une science ? Faire l'histoire de la pensée économique permet de passer en revue les théories, tout en évoquant, le cas échéant, le contexte doctrinal. Cela implique aussi de recenser les instruments d'analyse tout en étudiant, si l'on veut, la biographie des auteurs. Ce dernier genre, quelque peu délaissé par les économistes depuis la *Petite Histoire des grandes doctrines économiques* de D. Villey (Librairie de Médicis, 2e éd. 1954), est réhabilité avec éclat par J.-C. Perrot, dont le projet d'« histoire concrète de l'abstraction économique » (*Une histoire intellectuelle de l'économie politique*, EHESS, 1992) se fonde sur les biographies intellectuelles.

3. Minguat, Salmon, Wolfesperger, *Méthodologie économique*, PUF, 1985. Voir aussi S. Latouche, « Le procès du "Procès de la science sociale" », in *Les Cahiers de l'Association Charles Gide*, 1987, vol. 1, et « Épistémologie versus méthodologie économique », *La Revue du MAUSS* [Mouvement antiutilitariste dans les sciences sociales], nº 10, 4e trimestre 1990, repris dans les actes du colloque de l'AFSE 1990. La circularité se trouve redoublée si on adopte les conclusions de l'épistémologie normative des Carnap, Popper, Bachelard et autres Lakatos, à savoir qu'en fin de compte « la science c'est ce que font les savants ». Voir Alain Caillé, *La Démission des clercs*, La Découverte, 1993, p. 59.

4. F. Fourquet, *Richesse et puissance*, La Découverte, 1989, p. 284.

5. On attribue l'invention de la frappe à Gygès, roi de Lydie en Asie Mineure au VIIe siècle avant J.-C.

6. Selon Amartya Sen, le premier traité d'économie politique a été écrit en Inde vraisemblablement au IVe siècle avant J.-C. (voir *Éthique et économie*, PUF, 1993). Il s'agit de l'*Arthaçâstra-instruction sur la prospérité matérielle*, écrit par Kaurilya, qui était conseiller et ministre de l'empereur indien Candragupta, fondateur de la dynastie maurya. Passionnant, l'ouvrage tient à la fois de Machiavel et des physiocrates, mais le considérer comme un traité d'économie politique est quelque peu abusif.

7. Vision plus *riche* sans doute, en ce qu'elle intègre l'interaction des sociétés et de l'économie, différente à coup sûr, où l'économique comme tel n'émerge pas et n'a pas destin d'émerger.

8. Voir S. Latouche, *Le Procès de la science sociale*, Anthropos, 1984.

9. G. Berthoud signale le cas limite des modèles de l'*evolutionary ecology*, R. B. Homes et W. T. Vickers, 1982 ; B. J. Mac Cay, 1981 ; E. A. Smith, 1983, *in* G. Berthoud, « L'économique en question. La position de Karl Polanyi », *Bulletin du MAUSS*, nº 18, 1986, p. 91.

10. Néanmoins, cette vision, appuyée sur la sociologie et un néodarwinisme idéologique épiloguant sur la concurrence de gênes égoïstes, gagne du terrain...

11. Sur l'opposition objectal-objectif, je me permets de renvoyer à mon livre déjà cité, *Le Procès de la science sociale*.

12. « Avec l'article "Fermiers" de l'*Encyclopédie*, F. Quesnay ouvre l'ère de la science en 1756 », écrit J.-C. Perrot, *Une histoire intellectuelle de l'économie politique, op. cit.*, p. 68). D'autre part, le *Tableau économique* date de 1758.

13. On sait qu'Aristote désigne par « *chrématistique* » l'art d'acquérir des richesses (*khremata*) pour elles-mêmes par opposition à l'économique, l'art d'une gestion civique de son patrimoine.

14. J.-P. Dupuy, *Le Sacrifice et l'Envie*, Calmann-Lévy, 1992 : « De l'émancipation de l'économie », p. 76.

15. Ce n'est évidemment pas un hasard si nous avons consacré une part importante de nos réflexions à l'épistémologie des sciences sociales (voir, à nouveau, *Le Procès de la science sociale, op. cit.*).

16. Citons, pour les économistes, P. Vidonne, *La Formation de la pensée économique* ; pour les historiens : J.-P. Vernant, M. Finley, P. Veyne, J.-C. Perrot ; pour les philosophes : M. Foucault, C. Castoriadis (*Les Carrefours du labyrinthe*) ; pour les anthropologues : K. Polanyi, M. Salhins, M. Mauss, sans oublier les contributions d'A. Caillé et G. Berthoud.

I. La construction de l'imaginaire de l'économie

1. Éd. de Minuit, 1969, 2 vol.

2. G. Matoré, *Le Vocabulaire et la société sous Louis-Philippe*, Genève-Lille, Droz-Giard, 1951.

3. G. Matoré, *La Méthode en lexicologie*, Didier, 1953.

4. Cette étude, menée il y a déjà quelques années et jamais publiée comme telle, repose sur l'examen des dictionnaires d'économie politique et leur évolution, l'étude philologique des concepts et notions significatives, l'analyse de quelques textes témoins, des sociétés primitives, de l'Antiquité, du Moyen Âge, des sociétés arabo-musulmanes, indiennes et chinoises. À chaque niveau, il y a une part incontestable d'arbitraire ; pourtant, les soubassements de l'idéologie économique sont suffisamment dessinés pour que l'essentiel de cette analyse puisse recueillir un consensus assez large, même si l'on rejette les conclusions que j'en tire.

5. Une exploration plus récente du domaine italien confirme l'essentiel de nos analyses. Voir mon article « Dictionnaires d'économie et histoire de la pensée économique », *Rivista « Storia del pensiero economico »*, 2004, n° 1 ; voir aussi les n°s 41 et 42 de la même revue.

6. Cette encyclopédie ne consacre à l'économie politique que 20 % de ses 970 rubriques suivant J.-C. Perrot lui-même. En outre, elle porte encore la marque des concepts spécifiques des physiocrates qui seront abandonnés par la suite, comme les avances, les reprises, la classe stérile. Voir J.-C. Perrot, *op. cit.*

7. J. Ray, « Le *Dictionnaire œconomique* (1709) de Noël Chomel », in *Mélanges économiques dédiés à M. Le professeur René Gonnard*, LGDJ, 1946.

8. Entre le *Dictionnaire universel du commerce* de Savary des Bruslons de 1723 et celui de Ganilh (1826), il y a un vide. Selon M. Douglas et W. Reddy, ce vide s'expliquerait parce que les classifications anciennes fondées sur les guildes et les corporations ne font plus sens. « La fabrication de l'étoffe s'est dégagée des institutions de l'Ancien Régime », elle ne repose plus sur les lieux (dentelles de Douai, velours de Gênes, soieries de Lyon, etc.), mais sur les techniques industrielles. W. Reddy, « The Structure of a Cultural Crisis Thinking About Cloth Before and After the Revolution », *in* A. Appadurai, *Commodities and Culture : the Social Life of Things*, Cambridge University Press, 1986.

9. Outre l'*Encyclopédie méthodique, économie politique et diplomatique*, déjà citée, il faut mentionner le projet grandiose et avorté de Dictionnaire de

commerce de l'abbé Morellet des années 1760 et de Dictionnaire universel de commerce de Savary des Bruslons de 1723 et sa nombreuse postérité. Ces dictionnaires ont été étudiés par J.-C. Perrot dans l'ouvrage cité ; voir en particulier le chapitre intitulé : « Les dictionnaires de commerce au XVIIIe siècle ».

10. J.-C. Perrot, *op. cit.*, p. 9.

11. *Op. cit.*, p. 30.

12. J.-C. Perrot confirme ce constat d'une certaine façon : « Bien moins de 10 % des sources attestées, écrit-il, suffisent, depuis le début du XIXe siècle, à construire l'histoire de la discipline », *op. cit.*, p. 9. Pour J. Cartelier, « le stock d'idées de l'économie politique est relativement limité et surtout [...] pour des raisons tenant en partie à la cohérence logique, elles ont presque toutes été formulées dès l'origine ». *Surproduit et reproduction*, Maspero, 1976, p. 33.

13. Note sur la traduction d'Adam Smith, PUF, p. XXIV.

14. J.-C. Perrot, *op. cit.*, p. 35. Sa démarche consiste précisément à tenter de les briser...

15. J'ai même été sollicité pour écrire une rubrique « Décroissance » pour un dictionnaire à paraître.

16. Notons que le processus avait déjà commencé avant les dictionnaires. « Division du travail » a été introduit comme concept par Bernard de Mandeville. Auparavant, on parlait de « division des travaux » pour désigner une simple réalité pratique.

17. Sur le luxe voir, *infra*, le chapitre IX : « Le luxe guillotiné, ou comment un concept disparaît du discours économique dans la tourmente révolutionnaire. » On pourra consulter aussi le très intéressant livre de C. Borghero, *La polemica sul lusso nel Settecento francese*, Einaudi, 1974.

18. Les *quasi-concepts économiques* tirés de la philosophie morale, et/ou plus ou moins tombés en désuétude, constituant un premier cercle autour du noyau dur (périphérie synchronique et/ou diachronique) : Abondance, Abstinence, Avance, Avarice, Avidité, Cherté(s), Chrématistique, Commodités, Débit, Denrée(s), Dénuement, Déprédations, Disette, Engorgement (pour les crises), Fonds, Gain(s), Goûts, Indigence, Labeur, Lucre, Luxe, Négoce, Oisiveté, Opulence, Paresse, Pauvreté, Pécule (Péculat), Ressource(s), Subsistance(s), Superflu, Superfluité, Talent, Trafic, Usure, Vanité.

19. Ce concept à lui tout seul justifierait une étude à part. On le trouvera esquissé dans mon article « Marché et marchés », repris dans *L'Autre Afrique*, Albin Michel, 1997.

20. *Champ classique* : Accumulation, Division du Travail (caractéristique), Échange (neutre), Marchandise (caractéristique), Profit (neutre), Rareté, Richesse. *Noyau* : Besoin, Capital, Consommation, Crise, Épargne, Intérêt, Production, Prix, Rente, Salaire, Travail, Valeur. *Champ néoclassique* (et keynésien) : Agents, Bien (caractéristique), Croissance (keynésien), Demande, Échange (neutre), Équilibre (caractéristique), Investissement (keynésien), Offre, Profit (neutre), Rareté, Revenu (keynésien), Utilité.

21. Carlo Benetti et Jean Cartelier, *Marchands, salariat et capitalistes*, Maspero, 1980. Toon Vandevelde le signale judicieusement ; voir sa contribution, « De l'économie politique à l'économie poétique », *Carnets des ateliers de recherche*, n° 6, Épistémologie de l'Économique, Amiens, 1985.

22. Cette étude se trouve esquissée, en particulier pour le travail, dans le chapitre III.

23. Dans le même temps, elle est sans valeur et constitue un réservoir illimité, ce qui va poser des problèmes sérieux pour l'environnement.

24. Sur l'invention théorique et l'invention historique, on trouvera une esquisse de notre manière de les concevoir dans les articles déjà cités, « La question de l'autonomie de l'économique » et « Épistémologie versus méthodologie économique ».

25. J. Guyart, « Les opérations quasi bancaires au Vanuatu », *Banque et société humaine*, Publication de l'Association française des banques, 1986.

26. Ou des hommes... On a montré, depuis Lévi-Strauss, que « l'échange des hommes entre les femmes est ainsi attesté chez les Tetum d'Indonésie, les Joraï du Vietnam et quelques autres sociétés » (M. Godelier, *L'Énigme du don*, Fayard, 1996, p. 52). Dans ce cas, les sœurs échangent leurs frères et le *bridewealth* (prix de la fiancée) est remplacé par un *groomwealth*. Les double échanges existent aussi.

27. Ph. Rospabé, *La Monnaie et l'échange dans les sociétés sauvages*, thèse Paris I, 1991 (publié sous le titre *La Dette de vie. Aux origines de la monnaie*, La Découverte-Mauss, 1995), et « Don archaïque et monnaie sauvage », *in MAUSS, Ce que donner veut dire, don et intérêt*, La Découverte, 1993.

28. M. Godelier, *op. cit.*, p. 203.

II. L'anti-économique d'Aristote

1. *Confessions*, Livre XII, p. XXXI, éd. Gaume Frères et J. Duprey, s.d.

2. Voir *Justice sans limites* (Fayard, 2003). Les références à l'*Éthique à Nicomaque* sont tirées de l'édition Vrin, celles concernant la *Politique*, de l'édition des Belles Lettres.

3. Certains passages de la *République* et des *Lois* de Platon sont remarquables sur ce sujet. Si les « économiques » des anciens sont à peu près l'équivalent de nos traités de gestion, il faut noter que le genre s'en est discrètement perpétué jusqu'à une époque récente pour l'enseignement ménager des jeunes filles de bonne famille. J'ai ainsi sous les yeux un *Traité d'économie domestique* de Mme Rudler (Hatier, 1930) digne par son bon sens et ses préjugés des Caton, Varron et autres Xénophon...

4. Pour Marx, chap. I, p. 586-591 t. I dans l'édition de la Pléiade. Pour Castoriadis, « Valeur, égalité, justice, politique, de Marx à Aristote et d'Aristote à nous », dans *Texture*, juin 1975, repris dans *Les Carrefours du labyrinthe*, Seuil, 1978. Dans sa thèse de doctorat, malheureusement non publiée, « Détermination de la valeur du travail » (Nanterre), P. Taieb esquisse un rapprochement des analyses de Marx et de Castoriadis sur lequel nous appuyons notre propre analyse. Pour Schumpeter, *History of Economic Analysis*, N. Y., Oxford University Press, 1954, p. 61 et suiv., trad. fr., *Histoire de l'analyse économique*, Gallimard, 1983, p. 97 et suiv. Pour Polanyi, voir « Aristote découvre l'économie », *in* K. Polanyi et Arensberg, *Les Systèmes économiques dans l'histoire et dans la théorie*, Larousse, 1975.

5. J'ai pu m'en rendre compte au cours de mes trente années d'enseignement de l'épistémologie économique ou d'histoire de la pensée économique.

6. Un bon exemple de cet intérêt d'économiste érudit est fourni par la lecture de Jacques Wolf qui, dans *Les Grandes Œuvres économiques*, Cujas, 1976, consacre un chapitre à Aristote.

7. Il faut excepter de ce jugement le grand penseur berbère du XIVe siècle, Ibn Khaldoun, déjà mercantiliste à plus d'un égard, mais en dehors de la filiation occidentale *stricto sensu.* Et saint Thomas d'Aquin ? Son cas est plus problématique puisque c'est à travers une paraphrase d'Aristote et à la faveur de certains contresens que sa pensée s'exprime.

8. Voir M. Finley, *L'Économie antique*, Éd. de Minuit, 1973.

9. Sur l'épistémologie de l'intertextualité, voir S. Latouche, *Le Procès de la science sociale*, Anthropos, 1984.

10. Nous sommes redevables à notre ami Christos Loucopoulos de certaines lumières sur le sens des termes grecs.

11. On trouvera des exemples intéressants de ce type d'analyse dans les deux volumes d'Émile Benveniste sur *Le Vocabulaire des institutions indo-européennes, op. cit.*

12. Ce n'est que l'application du fameux « cercle » de Hume : la validité de l'induction ne peut se prouver par induction à partir de ses résultats.

13. É. Will, « De l'aspect éthique des origines grecques de la monnaie », *Revue historique*, oct-déc. 1954, p. 228 et suiv.

14. Cette méthode convient bien à l'économie antique. Pour décrypter l'économie des sociétés dites « primitives », nous serions dans une situation plus délicate. L'observation directe de l'ethnographe tient lieu dans ce cas du texte pour la société antique. Il faut alors découvrir le discours de l'indigène sous le texte ethnographique.

15. É. Will, tout en évoquant lui aussi les antinomies, les inconséquences et finalement les « incertitudes » de la pensée d'Aristote, fait justice de la contradiction souvent signalée entre la conception de la monnaie marchandise et la conception nominaliste (voir, *op. cit.*, p. 217).

16. Ce passage qui a fasciné plus d'un économiste est le suivant : « Dans les petites villes, c'est le même individu qui fait portes, charrues, lits, tables, etc. Souvent même il construit des maisons et se trouve satisfait s'il peut ainsi suffire à son entretien. Il est absolument impossible qu'un homme qui fait tant de choses les fasse toutes bien. Dans les grandes villes, au contraire, où chacun isolément trouve beaucoup d'acheteurs, il suffit d'un métier pour nourrir son homme, il n'est pas besoin même d'un métier complet, car l'un fait des chaussures pour hommes et l'autre pour femmes. On en voit qui, pour vivre, n'ont qu'à tailler des habits, d'autres qu'à ajuster les pièces, d'autres qu'à les coudre. Il est de toute nécessité que celui qui fait l'opération la plus simple soit aussi celui qui s'en acquitte le mieux. » *Cyropédie*, livre VIII, chap. II. Ce passage a été commenté par Adolphe Garnier dans son *Mémoire sur Xénophon*, p. 40 et suiv.

17. Il y aura dès lors réciprocité, quand les marchandises ont été égalisées de telle sorte que le rapport entre cultivateur et cordonnier soit le même qu'entre l'œuvre du cordonnier et celle du cultivateur. Mais on ne doit pas les faire entrer dans la forme d'une proportion une fois qu'ils ont effectué l'échange (autrement, l'un des deux extrêmes aurait les deux excédents à la fois) mais quand ils sont encore en possession de leur propre marchandise. C'est seulement de cette der-

nière façon qu'ils sont en état d'égalité et en communauté d'intérêt, car alors l'égalité en question peut se réaliser pour eux. *Éthique à Nicomaque*, *op. cit.*, p. 243.

18. « La richesse ne se doit pas ravir : donnée par le Ciel, elle vaut bien davantage. On peut gagner une immense fortune par la violence, avec ses bras » Hésiode, *Les Travaux et les Jours*, trad. Paul Mazon, Les Belles Lettres, 1972, p. 98, vers 320 et suiv. Voir aussi É. Will, *op. cit.*, p. 224.

19. Bernard Lavergne, « L'École coopérative par rapport à la doctrine libérale », *Revue d'économie coopérative*, n° 85, décembre 1951, p. 179.

20. *History of Economic Analysis*, N. Y., Oxford University Press, 1954, p. 61 (ma traduction) ; trad. fr., *Histoire de l'analyse économique*, Gallimard, 1983, t. I, p. 99.

21. Mariner, 1827, cité par Marshall Salhins, *Stoneage Economics*, trad. fr., *Âge de pierre, âge d'abondance*, p. 365-366 (traduction légèrement modifiée par nous).

22. P. Taïeb rapproche l'échange chez les Guayakis avec celui analysé par Aristote. Toutefois, chez les Guayakis, la communauté est bien formée de chasseurs identiques, tandis qu'Aristote, déjà rationaliste, pense au contraire qu'il faut de la diversité pour former une communauté. On ne fera pas une communauté avec deux médecins, dit-il.

23. Il est à noter que cette comparaison des personnes, familière à tout ethnologue qui s'est penché sur les échanges primitifs, semble incompréhensible à tous les économistes distingués qui se sont intéressés au texte d'Aristote. On en trouvera la brochette presque complète dans T. Lowry, « Recent Literature on Ancient Greek Economic Thought », *Journal of Economic Literature*, mars 1979.

24. Les commentateurs qui rejettent l'interprétation économique attribuent en général à Aristote une pensée intermédiaire entre nos deux lectures, qui est bien problématique. Il en est ainsi de Will, de Polanyi ou de Taïeb.

25. *Éthique à Nicomaque*, liv. V, chap. VIII, 33.

26. *Ibid.*, 34.

27. Hésiode, vers cité par Aristote, liv. V, chap. VIII, 27.

28. Ex. 21-25 et Dt. 19-21.

29. Lv. 41.

30. Cette évolution générale qui ne s'est achevée qu'avec l'abolition de la dernière forme de « barbarie », la peine de mort, efface ainsi les distinctions subtiles que le législateur avait introduites entre la réclusion simple, la réclusion dans une enceinte fortifiée, les travaux forcés, le bagne, la déportation, etc. Voir sur ce point Michel Foucault, *Surveiller et punir*, Gallimard, 1975.

31. D'autres aspects de ce hiatus sont analysés par Will de façon très convaincante.

32. « On peut la conquérir [la richesse] avec sa langue, ainsi qu'il arrive souvent, quand le gain dupe l'esprit de l'homme et que l'effronterie prend le pas sur le sentiment de l'honneur. » *Les Travaux et les Jours, op. cit.*, p. 98, vers 323-325.

33. M. Salhins, *Âge de pierre, âge d'abondance, op. cit.*, p. 320.

34. *Ibid.*, p. 318.

35. *De agricultura*, chap. XXV. À ma connaissance, il s'agit du seul témoignage d'un véritable calcul coût-bénéfice un peu complexe que l'Antiquité nous ait légué.

36. *Éthique à Nicomaque*, liv. V, chap. VIII, 1133b-17.

37. « La valeur échangeable d'une chose quelconque doit nécessairement toujours être précisément égale à la quantité de cette sorte de pouvoir qu'elle transmet à celui qui la possède », dira encore A. Smith, *Richesse des nations*, Gallimard, p. 62.

38. *L'Économique*, chap. II.

39. Prologue du *De agricultura*. « Les citoyens romains regardaient le commerce et les arts comme des occupations d'esclaves. Ils ne les exerçaient point », Montesquieu, *Considérations sur les causes de la grandeur des Romains et de leur décadence*, chap. X. Et il ajoute en note ce passage de Cicéron : « Les marchands [...] ne font aucun profit s'ils ne mentent. L'agriculture est le plus beau de tous les arts et le plus digne d'un homme libre. » *Des offices*, liv. I, chap. XLI et XLII.

40. Finalement, il s'arrête à la menace sur la *philia* (la sympathie ou l'amitié qui doit présider aux rapports entre les citoyens). Pour nous, modernes, le danger dans la relation économique fondamentale A-M-A', ce n'est pas tant le gain illicite ou l'injuste mesure des hommes que l'inéluctable inclusion de l'homme et du monde au cœur de la relation, dans le M. Autrement dit, l'instrumentation de l'humain et du monde comme cobaye ou marchandise. Salarié, usager, consommateur ou matière première, l'homme et le monde sont introduits comme des engrenages et des rouages de la mégamachine. Cela qui signifie pour l'homme la mise entre parenthèses de sa citoyenneté et de son humanité, et pour la nature, la négation de son insondable mystère et l'oubli de la solidarité cosmique – Aristote ne le voit pas vraiment.

41. Dans l'analyse d'Aristote, l'invention de la monnaie comme intermédiaire des échanges et le passage du troc à la société marchande trouve son fondement dans sa philosophie finaliste. Il s'agit de justifier le bon usage de la monnaie. Pour l'économie politique, cette analyse de l'origine de la monnaie servira à conforter son naturalisme. L'histoire sera celle d'un développement rationnel et linéaire, à partir d'une disposition innée à l'échange chez l'homme (Smith et Robinson Crusoe). Sur ce point encore l'analyse de Will est éclairante.

III. L'invention du travail dans l'imaginaire social

1. Gallimard, coll. « Idées », § 206, p. 215.

2. On a beaucoup épilogué sur les glissements sémantiques entre saint Paul et les utilisateurs successifs de la formule. Si son inventeur ne lui donne sûrement pas le sens que lui donneront les repreneurs soviétiques – Saül (saint Paul) ayant lui-même exercé le métier d'artisan itinérant –, sans doute possède-t-elle néanmoins une connotation « travailliste » dès l'origine.

3. C'est le point de vue d'Y. Schwartz qui définit le travail comme « activité industrieuse humaine » et le fait remonter à 2,5 millions d'années. Voir sa contribution « Le travail et le temps », in *Figures du temps*, Marseille, Éd. Parenthèses, 2002, p. 77.

4. R. Vaneigem, *Nous qui désirons sans fin*, Paris, Le Cherche-Midi, 1996.

5. Certains tentent désespérément de « sauver le travail » en le redéfinissant de façon idéale et en oubliant le travail « réellement existant ». C'est la position d'A. Souplot. Ce n'est pas un hasard si cette position m'a été opposée dans un débat avec les Verts pour « sauver le développement ». En vérité, le combat et les enjeux sont bien les mêmes. Voir D. Méda, « Notes pour en finir vraiment avec la "fin du travail", *La Revue du MAUSS*, n° 18.

6. Voir S. Latouche, « Quand on a un marteau dans la tête », *Cassandre*, n° 55, automne 2003, et Ph. Batifoulier et B. Ventelou, « L'érosion de la "part gratuite" en médecine libérale », *La Revue du MAUSS*, 1er semestre 2003, n° 21.

7. Krisis, *Manifest gegen die Arbeit*, 1999, trad. fr. Éditions Léo Scheer, 2002, rééd. 10/18, 2004. Voir aussi Ph. Godard, *Contre le travail*, éd. Homnisphères, Paris, 2005.

8. Voir Y. Benarrosh, « Le travail, norme et signification », in *Travailler est-il (bien) naturel ? La Revue du MAUSS*, n° 18, 2e semestre 2001.

9. M. Éliade, *Le Mythe de l'éternel retour*, Gallimard, coll. « Idées », 1969, p. 41.

10. Éliade encore : « "L'économique" et le "social" revêtent dans les sociétés traditionnelles une signification totalement différente de celle qu'un Européen moderne a tendance à leur accorder », *op. cit.*, p. 66.

11. B. Malinowski, *Les Argonautes du Pacifique occidental*, Gallimard, 1963.

12. Voir S. Freud, *Totem et tabou. Interprétation par la psychanalyse de la vie sociale des peuples primitifs*, Payot, 1951, et Cl. Lévi-Strauss, *La Pensée sauvage*, Plon 1962.

13. J.-P. Vernant, in *Mythe et pensée chez les Grecs*, Maspero, 1982, t. II : *Le Travail et la pensée technique*, p. 50.

14. « Le Grec, note J.-P. Vernant, ne connaît pas de terme correspondant à celui de "travail". Un mot comme *ponos* s'appliquait à toutes les activités qui exigent un effort pénible et pas seulement aux tâches productrices de valeurs socialement utiles », *ibid.*, p. 16.

15. Voir sur ce point M. Henaff, *Le Prix de la vérité. Le don, l'argent, la philosophie*, Seuil, 2002, et le débat sur ce livre dans *La Revue du MAUSS*, n° 23, 1er semestre 2004.

16. P. Veyne, *Le Pain et le Cirque, op. cit.*, p. 120.

17. *Politique*, liv. III, chap. V, 5.

18. G. Duby, *Les Trois Ordres de l'imaginaire du féodalisme*, Gallimard, 1978, p. 198.

19. J. Le Goff, *Pour un autre Moyen Âge*, p. 113. Traduction un peu différente dans mon Tacite, éd. Lefevres et Garnier, 1846, t. III, p. 285.

20. A. Jouanna, *Ordre social, mythes et hiérarchie dans la France du XVIe siècle*, Hachette, 1977.

21. Les autres « sociétés » non individualistes peuvent être, à la suite de L. Dumont, qualifiées de holistes (du grec *olos* : tout, entier). Le holisme est la conception suivant laquelle le tout précède les parties et représente quelque chose de plus que leur somme. Sur la genèse de cet individualisme spécifique aux sociétés modernes, on ne peut que renvoyer à la pénétrante analyse de

L. Dumont dans ses *Essais sur l'individualisme : une perspective anthropologique sur l'idéologie moderne*, Le Seuil, 1983.

22. « En termes sociologiques, l'émancipation de l'individu par une transcendance personnelle, et l'union d'individus-hors-du-monde en une communauté qui marche sur la terre mais a son cœur dans le ciel, voilà peut-être une formule passable du christianisme », L. Dumont, *op. cit.*, p. 42. « La vie économique, écrit encore Dumont, est l'expression achevée de l'individualisme », *op. cit.*, p. 23.

23. M. Weber, *Éthique...*, p. 212, n. 25.

24. Paul Lafargue, *Le Droit à la paresse*, Mille et une nuits, 1994.

25. Claude Henri de Saint-Simon, *Catéchisme des industriels*, *Œuvres*, vol. 2, Paris, 1865-1878.

26. J. Kenedi, *Faites-le vous-même*, Maspero, 1982, p. 65.

IV. L'ordre naturel comme fondement imaginaire de la science sociale

1. Ce texte est le prolongement d'un extrait de S. Latouche, *Le Procès de la science sociale* (Anthropos, 1984), présenté au 11e Congrès mondial de philosophie du droit (Helsinki, août 1983). Il a été fécondé par les discussions qui ont eu lieu à cette occasion ainsi que par les nombreux échanges avec notre collègue et ami Jacques Fradin.

2. *La Science sociale*, Alcan, 1888, p. 427.

3. Cité par J. Tillieux, *Introduction à la mécanique quantique*, poly., Lille, p. 54-55.

4. R. Schürman, *Le Principe d'anarchie*, Le Seuil, 1982, p. 96.

5. Comme ont pu le montrer Leo Strauss, *Droit naturel et histoire*, Flammarion, coll. « Champs », 1986, et Miguel Abensour, *La Démocratie contre l'État. Marx et le moment machiavélien*, PUF, 1997.

6. Leibniz, *Monadologie*, 88.

7. La phrénologie, inventée par Gall (1758-1828), étudie le caractère à partir de la forme du crâne ; la physiognomonie, due à Lavater (1741-1801), le fait à partir des traits du visage.

8. Ainsi A. Quételet (1796-1874) publie carrément une *Physique sociale* en 1869 (Muquardt, Bruxelles, 2 vol.).

9. Hobbes, *Léviathan*, II, 81, *Opera philosophica*, 1961.

10. Helvétius, *De l'esprit*, Marabout, 1972, p. 60.

11. Locke, *Essai sur l'entendement humain*, cité par R. Hatton dans *L'Époque de Louis XIV*, Flammarion, 1970, p. 178.

12. Bentham, cité par É. Halévy, *La Formation du radicalisme philosophique*, Alcan, 1901, t. 1, p. 26, repr. H. Philipson, *Cahiers de philosophie de Lille*, nº 12, p. 43.

13. Même prétention chez le socialiste utopique Ch. Fourier. Il construit la « Théorie du mouvement universel » fondé sur « l'attraction industrielle » à partir de l'expérience renouvelée d'une pomme... « Cette pomme [...] me fit découvrir [...] les lois du mouvement universel manquées par Newton », Manuscrits 1851, p. 17, in *Œuvres choisies*, Sirey, p. XXV.

14. É. Levasseur, *La Question de l'or*, Paris, Guillaumin, 1858, p. 284.

15. J.S. Mill, *Système de logique*, Alcan, 1889, t. II, p. 436. La suite du texte

montre que c'est bien Gall et ses successeurs qui sont visés. « La phrénologie, écrit-il, du moins est désormais insoutenable », p. 446.

16. Qu'il s'agisse des matérialistes purs et durs dans la ligne d'Engels, Lénine et Plekhanov, des « austro-marxistes » (Bauer, Hilferding) ou des « structuralo-marxistes » (Althusser et consorts).

17. Bakounine, *Œuvres*, t. II. *Fédéralisme, socialisme et anti-théologisme*, Stock, 1972, p. 108. Notons que la position de Bakounine est même en retrait par rapport à celle de Stuart Mill. « Ainsi, écrit-il, la Psychologie, cette science si importante, qui constituait la base même de la métaphysique, et que la philosophie spéculative considérait comme un monde quasi absolu, spontané et indépendant de toute influence matérielle, n'a plus dans le système d'Auguste Comte d'autre base que la physiologie, et n'est autre chose que le développement de celle-ci », *ibid.*, p. 109.

18. P. Feyerabend, *Contre la méthode*, Le Seuil, 1979, p. 332.

19. E. Burke, *Considérations sur la disette, in* N. Hampson, *La Période révolutionnaire*, Flammarion, 1970. Burke insiste sur la détermination naturelle du salaire : « Je dis que le travail est une marchandise, et donc un objet de commerce. Si ma proposition est exacte, le travail doit alors être soumis à toutes les lois et les principes du commerce... L'impossibilité, pour un individu qui apporte son travail sur le marché, de subsister, est ici absolument en dehors de la question. La seule question est celle-ci : que vaut ce travail pour l'acheteur ? »

20. K. Marx, *Misère de la philosophie*, Éd. Molitor, p. 119.

21. K. Marx, *Liberté de la presse* in *Œuvres philosophiques*, Pléiade, t. III, p. 219.

22. F. Engels, *Socialisme utopique et socialisme scientifique*, Éditions Sociales, 1960.

23. F. Quesnay, *Droit naturel*, éd. Daire, p. 54.

24. *Ibid.*, p. 53.

25. Leibniz, *Monadologie* 88.

26. P. Feyerabend, *Contre la méthode*, Le Seuil, 1979, p. 332.

V. Histoire et économie : d'un mariage raté à un divorce impossible

1. Une première version provenant d'une communication au colloque « L'Économie historique : bilan et perspectives » (automne 1994) a été publiée dans *Économie et sociétés*, n° 22 4-5, 1996, p. 337-353.

2. P. Valéry, *Regards sur le monde actuel*, Gallimard, 1962, p. 40.

3. P. Veyne, *Comment on écrit l'histoire*, Le Seuil, 1971.

4. Fr. Simiand, *La Méthode positive en science économique*, Alcan, 1912.

5. Celle-ci se trouve dans son article sur Karl Marx écrit en 1913 pour l'encyclopédie Granat et repris dans les *Œuvres complètes*, éd. française de Moscou, 1960, t. XXI, p. 44.

6. Jean Bouvier, l'historien de la banque, me disait, morose, à chaque rencontre : « Nous n'arrêtons pas de faire la cour aux économistes, mais ils nous ignorent et ne nous aiment pas. »

7. P. Dockes et B. Rosier, « Histoire "raisonnée" et économie historique », *Revue économique*, n° 2, 1991, p. 182.

8. Cette analyse a été développée principalement en France par des disciples

de Keynes, parfois appelés “transkeynésiens” (B. Schmitt, F. Poulon, A. Parguez, B. Vallageas). Ceux-ci s'efforcent de reprendre les intuitions présentées par Keynes, en particulier dans le *Traité de la monnaie* (1932). Le jeu économique se déroule fondamentalement entre trois agents : les entreprises, les banques et les salariés/consommateurs. Les premières anticipent la production et empruntent aux banques pour payer les salariés et fabriquer biens et services. Les secondes créent de la monnaie à cette occasion, monnaie qui refluera chez elles en fin de circuit quand les entreprises, ayant vendu les marchandises produites aux salariés/consommateurs, rembourseront leurs dettes. Dans un tel schéma logique, l'histoire n'a pas sa place.

9. Voir les travaux d'O. Favereau, in *Revue économique*, vol. 40, n° 2, mars 1989.

10. Cette partie s'appuie sur ma communication au colloque de Barcelone sur la théorie de la régulation (16-18 juin 1988), intitulée « Essai sur les limites de l'analyse régulationniste dans le contexte de la crise contemporaine », reprise dans *La Revue du MAUSS*, 1989 n° 3, et le *Journal of Regional Policy*, 3, 89, (Naples) dont on trouvera l'essentiel *infra*, p. 113.

11. J. Lesourne, « À la recherche d'une théorie de l'auto-organisation », *Revue d'économie politique*, n° 3, 1985, p. 559.

12. R. Boyer, « L'économie peut-elle oublier qu'elle s'inscrit dans l'Histoire ? », *Problèmes économiques*, n° 2.167, 21 mars 1990.

13. M. Weber, *Histoire économique, Esquisse d'une histoire universelle de l'économie et de la société*, Gallimard, 1991, 1re éd. allemande, 1923.

14. Publiée partiellement en français sous ce titre, chez Plon, 1971.

15. Voir en particulier R. Swedberg et M. Granovetter, « La sociologie économique. Les propositions fondamentales de la sociologie économique », *La Revue du Mauss*, 1er semestre 1994, La Découverte.

16. C. Castoriadis, « Individu, Société, Rationalité, Histoire », in *Les Carrefours du labyrinthe*, III : *Le monde morcelé*, Le Seuil, 1990.

17. Ayant été pendant plusieurs années membre du conseil consultatif des universités – organisme qui gère la carrière des enseignants du supérieur –, j'ai pu voir fonctionner la disciplinarisation de la discipline. On peut décrocher un poste de maître de conférences d'économie avec une thèse analysant la religion en termes de marché contre le plus élémentaire bon sens et se voir rejeté pour avoir fait une thèse fascinante sur le marché du poisson à partir du fonctionnement concret des rapports entre pêcheurs, grossistes et détaillants. L'économiste se doit d'ignorer que derrière la loi de l'offre et de la demande, il y a des travailleurs, des marchands et des consommateurs en chair et en os qui n'obéissent pas totalement à des schémas mathématiques hypothético-déductifs.

18. J. S. Mill, *Système de logique*, Alcan, 1889, t. II, p. 495-496.

19. J. Weiller et B. Carrier, *L'Économie non conformiste en France au xxe siècle*, PUF, 1994.

20. P. Combemale, « L'hétérodoxie n'est plus ce qu'elle était », in *Pour une autre économie, La Revue du Mauss*, n° 3, La Découverte, 1994, et « L'hétérodoxie : une stratégie vouée à l'échec », *in* S. Latouche (dir.), *L'Économie dévoilée*, éd. Autrement, 1995.

21. Selon M. Bloch, l'histoire, si elle n'est pas une science, est une « étude

scientifiquement conduite ». Cf. M. Bloch, « Que demander à l'histoire ? », in *Mélanges historiques*, (1963) SEVPEN, Paris, cité par Dockès et Rosier, *op. cit.*, p. 183.

22. Voir la curieuse étude de F.-X. Verschave, *Libres leçons de Braudel*, Syros, 1994, mais surtout A. Caillé, « Comment on écrit l'histoire du marché », in *Splendeurs et misères des sciences sociales*, Genève-Paris, Droz, 1986.

23. R. Boyer (1990), « L'économie peut-elle oublier qu'elle s'inscrit dans l'Histoire ? », *Problèmes économiques*, n° 2.167, 21 mars 1990.

24. J. A. Schumpeter, *Théorie de l'évolution économique*, 1912. M. Friedman, *Une histoire monétaire des États-Unis*, 1956.

25. J.-M. Servet, *Nomismata ; l'État et l'origine de la monnaie*, Lyon, PUL, 1984.

26. Jacques Austruy, *Le Scandale du développement*, Clairefontaine, 1987 ; Philippe Hugon, *Économie du développement*, Dalloz, 1989 ; François Perroux, *Pour un philosophie du nouveau développement*, Aubier, 1981.

27. Voir Schumpeter, *Sociologie des impérialismes*, Éd. de Minuit, 1973, et mon article, « Les ruses de la raison et les surprises de l'histoire. Marx, Keynes et Schumpeter, théoriciens de l'impérialisme », *Cahiers d'économie politique* n°s 10-11, 1985.

28. Voir aussi mon compte rendu de cet ouvrage dans *L'Homme et la Société*, n°s 69-70, juillet-décembre 1983.

29. Ce point se trouve développé dans S. Latouche, *Faut-il refuser le développement ?*, PUF, 1986.

VI. Augustinisme et utilitarisme

1. J. Lafond, *La Rochefoucauld, augustinisme et littérature*, Klincksieck, 1986, p. 150.

2. Ceci n'est que l'application à l'univers économique de l'adage scolastique repris par Locke, *Nihil in intellectu quod non priam fuerit in sensu* (« Il n'y a rien dans l'esprit qui ne soit passé d'abord par les sens ») voire du *Esse est percipi* (« Être c'est être perçu ») de Mgr George Berkeley (1684-1753), le théoricien du solipsisme.

3. Lafond, *op. cit.*, p. 67.

4. Saint-Cyran, *Maximes* extraites du manuscrit 31, n° 3, in *Moralistes du XVIIe siècle, op. cit.*, p. 73. La note de J. Lafond qui accompagne cette maxime p. 1066 est aussi à relever : « Réflexion remarquable sur le motif de l'amour-propre conçu comme "anti-Dieu", dans le couple augustinien *amor sui* (ou amour-propre) et *amor Dei* (ou charité). Quant aux divinités des païens, elles sont ici vues, selon la tradition, comme autant de démons, d'anges révoltés contre Dieu. »

5. A.O. Hirschman, *Les Passions et les intérêts. Justifications politiques du capitalisme avant son apogée*, PUF, 1980, p. 42.

6. « L'amour est ordinairement suivi de l'ambition », *in* la *Théorie des sentiments moraux*, chez Barrois l'aîné, Paris, 1830, t. I, p. 100.

7. J. Lafond, *La Rochefoucauld. Augustinisme et littérature, op. cit.*

8. « La vanité produit en quelques-uns ce que l'intérêt produit en d'autres »,

« toutes les passions se terminent à l'amour-propre comme à un centre commun », écrit-il.

9. Cité par J.-C. Perrot, *Une histoire intellectuelle de l'économie politique, XVIIe-XVIIIe siècle, op. cit.*, p. 345.

10. Les éditions des *Maximes* sont innombrables. Il est plus sage et plus commode de se référer aux numéros des maximes qu'aux pages de telle ou telle édition. Pour limiter l'appareil des notes et ne pas alourdir inutilement le texte, nous avons adopté les conventions suivantes : chaque *Maxime* citée est suivie de son numéro dans l'ordre de l'édition de 1678 ; le numéro est précédé d'un S dans le cas des maximes dites supprimées, d'un P dans celui des *Maximes* dites posthumes. Seules les références aux réflexions, aux lettres ou aux *Maximes* non retrouvées dans les éditions courantes seront précisées en notes.

11. É. Deschanel, *Étude sur La Rochefoucauld, Maximes et réflexions morales*, Librairie de la Bibliothèque nationale, 1913, p. XII.

12. En raison des réactions provoquées par le « cynisme » de certaines formules, et sur le conseil de son entourage, La Rochefoucauld a retiré ou atténué certaines de ses *Maximes*.

13. Voltaire fait sans doute partie de ces lecteurs paresseux, qui écrivait : « Quoiqu'il n'y ait presque qu'une vérité dans ce livre, qui est que l'amour-propre est le mobile de tout, cependant cette pensée se présente sous tant d'aspects variés, qu'elle est presque toujours piquante » (*Moralistes du XVIIe siècle, op. cit.*, p. 119). Pour une savante discussion de cette question, on pourra se reporter au chapitre I de la thèse de J. Lafond déjà citée, *Augustinisme et littérature*, d'où sont extraites ces citations.

14. La Bruyère, *Discours sur Théophraste*, in *Moralistes du XVIIe siècle, op. cit.*, p. 667.

15. É. Deschanel, *op. cit.*, p. XIII.

16. Dès la parution même des *Maximes*, certains, semble-t-il, n'étaient pas loin d'anticiper une telle dérive utilitariste. Mme Schomberg, proche du cercle de Mme de Sablé, avait senti chez La Rochefoucauld le renversement utilitariste possible : « Après la lecture [des *Maximes*], écrit-elle, l'on demeure persuadé qu'il n'y a ni vice ni vertu à rien et que l'on fait nécessairement toutes les actions de la vie. » Cité par J.-C. Perrot, *op. cit.*, p. 348.

17. *Maximes et réflexions de Monsieur de Moncade*, n° 1, in *Moralistes du XVIIe siècle, op. cit.*, p. 93.

18. La Fontaine, *Fables*, livre I, XI. La Rochefoucauld a en outre inspiré à son ami la fable XIV du livre X, *Les Lapins, ou Discours à Monsieur le duc de La Rochefoucauld.*

19. Lettre à la marquise de Sablé, s.d., éd. Bibliothèque nationale, 1913, p. 180 et 181.

20. *Maximes de Madame la Marquise de Sablé*, in *Moralistes du XVIIe siècle, op. cit.*, p. 25.

21. Voir les *Moralistes du XVIIe siècle, op. cit.*, p. 1140, note 9, et p. 134. « ... par le mot d'intérêt, on n'entend pas toujours un intérêt de bien, mais le plus souvent un intérêt d'honneur ou de gloire ».

22. Hirschman, *op. cit.*, p. 39.

23. J. S. Mill, *Système de logique*, Alcan, 1889, t. II, p. 495-496.

24. *Lettre à la marquise de Sablé, op. cit.*, p. 180.
25. *Maxime* supprimée n° 88 dans l'édition Bibliothèque nationale.
26. *Maxime* supprimée n° 77, in *ibid.*, p. 118.
27. *Maxime* 81 in *ibid.*
28. *Maxime* supprimée n° 89 in *ibid.*
29. J. Lafond note à propos du discours sur les passions de l'amour, un texte anonyme attribué faussement à Pascal : « L'une des caractéristiques de ces réflexions est l'usage de notions quantitatives pour exprimer la vie de l'esprit. Malebranche emploie ce type de vocabulaire, mais par métaphore », *Moralistes du XVIIe siècle, op. cit.*, p. 1140, note 3.
30. Lettre à Monsieur Esprit, s. d., édition Bibliothèque nationale, p. 165.
31. Vauvenargues, *Œuvres complètes*, Hachette, 1968, p. 174.
32. Si toute une part de la critique s'y est trompée, c'est que cet augustinisme dépourvu de son prolongement a conduit à lire les *Maximes* à travers Mandeville ou Helvétius, chez qui l'utilitarisme augustinien est l'objet d'une mutation très étonnante puisque l'amour-propre y devient le point de départ d'une morale positive. J. Lafond, *op. cit.*, p. 159.
33. A. Laurent, *Histoire de l'individualisme*, PUF, 1993, p. 9, ou encore Tocqueville : « L'égoïsme est un amour passionné et exagéré de soi-même, qui porte l'homme à ne rien rapporter qu'à lui-même et à se préférer à tout. » *De la démocratie en Amérique*, Pléiade II, II, chap. 2, p. 612.
34. J. Lafond, *op. cit.*, p. 30.
35. A. Smith, *Théorie des sentiments moraux, op. cit.*, vol. II, p. 58, cité par J.-C. Perrot, *op. cit.*, p. 341.
36. J.-J. Rousseau, *Discours sur cette question proposée par l'académie de Dijon : Quelle est l'origine de l'inégalité parmi les hommes et si elle est autorisée par la loi naturelle ?*, in *Du contrat social*, 10/18, 1963, p. 361.
37. J.-J. Rousseau, *Émile* (1762), cité par A. Laurent, *op. cit.*, p. 41.
38. *Éthique à Nicomaque*, 1, IX, VIII-IX. Il estime qu'il existe un bon et un mauvais amour de soi (philautie). Voir J. Lafond, *Augustinisme et littérature, op. cit.*, p. 75.
39. Réflexion initiale de 1665, citée par J. Lafond, in *Augustinisme et littérature, op. cit.*, p. 28.
40. Cité par J.-C. Perrot, *op. cit.*, p. 5-6.
41. P. Valéry, *Tel quel*, in *Œuvres*, Pléiade, t. II, p. 489, cité par André-Alain Morello, dans l'éd. Laffont, *op. cit.*, p. 122.
42. Cité dans *Moralistes du XVIIe siècle, op. cit.*, p. 120.
43. « Tout ce qui peut faire obstacle à cet effondrement des bases de l'estime de soi doit être mobilisé dans la lutte contre le mal », commente Jean-Pierre Dupuy dans *Le Sacrifice et l'Envie, Le libéralisme aux prises avec la justice sociale*, Calmann-Lévy, 1992, p. 179.
44. E. Fromm, *La Peur de la liberté*, 1941, cité par A. Laurent, *op. cit.*, p. 58. « L'égoïste, disait Gabriel Marcel, est celui qui ne s'aime pas assez : la phrase est profondément juste malgré son apparence déroutante. C'est en effet parce qu'il est intérieurement non apaisé que l'égoïste cherche désespérément dans le regard d'autrui la preuve de sa propre existence. » (P. Viveret, *Reconsidérer la richesse*, L'Aube/Nord, 2003, p. 113.)

45. Michel Foucault, *Histoire de la sexualité*, vol. 3, *Le Souci de soi*, Gallimard, 1984.
46. Voir A. Laurent, *op. cit.*, p. 17.
47. Cité *ibid.*, p. 27.
48. Pascal dans les *Moralistes du XVIIe siècle, op. cit.*, p. 342.
49. Voir sa *Maxime* 140, *ibid.*, p. 279.
50. Sauf chez J.-P. Camus. J.-P. Camus, dans *La Défense du pur amour, contre les Attaques de l'amour-propre* (Paris 1640), reprend la division thomiste des deux amours, de convoitise et d'amitié, et distingue attentivement amour de soi et amour-propre. Il oppose un « amour naturel de soi même » qui est une suite naturelle et nécessaire de l'être, de l'amour-propre corrompu par la chute qui ne cherche « qu'un continuel trafic de propre utilité », cité par J. Lafond, *op. cit.*, p. 82.
51. On sait que, converti au catholicisme en venant en France, Rousseau avait l'habitude de redevenir calviniste à Genève...
52. Ce sont les titres même des deux grandes parties de l'*Augustinus*, l'œuvre fondatrice du jansénisme.
53. Dans les *Moralistes du XVIIe siècle, op. cit.*, p. 120. Instinct, mais non vice...
54. Voir J.-C. Perrot, *op. cit.*, p. 343.
55. XX, 8. D'une certaine façon, Sénèque rejette aussi La Rochefoucauld. Un biographe et traducteur de Sénèque du XVIIIe siècle écrit en effet : « Les ingénieuses *Maximes* de La Rochefoucauld ne roulent que sur cette pensée unique, que l'intérêt ou l'amour-propre est le mobile de toutes nos actions. Assertion triviale, qui est heureusement plutôt un paradoxe improbable, qu'une vérité constante. Pourquoi occuper son esprit à faire valoir un principe hasardé, qui ne peut que décourager, que dégrader l'homme, et qu'il faudrait lui cacher avec le plus grand soin, si l'on parvenait jamais à en trouver la démonstration. » *Analyse des traités des Bienfaits et de la clémence de Sénèque*, À Paris, chez Barbou, 1776, p. 133.
56. « Le jansénisme, écrit J. Lafond, n'est pas aussi puritain qu'on le pense généralement », in *Moralistes du XVIIe siècle, op. cit.*, p. 1140.
57. *Ibid.*, p. 625.
58. *Ibid.*, p. 619.
59. *Ibid.*, p. 50.
60. *De la vraie honnêteté*, 1668, in *ibid.*, p. 1127.
61. *Pensées*, n° 494, in *ibid.*, p. 462-463. J. Starobinski a pu appeler l'idéal mondain « une transmutation esthétique du désespoir » (*ibid.*, p. 298).
62. *Ibid.*, p. 344.
63. Cité par A. Laurent, *Histoire de l'individualisme, op. cit.*, p. 52.
64. Isaïe V, 8 et suiv.
65. *Maxime* 89, in *Moralistes du XVIIe siècle, op. cit.*, p. 95.
66. Cité par J. Lafond, *op. cit.*, p. 101.
67. Pour Nicole nous courons toujours le risque de « prendre la charité pour l'amour-propre, et l'amour-propre pour la charité ». Il faut laisser « à Dieu le discernement du principe qui nous fait agir » (cité par J. Lafond, *op. cit.*, p. 191). D'autre part, Calvin dans ses *Commentaires sur le Nouveau Testament* (Genève,

1965, t. VI, p. 113), à propos de l'amour du prochain, critique « tous les sorbonnistes » pour qui « l'amour de nous-mêmes doit toujours précéder en ordre ». « La vérité, dit Calvin, est telle que nous n'aimerions jamais nos prochains purement, et comme Dieu le veut, jusqu'à ce que nous ayons corrigé cet amour de nous-mêmes. » Cité par J. Lafond, *op. cit.*, p. 191.

68. J. Ellul, *Max Weber, l'éthique protestante et l'esprit du capitalisme*, in *La Technique, Cahiers Jacques-Ellul*, n° 2, Bordeaux 3004, p. 127.

69. Telle est l'interprétation de J.-P. Dupuy dans *Le Sacrifice et l'Envie*, Calmann-Lévy, 1992.

70. Celle-ci intervient en particulier pour la répartition du capital entre les branches suivant les besoins de l'économie. « Ainsi, sans aucune intervention de la loi, les intérêts privés et les passions des hommes les amènent à diviser et à répartir le capital d'une société entre tous les différents emplois qui y sont ouverts pour lui, dans la proportion qui approche le plus possible de celle que demande l'intérêt général de la société » (A. Smith, *Richesse des nations*, livre IV, chap. VII). C'est dans *L'Histoire de l'astronomie*, que l'expression main invisible de Jupiter (qu'Adam Smith a peut-être empruntée à Cicéron) se trouverait pour la première fois dans l'œuvre de Smith. Voir A. M. Jacono, *Tra individui et cose*, Rome, Manifestolibri, 1995, p. 74 et suiv.

71. Boisguilbert, en effet, fut élève des jansénistes. De là à conclure que le duc de La Rochefoucauld, quasi janséniste lui-même, lu et apprécié d'A. Smith, soit l'inspirateur de ce dernier, il n'y a qu'un pas que notre historien est bien près de franchir, comme on l'a vu. Voir J.-C. Perrot, *op. cit.*, p. 261.

72. *Ibid.*

73. *Maxime* 19, in *Moralistes du XVII*[e] *siècle, op. cit.*, p. 278.

74. Montaigne (cet « extrémiste augustinien » selon Dreano), *Essais*, livre III, 1, et J. Lafond, *op. cit.*, p. 145 et 181. Il récidive dans le chapitre I du livre II : « Encore que je sois toujours d'avis de dire du bien le bien, et d'interpréter plutôt en bonne part les choses qui le peuvent être, si est-ce que l'étrangeté de notre condition porte que nous soyons souvent par le vice même poussés à bien faire. »

75. Réflexion 58 du chapitre VI des *Caractères*, in *Moralistes du XVII*[e] *siècle, op. cit.*, p. 777. Le reste de la réflexion mérite aussi d'être cité : « Capables d'une seule volupté, qui est celle d'acquérir ou de ne point perdre ; curieuses et avides du denier dix ; uniquement occupées de leurs débiteurs ; toujours inquiètes sur le rabais ou sur le décri des monnaies ; enfoncées et comme abîmées dans les contrats, les titres et les parchemins. De telles gens ne sont ni parents, ni amis, ni citoyens, ni chrétiens, ni peut-être des hommes : ils ont de l'argent. »

76. Jean, II, 16.

77. Le Père Senault, dans son traité *De l'usage des passions*, adoptera la division aristotélicienne des biens sensibles en plaisirs, richesses et honneurs. La Rochefoucauld le suivra, plutôt que de reprendre les trois passions de saint Augustin.

78. Il ajoute : « Mais ce n'est que feindre, et une fausse image de la charité ; car au fond, ce n'est que haine. » *Pensée* 451 dans l'édition Brunschvicg ou 243 dans celle de Sellier, reprise dans les *Moralistes du XVII*[e] *siècle*. Le fragment 244, cité p. 297, donne une version légèrement différente : « On a fondé et tiré

de la concupiscence des règles admirables de police et de justice. » « Mais dans le fond, ce vilain fond de l'homme, ce *figmentum malum* n'est que couvert. Il n'est pas ôté. » Pour Pascal, « cette sagesse de la terre » est dépassée par la religion, qui chasse les vices, et en particulier l'orgueil ou la paresse. « La seule religion chrétienne a pu guérir ces deux vices, non pas en chassant l'un par l'autre par la sagesse de la terre, mais en chassant l'un et l'autre par la simplicité de l'Évangile » (*Pensée* 240, *Moralistes du* XVII*e siècle, op. cit.*, p. 383).

79. P. Rosanvallon, *Le Libéralisme économique*, Seuil, 1989, p. 14.

80. Mme de Sablé, *Maximes*, nº 71, in *Moralistes du* XVII*e siècle, op. cit.*, p. 254.

81. *Maxime* supprimée 73, éd. Bibliothèque nationale.

82. J. Lafond, *op. cit.*, p. 99.

83. J.-J. Rousseau, *Narcisse*, in *Œuvres*, t. II, cité par P. Rosanvallon, *op. cit.*, p. 27.

84. Le renard pique-assiette et flagorneur de La Fontaine n'était quant à lui exclu du seul *commercium* que parce qu'il était trop grand seigneur pour se salir les mains...

85. Dans sa *Pensée* 743, justement consacrée à l'amour-propre, Pascal complète La Rochefoucauld ; « Personne ne parle de nous en notre présence comme il en parle en notre absence. L'union qui est entre les hommes n'est fondée que sur cette mutuelle tromperie ; et peu d'amitié subsisteraient, si chacun savait ce que son ami dit de lui lorsqu'il n'y est pas, quoiqu'il en parle alors sincèrement et sans passion. »

86. *Réflexion* nº 5, « De la confiance », éd. Laffont, p. 203.

87. Lettre à Mme de Sablé, s.d., éd. Bibliothèque nationale, p. 190.

88. *Ibid.*

89. Lettre à M. Esprit, éd. Bibliothèque nationale, p. 164.

90. J. Lafond, *op. cit.*, p. XXV et XXVI.

91. « Vous citez en ce fait un mauvais auteur », réplique Bossuet à une de ses correspondantes évoquant le duc. Dans l'*Oraison funèbre d'Henriette-Anne d'Angleterre*, peut-être vise-t-il les *Maximes* lorsqu'il déclare : « Il ne faut pas permettre à l'homme de se mépriser tout entier, de peur que croyant avec les impies que notre vie n'est qu'un jeu où règne le hasard, il ne marche sans règle et sans conduite au gré de ses aveugles désirs. » Voir. J. Lafond, *op. cit.*, p. 154.

92. 1828, Bossuet, *Traité de la concupiscence*, in *Œuvres complètes*, t. XIV, Gauthiers frères, p. 58.

93. *Ibid.*, p. 117.

94. *Ibid.*, p. 60.

95. *Ibid.*, p. 61.

96. *Pensées de Christine, Reine de Suède*, par le baron de Bildt, Stockholm, 1906, nº 51 p. 179. Je dois à l'amitié de J.-F. De Raymond qui préparait une édition de ces maximes la communication de ce texte introuvable. Voir cette édition désormais disponible, sous le titre *Apologies*, Cerf, Paris 1994, p. 313.

97. « Fin, profond et juste », note Voltaire en marge du manuscrit... Vauvenargues, « De l'amour-propre et de l'amour de nous-mêmes » dans *l'Introduction à la connaissance de l'esprit humain*, in *Œuvres complètes*, Hachette, 1968,

p. 227. Notons que cette œuvre est publiée en 1746, soit neuf ans avant le discours sur l'inégalité de Jean-Jacques Rousseau.

98. J.-C. Perrot, *op. cit.*, p. 353.

99. P. Sipriot, préface aux *Caractères* de La Bruyère, Livre de poche, 1985, p. x, cité in *Moralistes du XVIIe siècle, op. cit.*, p. 126.

100. *Ibid.* p. 85 et note p. 1068.

101. Les trois premières *Maximes* sont caractéristiques. En effet, *Maxime* 1 : « L'amour-propre fait tous les vices et toutes les vertus morales, selon qu'il est bien ou mal entendu. » *Maxime* 2 : « La prudence qui sert à la conduite des actions humaines est, à le bien prendre, l'amour-propre circonspect et fort éclairé. Ce qui lui est opposé n'est qu'inconsidération et qu'aveuglement. » *Maxime* 3 : « Quoique par ce principe il soit vrai de dire que les hommes n'agissent jamais sans intérêt, on ne doit pas croire pour cela que tout soit corrompu, qu'il n'y ait ni justice ni probité dans le monde. Il y a des gens qui se conduisent par des intérêts honnêtes et louables, rapportant toutes choses à soi-même, mais dans toute l'étendue des lois de la société civile, qui fait ce qu'on appelle honnêtes gens dans le monde. » Et Lafond ajoute en note : « Pascal et Nicole estiment de même que l'honnêteté mondaine n'est au fond qu'intérêt et amour-propre, mais qu'elle vaut mieux néanmoins que l'abandon à la violence des passions » (*Moralistes du XVIIe siècle, op. cit.*, p. 260 et pour la note p. 1093).

102. *Maxime* 317, *ibid.*, p. 280 et pour la note p. 1095.

103. *Pensées*, in *ibid.*, p. 325.

104. *Pensées*, in *ibid.*, p. 419.

105. P. Nicole, *Essais de morale*, vol. III, p. 176, cité par J.-C. Perrot, *op. cit.*, p. 349.

106. L. Cordonnier, « Normes de réciprocité et comportements stratégiques », in *Ce que donner veut dire. Don et intérêt, La Revue du MAUSS*, 1993, n° 1, p. 140.

VII. De la politisation de l'économie à l'économicisation du politique

1. Sous le titre « Le discours du marché, de Boisguilbert aux physiocrates », une première version raccourcie de ce texte est parue dans Caillé *et al.*, *Histoire raisonnée de la philosophie morale et politique*, La Découverte, 2001.

2. J. Ellul, *Métamorphose du bourgeois*, La Table ronde, 1998, p. 22.

3. « Tous les politiques sont d'accord que si les peuples étaient trop à leur aise, il leur serait impossible de les contenir dans les règles de leur devoirs », *Maximes du cardinal de Richelieu*, Paris, Wittmann, 1945, p. 90.

4. G. Faccarello, *Aux origines de l'économie politique libérale : Pierre de Boisguilbert*, Anthropos, 1986, p. 127.

5. P. Nicole, *De l'éducation d'un prince*, 1670, p. 181-182, cité par G. Faccarello, *op. cit.*, p. 118.

6. *Traité de la nature, culture, commerce et intérêt des grains* (1704), repris dans P. de Boisguilbert, *Œuvres complètes*, INED, 1966, 2 vol., p. 854.

7. *Factum de la France*, 1705, repris dans P. de Boisguilbert, *Œuvres complètes, op. cit.*, p. 748-749.

8. J. Domat, *Traité des Lois*, 1689, p. 24. Cité par G. Faccarello, *op. cit.*, p. 92.

9. *Ibid.*, p. 25, cit. in *ibid.*, p. 96.

10. J. Domat, 1675, p. 115.

11. *Ibid.*, p. 97.

12. P. Nicole, *De l'éducation d'un prince, op. cit.*, p. 205.

13. Cité par G. Faccarello, *op. cit.*, p. 217.

14. Ainsi, chez P. Nicole : « Ce corps est une machine composée d'une infinité de tuyaux et de ressorts propres à produire une diversité infinie d'actions et de mouvements soit pour la conservation même de cette machine, soit pour d'autres usages auxquels on l'emploie. » Cité *in* G. Faccarello, *op. cit.*, p. 109, note 13.

15. Boisguilbert, *De la nécessité d'un traité de paix entre Paris et le royaume* (1706), in *Œuvres complètes, op. cit.*, p. 800.

16. Boisguilbert (1707), in *Œuvres complètes, op. cit.*, p. 986.

17. Boisguilbert, *Traité de la nature, culture, commerce et intérêt des grains* (1704), in *Œuvre, ibid.*, p. 839.

18. Boisguilbert (1705), *Factum de la France*, in *ibid.*, p. 708.

19. « Si *une autorité supérieure et générale* n'intervenait pour arrêter cette avidité à l'égard des denrées absolument nécessaires, comme les grains, en y mettant le taux, il y a des hommes assez inhumains pour ne vouloir sauver la vie de leurs semblables, dans des occasions pressantes, qu'au prix de tout leur bien ; et comme cette police ne peut être égale dans le détail, *il faut y suppléer d'une façon indirecte, en empêchant, par une autorité puissante*, qu'une marchandise ne devienne la proie et la victime de l'avidité d'un commerçant, lequel serait content, si cela était à sa disposition, de sacrifier tout à son intérêt particulier, indépendamment de *la religion de l'humanité, qui sont entièrement bannies en ces démarches de ventes et d'achat*, parce qu'on croit avoir satisfait à Dieu et aux hommes en n'usant point de fraude et de supercherie, et ne faisant que profiter de la nécessité des occasions urgentes » (cité *in* G. Faccarello, *op. cit.*, p. 227).

20. Boisguilbert, *Traité de la nature, culture, commerce et intérêt des grains*, (1704), in *ibid.*, p. 874.

21. Boisguilbert, cité *in* G. Faccarello, *op. cit.*, p. 283.

22. On peut retenir le jugement synthétique de Faccarello : « La mécanique n'est pas parfaite : elle existe cependant et ne possède pas d'équivalent à l'époque, et pour longtemps encore. Il s'agit là d'un moment essentiel dans le développement de l'économie politique. La sécularisation de thèmes religieux jansénistes, amorcée par Nicole et par Domat, est ici achevée et dépassée. Sont d'emblée précisées les conditions dans lesquelles la concupiscence, l'amour-propre non éclairé, et le langage trompeur des relations sociales forment un tout cohérent et parfait en apparence, bénéficiant à tous au travers de la recherche individuelle de la meilleure position possible de chacun. Sont enfin analysés les processus déstabilisateurs et le déroulement des déséquilibres économiques et sociaux », *op. cit.*, p. 286.

23. Daire traite Boisguilbert de « Christophe Colomb du monde économique », *in* G. Faccarello, *op. cit.*, p. 42.

24. Dupont de Nemours, *Notice abrégée des différents écrits modernes qui ont concouru en France à former la science de l'économie politique*, in *Les Éphémérides du citoyen*, septembre 1769, p. 8-13 ; cité *in* G. Faccarello, *op. cit.*, p. 31.
25. « *De l'origine et des progrès d'une science nouvelle* » (1768), éd. CUECM, p. 8.
26. *Ibid.*, p. 26.
27. F. Quesnay, *Examen de l'examen du livre intitulé Principes sur la liberté du commerce des grains.* Supplément au onzième tome des *Éphémérides du citoyen*, pour l'année 1768, p. 79.
28. *Maximes générales du gouvernement économique d'un royaume agricole.*
29. *Ibid.*, *Maxime* n° 1.
30. Dupont de Nemours, *op. cit.*, p. 78.

VIII. Mandeville, ou le tournant de la philosophie morale occidentale

1. Une version courte de ce texte a été publié dans A. Caillé *et al.*, *Histoire raisonnée de la philosophie morale et politique*, *op. cit.*
2. B. de Mandeville, *La Fable des abeilles ou les vices privés font le bien public* (1714), trad. fr., Vrin (Ire partie, 1974) ; IIe partie, 1991, p. 95.
3. La traduction française paraît en 1740. Elle est mise à l'index et brûlée par le bourreau en 1745.
4. Anthony Ashley Cooper, troisième comte de Shaftesbury (1671-1713), philosophe ; disciple de Locke, il soutint contre Hobbes l'existence d'un sens moral.
5. IIe partie, *op. cit.*, p. 115-116.
6. IIe partie, *op. cit.*, p. 83.
7. IIe partie, *op. cit.*, p. 275.
8. IIe partie, *op. cit.*, p. 113.
9. IIe partie, *op. cit.*, p. 111-112. Nombreux développements sur le thème : « Il se peut que l'aveugle fortune le favorisant, un petit boutiquier, en se livrant à un commerce néfaste à sa patrie d'une part, et en pressurant les pauvres en toutes circonstances d'autre part, arrive à amasser de grands biens ; et qu'avec le temps, à force de liarderie et de sordides économies, il s'élève à une condition exorbitante et inouïe pour un commerçant. Qu'un tel homme, une fois vieux et décrépit, dépense la plus grande partie de ses immenses richesses à bâtir, ou à doter largement un hospice, et que je sois parfaitement au courant de son tempérament et de ses mœurs, et je ne pourrais penser aucun bien de sa vertu, quand même il se dessaisirait de son argent de son vivant... » (p. 105-106). « Je vois très bien que la vraie vertu exige une victoire sur la simple nature, et que la religion chrétienne réclame une abnégation de soi encore plus stricte mais, en laissant de côté les choses sacrées et la vie future, ne croyez-vous pas que cette complaisance et cette interprétation accommodante des actions les uns des autres font beaucoup de bien sur terre ? Et ne croyez-vous pas que les belles manières et la politesse font davantage pour rendre les hommes plus heureux et leur vie plus agréable en ce monde, que quoi que ce soit d'autre qui ne comprendrait pas ces arts ? » (IIe partie, p. 111.)

10. A. Detœuf, *Propos d'O.L. Barenton, confiseur*, Les éditions d'Organisation, Paris, s.d., p. 76.

11. IIe partie, *op. cit.*, p. 73.

12. Introduction de la IIe partie.

13. *Ibid.*, p. 73.

14. « Une superstructure magnifique peut être édifiée sur des fondations pourries et indignes » (IIe partie, p. 60).

15. P. Carrive, *Bernard Mandeville. Passions, Vices, Vertus*, Vrin, 1980. p. 25.

16. IIe partie, *op. cit.*, p. 93.

17. Répété dans la *Fable*, p. 213 et 280, 1re partie.

18. *Ibid.*, p. 287. « Mais cette bienfaisance universelle qui partout enlèverait le travailleur indigent à sa bassesse ferait autant de mal à l'ensemble du royaume qu'en ferait un pouvoir tyrannique qui, sans raison, arracherait les riches à leur loisir et à leur opulence » (IIe partie, p. 287).

19. *Ibid.*, p. 265.

20. *Ibid.*, p. 288.

21. *Ibid.*, p. 275.

IX. Le luxe guillotiné

1. Une première version de ce chapitre a été publiée dans *La Revue du MAUSS*, n° 5, 1989. Par ailleurs, sur le rôle du luxe en économie politique, j'ai consacré une brève étude antérieure : « Le paradoxe de l'élimination du luxe de l'économique », *Bulletin du MAUSS*, n° 16, décembre 1985, p. 69-77. Certains développements sont empruntés à cette étude.

2. *Les Chaînes de l'esclavage*, 10/18, 1972, p. 83.

3. Voir J.-C. Perrot, « La statistique dans le premier dictionnaire d'économie politique en langue française », in *Statistik und Staatsbeschereibung in der Neuzeit*, 1978, p. 372.

4. Pour une présentation exhaustive de cette querelle du luxe, voir Carlo Borghero, *La polemica sul lusso nel settecento francese*, Einaudi, 1974.

5. J.-C. Perrot, « *L'Économie en France* (XVIIe-XVIIIe siècle), vocabulaire, contenu, postulats », version polycopiée, 1988, p. 27, publié *in* R. Reichardt et E. Schmidt, Handbuch politisch-sozialer Grundbegriffe in Frankreich, 1680-1820, p. 116.

6. Cf. J.-C. Perrot, « Les dictionnaires de commerce au XVIIIe siècle », *Revue d'histoire moderne et contemporaine*, t. XXVIII, 1981, p. 37-44 et 48.

7. Cf. J.-C. Perrot, « La statistique dans le premier dictionnaire », *op. cit.*, p. 384.

8. Mirabeau, *in* Faure-Soulet, *Économie politique et progrès au siècle des Lumières*, Gauthier-Villars, 1964.

9. Le discours de Rousseau sur les lettres et les arts, de 1750, répond à la question posée par l'Académie de Dijon : *Si le progrès des sciences et des arts a contribué à corrompre ou à épurer les mœurs ?* »

10. Condillac, *in* Faure-Soulet, *op. cit.*, p. 80.

11. Morelly. Le *Code de la nature* est de 1755. Il servira de bible à Gracchus Babeuf. Il a été réédité aux Éditions sociales en 1970. À dire vrai, le luxe ne

tient pas une grande place chez Morelly. « L'ordre naturel, écrit Nicole Dockes, n'est ni frugal, ni sobre ! Il [Morelly] opterait plutôt pour une "société de consommation". » Encore faudrait-il qu'elle soit égalitaire. Or, comme il rejette les "fastes ostentatoires", le luxe n'est plus qu'un confort partagé moins spartiate que la frugalité de Marat. Voir N. Dockes, « Un ordre naturel communautaire du XVIIIe siècle ; Morelly », in *Ordre, Nature, Propriété*, PUL, 1985, p. 85.

12. Helvétius *in* Faure-Soulet, *op. cit.*, PUL, p. 108.

13. Bertrand de Jouvenel, « Arcadie – Essai sur le mieux-vivre », *Futuribles*-Sedeis, 1968, p. 125.

14. Cf. Faure Soulet, *op. cit.*, p. 75 et suiv.

15. Necker, in *ibid.*, p. 90.

16. Marat, *op. cit.*, p. 76.

17. J.-J. Rousseau, cité par B. de Jouvenel, *in* « Arcadie », *op. cit.*, p. 75.

18. Marat, *op. cit.*, p. 80.

19. *Ibid.*, p. 77.

20. *Ibid.*, p. 78.

21. Cf. G. Faccarello, *L'Évolution de l'économie politique pendant la Révolution,* document ronéoté, p. 14.

22. Anthelme Brillat-Savarin (1755-1826), *Physiologie du goût ou méditations de gastronomie transcendante* (1825), éd. Jean de Bonnot, 1968.

23. Cf. G. Faccarello, *op. cit.*, p. 6 et Vandermonde, 1795, t. II, p. 235. Voir aussi la note 8 dans le même article.

24. Cf. G. Faccarello, *op. cit.*, p. 7.

25. *Ibid.*, p. 24. Roederer, 1800-1801, p. 32.

26. J.-J. Rousseau, « Lettre au maréchal de Luxembourg ».

27. D. Ricardo, *Des principes de l'économie politique et de l'impôt,* Flammarion, 1981, p. 84.

28. B. de Jouvenel, « Arcadie, » *op. cit.*, p. 142.

29. Voir Jean-Joseph Goux, « L'utilité, équivoque et démoralisation », *La Revue du MAUSS,* La Découverte, n° 6, 2e semestre 1995. « Je considère l'utilité comme le critère absolu dans toutes les questions éthiques, déclare John Stuart Mill, mais ici l'utilité doit être prise dans son sens le plus large : se fonder sur les intérêts permanents de l'homme en tant qu'être susceptible de progrès » (*De la liberté,* Folio Essais, Gallimard, 1990, p. 76). Comme le remarque Jean-Joseph Goux : « C'est une opération radicale de démoralisation (mais qui installe la souveraineté ontologique du désir) qui intervient ; d'autant plus totalitaire qu'elle ne laisse intact aucun des dehors qu'on voudrait pouvoir lui opposer. »

30. « Nécessaire, utile, agréable et superflu, tout cela, pour nous, est seulement plus ou moins utile. Il n'y a pas à tenir compte ici de la moralité ou de l'immoralité du besoin auquel répond la chose utile et qu'elle permet de satisfaire. Qu'une substance soit recherchée par un médecin pour guérir un malade, ou par un assassin pour empoisonner sa famille, c'est une question très importante à d'autres points de vue, mais tout à fait indifférente au nôtre. » Walras. Voir S. Latouche, « *Justice sans limites* », *op. cit,* p. 65.

31. Voltaire, *Le Mondain : « Tout sert au luxe, aux plaisirs de ce monde /*

Oh ! Le bon temps que ce siècle de fer / Le superflu, chose très nécessaire / a réuni l'un et l'autre hémisphère. »

32. M. Foucault, *Les Mots et les Choses*, Gallimard, 1966, p. 177-221.

33. Cet opuscule, incorporé dans le *Traité de morale et de législation* de 1789, a été rédigé dès 1776, l'année même de la publication de la *Richesse des nations.*

X. L'autodestruction de l'humanisme libéral

1. La Bruyère, *Les Caractères*, chap. « Des jugements », n° 55, éd. La Pléiade, 1934, p. 386.

2. Selon l'heureuse image d'Aymeric de Pontianne dans « La Nature du marché », *La Revue du MAUSS*, n° 15, 1er semestre 2000.

3. Voir Mary Douglas, « Comment pensent les institutions », La Découverte/MAUSS, Paris, 1999, pp. 141-143 ; Michael Sandel, *Liberalism and the Limits of Justice*, Cambridge University Press, 1982.

4. « La véritable source de ce système licencieux se trouve dans quelques doctrines ascétiques et populaires qui ont eu cours avant lui, et qui avaient placé la vertu dans l'entière destruction de toutes nos passions », *Théorie des sentiments moraux* (noté par la suite *TSM*), éd. Barrois l'Aîné, 1830, tome 2, p. 202.

5. *Ibid.*

6. J.-C. Perrot, *Une histoire intellectuelle de l'économie politique, XVIIe-XVIIIe siècle, op. cit.*

7. En particulier : l'homme doit d'abord et avant tout « s'occuper de son propre bonheur et du bonheur de sa famille, de ses amis, de son pays. Les contemplations les plus sublimes ne peuvent jamais le dispenser de ses humbles devoirs », *TSM, op. cit.*, tome 2, p. 52.

8. J.-P. Dupuy, *Le Sacrifice et l'Envie. Le libéralisme aux prises avec la justice sociale*, Calmann-Lévy, 1992.

9. En particulier, *La Violence et le Sacré*, Hachette Pluriel, 1972.

10. L'opposition du *self-love* à la bienveillance serait justifiée mais pas celle du *self-love* à la sympathie car celle-ci contient le *self-love*. Voir J.-P. Dupuy *op. cit.*, p. 80 et suiv.

11. Mandeville, déjà, proposait de rendre par le néologisme *self-liking* cet amour-propre qu'il oppose au *self-love* ou amour de soi, en un sens qui n'est pas encore le « bon » amour de soi de Rousseau.

12. *TSM op. cit.*, p. 1 et 2.

13. Lettres à Cabanis, publié à la suite de sa traduction de la *Théorie des sentiments moraux, op. cit.*

14. « On ne manque qu'à la politesse en ne partageant pas les plaisirs des autres : mais on paraît manquer à l'humanité en écoutant froidement le récit de leurs peines », *TSM*, p. 15.

15. *TSM*, p. 211. « Nous louons de même le goût des autres, parce qu'il est sain, délicat et convenable à son objet : l'idée de l'utilité de toutes les qualités de ce genre est une arrière-pensée, et jamais le premier motif de notre approbation », *ibid.* p. 25. « Nous méprisons l'égoïste, dont l'âme endurcie ne s'occupe que de lui-même, et qui reste insensible au bonheur ou au malheur des autres », *ibid.*, p. 31. « Sentir beaucoup pour les autres et peu pour nous-mêmes, réduire

le plus possible l'amour de soi et nous abandonner à toutes les affections douces et bienveillantes, constitue la perfection à laquelle notre nature peut atteindre [...]. La première maxime du christianisme est d'aimer les autres comme nous-mêmes ; et le grand précepte de la nature est de ne nous aimer que comme nous aimons nos semblables, ou ce qui revient au même, comme nos semblables sont capables de nous aimer », *ibid.*, p. 33.

16. Le passage complet est le suivant : « L'ingénieux philosophe qui a observé le premier pourquoi l'utilité nous plaît [...] a osé déduire notre estime pour la vertu, de la perception de cette espèce de charme et de beauté que nous trouvons à l'apparence de l'utilité. Il observe qu'aucune qualité de l'âme ne paraît vertueuse ou vicieuse, qu'autant qu'elle est utile et agréable, ou désagréable et nuisible, soit à celui qui la possède, soit aux autres ; en effet, la nature paraît avoir si heureusement adapté nos sentiments d'approbation et de désapprobation à l'avantage de l'individu et de la société, qu'après un examen réfléchi, nous sommes fondés à croire que l'utilité détermine généralement nos jugements. Mais je prétends toujours que la première ou la principale cause de notre approbation ou de notre désapprobation, ne vient pas de la vue de ce qui peut nous servir ou nous nuire. Ces sentiments peuvent bien être accrus et exaltés par l'espèce de beauté ou de difformité que nous trouvons à ce qui nous est utile ou à ce qui nous est funeste ; mais ce n'est pas là leur source principale et première. » Celle-ci, bien sûr, c'est la sympathie. *TSM*, p. 348. Sans doute l'ingénieux philosophe dont il s'agit n'est autre que Zénon dont il écrit : « Selon Zénon, fondateur de la doctrine des stoïciens, chaque animal est confié par la nature à ses propres soins, et doué d'un principe d'amour de lui-même, qui le porte non seulement à conserver son existence, mais à maintenir toutes les parties de son être dans l'état le plus parfait possible. En effet, l'homme, par l'amour de soi, embrasse, si l'on peut s'exprimer ainsi, son corps et toutes ses parties, son âme et toutes les facultés dont elle est composée ; il veut les conserver dans la situation la plus parfaite possible » (p. 124).

17. *TSM*, p. 214.

18. *TSM*, p. 205.

19. J.-P. Dupuy, *op. cit.*, p. 90.

20. *TSM*, p. 106.

21. *TSM*, p. 112-114, cité par J.-P. Dupuy, *op. cit.*, p. 97.

22. Sauf indications contraires, nos citations renvoient à la traduction française de Paulette Taïeb, PUF (1995), notée RdN. Ici, *RdN*, I, chap. XI, p. 204.

23. Dupuy, *op. cit.*, p. 288.

24. *Ibid.*, p. 269.

25. *Ibid.*, p. 272.

26. *Ibid.*, p. 273.

27. *TSM*, p. 23. Voir aussi : « Toute préférence de l'intérêt général à l'intérêt particulier, est donc, selon le docteur Mandeville, une véritable tromperie par laquelle on veut en imposer aux hommes ; et ces vertus humaines que l'on vante si fort et qui sont l'objet d'une si grande émulation, ne sont, pour ainsi dire, qu'un vil commerce établi entre la flatterie d'un côté, et l'orgueil de l'autre », p. 193.

28. *Ibid.*, p. 211.

29. *Ibid.*, p. 215.
30. *Ibid.*, p. 216, 278.
31. *Ibid.*, tome 1, p. 281.
32. *Ibid.*, tome 1, p. 206.
33. *Ibid.*, tome 1, p. 207.
34. *Ibid.*, p. 243.
35. *Ibid.*, p. 102-103.
36. *Ibid.*, p. 208.
37. *Ibid.*, p. 245-246.
38. *Ibid.*, p. 247.
39. « Il est évident, écrit Marx, que Mandeville était infiniment plus audacieux et honnête que les philistins apologistes de la société bourgeoise », *Matériaux pour l'Économie*, in *Œuvres*, II, p. 401 (cité par P. Carrive, p. 35).
40. *TSM*, p. 250.
41. *Ibid.*, p. 306-307.
42. *Ibid.*, p. 308.
43. *Ibid.*, p. 209.
44. P. Dupuy, *op. cit.*, p. 322.
45. *Ibid.*, p. 94. Souligné par moi.
46. Freud, *Essais de psychanalyse*, Payot, 1925, p. 123, cité p. 313.
47. Voir *supra*, p. 22.
48. *TSM*, tome 1, p. 156.
49. Milton Friedman, *Free to Choose*, Avon, 1981. « Aucune obligation vis-à-vis d'autrui, aucune dette envers quiconque, aucune racine, aucune identité particulière, tel est le portrait robot de l'*homo economicus* que dessine l'individualisme méthodologique néoclassique. » Vivien Franck-Dominique. « L'économie et l'écologie entre science et idéologie », *Nature, Science, société*, 1997, vol. 5, n° 4, p. 19.
50. Batiffoulier *et al.*, in *La Revue du MAUSS*, n° 21, p. 316.
51. *TSM*, p. 354.
52. *Ibid.*, p. 356.
53. *Ibid.*, p. 352.
54. « ... les passions qui ont pour objet l'intérêt personnel, tiennent en quelque sorte le milieu entre les passions sociales et les passions insociales. La poursuite de ce qui nous intéresse particulièrement dans toutes les circonstances ordinaires et habituelles, doit plutôt être déterminée par ce que les règles générales prescrivent, que par aucune passion pour les objets mêmes ; mais si nous ne recherchions pas avec ardeur dans les circonstances importantes, nous paraîtrions insensibles, méprisables ou ridicules. Le moindre marchand serait avili dans l'esprit de ses voisins, s'il était inquiet, ou s'il prenait des mesures pour gagner ou pour éviter de perdre un scheling : lors même qu'il est dans le besoin, il ne doit faire aucune attention à une si petite valeur, du moins pour l'amour de cette valeur même. Sa situation, il est vrai, peut demander une sévère économie et une grande assiduité ; mais, dans ce que l'une et l'autre peuvent lui dicter, il doit avoir pour but d'obéir plutôt à ce que lui prescrit rigoureusement une règle générale, que d'obtenir tel gain, ou de prévenir telle perte. Son économie ne doit pas paraître fondée sur le désir d'épargner une bagatelle, ni son

assiduité à son commerce, sur la passion de gagner un peu davantage. L'une et l'autre doivent avoir pour motif l'observation de la règle générale, qui prescrit sévèrement cette conduite à toutes les personnes de son état. C'est dans la différence des motifs que consiste la différence de caractère qu'il y a entre l'avare et l'homme économe. L'un s'inquiète des moindres choses pour l'amour d'elles-mêmes : l'autre ne s'en occupe qu'en conséquence du plan de vie qu'il s'est imposé » (*Ibid.*, tome 1, p. 316-317).

55. *Ibid.*, p. 287.
56. *Ibid.*, p. 288.
57. *Ibid.*, p. 290.
58. *Ibid.*, p. 297.
59. *Ibid.*, tome 1, p. 318.
60. *Ibid.*, p. 33.
61. *Ibid.*, p. 193.
62. *Ibid.*, p. 257.
63. *Ibid.*, p. 109.
64. *Ibid.*, p. 314-315.
65. *Ibid.*, p. 319.
66. *Ibid.*, p. 207.
67. « La vie et la santé sont les premiers objets dont la nature inspire le soin à chaque individu. Le sentiment de la faim et de la soif, du plaisir et de la douleur, du froid et du chaud, sont, pour ainsi dire, des leçons qu'elle nous donne sur ce que nous devons choisir ou éviter pour remplir le but de notre existence. [...] En sortant de l'enfance, nous apprenons [...] pour nous assurer des moyens de satisfaire nos premiers besoins ; pour éprouver le plaisir et éviter la douleur [...] etc. » (t. II, p. 2).
68. *Ibid.*, p. 156-157.
69. *Ibid.*, p. 158.
70. *TSM*, p. 124.
71. *Ibid.*, p. 161.
72. Murray Rothbard, *Economic Thought before Adam Smith, An Austrian Perspective on the History of Economic Thought*, Edward Elgar Publishing Ltd. Voir aussi Philippe Simonnot, « Un désastre nommé Adam Smith », *Le Monde*, 23 mai 1996.
73. Au Livre IV, chap. II, p. 513 dans l'éd. fr. des PUF, 1995. Sauf indications contraires, nos citations renvoient à cette traduction française de Paulette Taïeb.
74. A. Smith, *The History of Astronomy*, in *Essays on Philosophical Subjects*, Oxford, Clarendon Press, 1980, p. 33-105 (*Histoire de l'astronomie*, in *Essais philosophiques*) ; voir aussi A. Macfie, « The Invisible Hand of Jupiter » in « *Journal of the History of Ideas* », n° 4, 1971. Cf. Alfonso M. Iacono, *Tra individui et cose*, Rome, Manifestolibri, 1995, p. 74 et suiv.
75. Bernard Le Bovier de Fontenelle, *Entretiens sur la pluralité des mondes habités*, 1686, p. 51.
76. *RdN*, p. 344.
77. « L'inspiration mécaniste et l'inspiration janséniste ne s'excluent pas,

bien au contraire », note G. Faccarello, in *Aux origines de l'économie politique libérale : Pierre de Boisguilbert, op. cit.*, p. 86.

78. Là encore, son originalité est limitée. P. Nicole exprime aussi clairement le mécanisme providentiel que le fera A. Smith : « Quelle charité serait-ce que de bâtir une maison tout entière pour un autre, de la meubler, de la tapisser, de la lui rendre la clef à la main ? La cupidité le fera gaiement. Quelle charité d'aller quérir des remèdes aux Indes, de s'abaisser aux plus vils ministères, et de rendre aux autres les services les plus bas et les plus pénibles ? La cupidité fait tout cela sans s'en plaindre » (P. Nicole, cité par G. Faccarello, *op. cit.*, p. 97).

79. L. IV, chap. VIII, p. 769.

80. J.-P. Dupuy, *Le Sacrifice et l'envie. Le libéralisme aux prises avec la justice sociale, op. cit.*, p. 16.

81. *TSM, op. cit.*, p. 340.

82. J.-P. Dupuy, *op. cit.*, p. 38.

83. L. IV, chap. VIII, p. 784. (Souligné par moi.)

84. L. IV, chap. VII, p. 695.

85. *Ibid.*, p. 696.

86. *Ibid.*, p. 696. Notons que le Brésil ne dit pas autre chose pour freiner la dissolution du Mercosur dans un grand marché panaméricain...

87. *Ibid.*, p. 701.

88. L. IV, chap. VIII, p. 784-785.

89. *Ibid.*, p. 815. Inversement, « là où il n'y a point de propriété, ou du moins aucune qui excède la valeur de deux ou trois jours de travail, un gouvernement civil n'est pas si nécessaire » (L. V, chap. I, p. 810).

90. *Ibid.*, p. 877 et 878.

91. *Ibid.*, p. 16.

92. Toutes ces citations sont tirées de J.-C. Perrot, *Une histoire intellectuelle de l'économie politique*, XVIIe-XVIIIe siècle, *op. cit.*, p. 342 et 343.

93. Souligné par moi, *op. cit.*, p. 53.

94. L. I, chap. VII, p. 72. Souligné par moi.

95. *Ibid.*, p. 77.

96. *Ibid.*, chap. X, p. 147.

97. Chap. VIII, p. 93.

98. L. I., chap. X, p. 117.

99. L. II, chap. I, p. 318.

100. *Ibid.*, p. 112.

101. L. II, chap. V, p. 421.

102. L. IV, chap. II, p. 531.

103. L. IV, chap. IV, p. 566.

104. L. IV, chap. V, p. 604.

105. L. IV, chap. V, p. 594.

106. L. I, chap. X, p. 143.

107. *Ibid.*, p. 145.

108. L. I, chap. X, p. 152.

109. L. I, chap. XI, p. 202.

110. L. IV, chap. V, p. 600.

111. L. II, chap. II, p. 371.
112. L. IV, chap. II, p. 523.
113. L. III, chap. IV, p. 471.
114. L. IV, chap. I, p. 504.
115. L. III, chap. IV, p. 475 (souligné par moi).
116. L. IV, chap. II, p. 510.
117. L. IV, chap. II, p. 513.
118. L. IV, chap. V, p. 612. Enfin, le fameux texte du chap. VII du livre IV enfonce le clou : « C'est ainsi que les intérêts privés et les passions des individus les disposent *naturellement* à diriger leurs fonds vers les emplois qui dans les cas ordinaires sont les plus avantageux à la société. Mais si en fonction de cette préférence *naturelle* ils en dirigent trop vers ces emplois, la chute du profit dans ceux-ci et la hausse dans tous les autres les disposent immédiatement à modifier cette distribution défectueuse. Ainsi, sans aucune intervention de la loi, les intérêts privés et les passions des hommes les conduisent à diviser et à distribuer le fonds de toute société entre tous les différents emplois qui s'y font, presque dans la proportion qui est la plus conforme à l'intérêt de la société tout entière » (L. IV, chap. VII, p. 724.).
119. *TSM*, l. III, chap. V.
120. *Ibid.*, p. 181.
121. *Ibid.*, p. 180.
122. J-P Dupuy, *op. cit.*, p. 11.
123. Voir S. Latouche. « La mondialisation contre l'Éthique », *L'Éthique de l'espace politique mondial*, Bruxelles, Bruylant, 1997 ou Agone, 1996, n° 16, *Misère de la mondialisation*, repris dans *Justice sans limites, op. cit.*
124. L. V, chap. II, p. 958.

Conclusion. Le crépuscule de l'économie

1. P. Viveret, *Reconsidérer la richesse, op. cit.*, p. 96.
2. Voir en particulier mon petit livre qui synthétise mes analyses sur le sujet *Survivre au développement*, Fayard-Mille et une nuits, 2004.
3. M. Maffesoli, *La Transfiguration du politique. La tribalisation du monde postmoderne*, La Table ronde, 2002.
4. A. Touraine, *Un nouveau paradigme*, Fayard, 2005.

TABLE

Bibliothèque Albin Michel Économie
dirigée par Bernard Maris

DÉJÀ PARUS

FRÉDÉRIC LORDON
Les quadratures de la politique économique

SERGE LATOUCHE
L'autre Afrique. Entre don et marché

JACQUES SAPIR
Les trous noirs de la science économique
Les économistes contre la démocratie

BRUNO VENTELOU
Au-delà de la rareté

Ouvrages publiés par le centre Saint-Gobain

Institutions et croissance.
Les chances d'un modèle économique européen
présenté par Robert M. Solow

Institutions et innovation.
De la recherche aux systèmes sociaux d'innovation
présenté par Robert M. Solow

ROBERT BOYER
La croissance, début de siècle.
De l'octet au gène

Imprimé en France par Lightning Source
1 avenue Gutenberg
78310 Maurepas

www.ingramcontent.com/pod-product-compliance
Lightning Source LLC
Chambersburg PA
CBHW071434230926
51846CB00001B/221
9782226324405